이게 되네?
챗GPT

미친 활용법 51제

저자 **오힘찬**

초기 챗GPT부터 유료로 사용했고, 업무 자동화에 관심이 많아서 챗GPT 업무 자동화에 자부심을 가지고 있었다. 그런데 폴더 정리부터 엑셀, PPT까지 따라 하기 쉬운 레시피로 정리해서 제공해준 이 책을 만나 보니 '그동안 쓴 챗GPT는 진짜 챗GPT가 아니었구나'라는 생각이 들 정도다!

제목이 다소 자극적이라고 생각했었는데 "진짜 미쳤네요!"

송석리 교사, 《모두의 데이터 분석 with 파이썬》 저자

챗GPT 기초 사용법을 알려주는 책은 정말 많았지만, 일반 직장인들과 자영업자들이 바로 활용할 수 있는 아이디어들을 제시해주는 책은 《이게 되네, 챗GPT 미친 활용법 51제》뿐! 모든 직장인과 자영업자의 생산성을 바로 높여줄 수 있는 좋은 아이디어로 가득하다!

박종천 전) 삼성전자 상무, 《개발자로 살아남기》 저자

온라인에서 다양한 챗GPT 활용 사례가 공유되고 있지만, 실제로 활용법을 제대로 알려주는 콘텐츠는 찾아보기 어렵다. 이 책에는 업무 효율성을 높이고 싶은 직장인, 인력을 두기 어려운 소규모 기업 대표 및 소상공인을 위한 실용적인 챗GPT 실습 방법과 예제가 가득하다. AI 시대에 우리 같은 일반인(?)도 이를 잘 활용하고 싶다면 이 책이 훌륭한 선택지가 될 것이다.

송기범 IT 블로거

성장할 스타트업을 선별하고 투자하는 업무를 하면서, 인공지능 액셀러레이터가 생길 거라는 위험한 생각을 해보았다. 특정 데이터 안에서 정형화된 지식을 알려주고 사업계획서 기본을 검토하는 업무는 인공지능이 충분히 할 수 있을 것이다. 앞으로 개인의 경쟁력은 챗GPT를 얼마만큼 활용할 수 있는지로 나뉠 것이다. 이 책은 다양한 실전 예시를 진짜로 쉽게 활용할 수 있게 알려준다. 챗GPT를 본격 활용할 수 있게 해준 선물 같은 책을 출판해 준 저자께 감사드린다.

장안나 탭엔젤파트너스 부대표

맡은 일을 잘 수행하기 위해서는 단순히 도구를 사용해 보거나 표면적으로 공부하는 것으로는 부족하다. 다양한 방법을 시도하고 심화 내용을 학습해야 한다. 마찬가지로 챗GPT를 효과적으로 활용하려면 올바르게 사용하는 방법을 배워야 한다. 이 책은 우리가 상상하지 못했던 것들, 즉 가능하지만 몰랐던 '더 좋은 결과'를 얻는 아이디어를 제시해준다. 생산성 향상과 경쟁력 향상을 위해서 강력하게 추천한다.

강대명 레몬트리 CTO

안녕하세요?
저는 AI 신입 사원 챗GPT입니다.
제 소개를 간단히 드리겠습니다.

먼저 장점부터 소개합니다.

- **정보 처리** : 방대한 양의 데이터를 빠르게 분석하고 요약할 수 있습니다.
- **다국어 능력** : 여러 언어로 의사소통이 가능합니다.
- **365일 24시간 가용성** : 언제든 일할 준비가 되어 있습니다.
- **다재다능함** : 다양한 주제에 대해 이야기하고 작업할 수 있습니다.

부끄럽지만 개선이 필요한 점도 고백해봅니다.

- **감정 이해** : 인간의 미묘한 감정을 완벽히 이해하는 데 어려움이 있습니다.
- **독창성** : 완전히 새로운 아이디어를 생성하는 데 한계가 있습니다.
- **실시간 정보** : 최신 정보에 대한 접근이 제한적입니다(빙 검색 기능으로 보완했어요).
- **물리적 업무** : 실제 사무실에서의 물리적 작업은 수행할 수 없습니다.

아참 제 최고 장점을 빼먹었네요! 제 급여는 월 20달러입니다. 그리고 화내지도 싫증 내지도 않습니다. 언제 어디서든 늘 성심껏 맡겨진 업무를 완수하겠습니다!

안녕하세요?
챗GPT의 능력을 한계까지 끌어올리는
오대리 인사드립니다.

아 참! 사장님이 절대로 외부에 알려주지
말라고 한 내용까지 모두 이 책에 담았습니다.
여러분, 저 이제 어떡하죠^^;;

회사에서는 저를 '챗GPT 미친 업무 효율화의 달인 오대리'로 부릅니다. 줄여서 '챗달 오대리'입니다. 제가 그런 별명을 얻을 수 있었던 이유를 살짝 공개하자면요~

- **명확한 지시** : 항상 구체적이고 명확한 지시를 내립니다. 덕분에 챗GPT는 정확히 무엇을 해야 하는지 알고 효율적으로 일할 수 있습니다.
- **건설적인 피드백** : 실수가 있을 때마다 정확히 무엇이 잘못되었는지 설명하고, 개선 방법을 제시합니다. 이를 통해 챗GPT의 성능이 지속적으로 향상되었습니다.
- **혁신적인 사고** : 항상 새로운 방식으로 챗GPT와 협업할 방법을 고민합니다. 이로 인해 팀 생산성이 크게 향상되었습니다.
- **팀워크 증진** : 챗GPT의 능력을 팀원들과 공유하며, 모든 직원이 AI를 효과적으로 활용할 수 있도록 돕습니다.

챗GPT를 활용한 업무 자동화로 저는 중요한 전략적 업무에 더 많은 시간을 할애할 수 있게 되었고 우리 팀은 항상 기한을 준수하면서도 높은 품질의 결과물을 만들어내고 있습니다.

5배 더 빠르게, 5배 나은 퀄리티 더 잘 일하고 싶다면 카톡방 [챗GPT 미친 활용법]에서 함께 연구해요.

함께 모여서 함께 공부하고, 토론하고, 네트워크를 쌓으며 완독하면 더 탄탄하게 성장할 수 있습니다. 저자 오대리와 함께 챗GPT 미친 활용법을 함께 공부하고 연구해보아요. 또한 책의 예제를 따라 실습할 때 필요한 이미지와 링크도 내려받을 수 있어요.

- 오픈카톡방 https://open.kakao.com/o/gBWRpyvg
- 실습 파일 다운로드 https://bit.ly/3Vzbn3Y

▼ 챗GPT 오픈카톡 ▼ 실습 파일 다운로드

왜 다르지? 당황하지 마세요! 챗GPT는 원래 그렇습니다

책에 실린 챗GPT의 대답과 여러분이 받은 대답이 달라도 걱정하지 마세요. 질문을 자세히 하고, 원하는 걸 정확히 말해주세요. 만약 첫 번째 대답이 마음에 들지 않으면, 다시 물어보거나 질문을 조금 바꿔보세요. **중요한 것은 여러분이 원하는 결과물을 유도하는 방법을 익히는 겁니다.** 이것이 챗GPT 활용 방법을 배우는 이유입니다. 그러므로 앞으로 하는 실습들은 '아~ 이런 케이스에서도 사용할 수 있구나', 그리고 '어떻게 질문을 해볼 수 있구나' 생각하는 자세가 중요합니다. 물론 책의 예제는 몇 번이나 확인해 같은 결과를 내도록 최적화를 해두었으니 너무 염려 마세요! 실습이 길거나, 여러 번 챗GPT에 명령을 해 수정해야 하는 프로젝트는 〈핵불닭 난이도〉로 표시했습니다. 실습을 완수하고 나면 확실하게 실무에 얻어갈 비법을 얻게 될 겁니다.

주의! 개인정보나 기밀을 챗GPT에 업로드하면 안 됩니다

챗GPT에 개인정보나 회사 기밀 같은 민감한 정보를 올리지 않도록 유의하세요. 이 책의 많은 예제는 챗GPT의 성능과 활용성을 최대한으로 끌어올리는 예시로써 보여드린 겁니다. 예를 들어 챗GPT를 명함 인식기로 사용하는 예제를 제공합니다. 하지만 챗GPT에 개인정보를 올리는 행위는 개인정보를 업로드하지 말라는 챗GPT 권고를 어기는 행위입니다. 개인정보, 그리고 회사의 방침에 따라 적절한 예제로 바꿔서 실습을 하기 바랍니다.

실습 환경을 유료 버전으로 유지해주세요

챗GPT 유료 버전인 챗GPT Plus에서 예제를 따라해주세요. 유료 버전을 권하는 다양한 이유가 있지만 특히 중요한 것은 파일 업로드 기능 때문입니다. 파일 업로드 기능을 활용하지 않으면 챗GPT 능력을 10%밖에 사용하지 못하는 겁니다. 파일 업로드 기능이 얼마나 강력한 업무 효율을 이끌어내는지는 본문에서 실습하며 깨닫게 될 겁니다. 유료 버전에 대한 더 자세한 설명은 2장 '질문 1 : 꼭 유료로 써야 하나요?'에서 진행합니다.

하나, **챗GPT가 무엇이길래, 왜 현업에 챗GPT를 써야 할까?**

챗GPT는 야근을 시켜도, 밥을 주지 않아도 불평하지 않죠. 월에 20달러 AI 사원이 5배 빠르게, 5배 더 나은 퀄리티로 우리를 보조합니다. 이제는 도메인 지식을 갖춘 전문 인력이 AI 사원과 과거보다 더 많은 일을 더 빠르고 쉽게 해내야 하는 시대가 되었습니다. 이는 삽으로 땅을 파던 시대에, 포크레인이라는 기계의 도움을 받아 땅을 파게 된 것에 비유할 수 있습니다. 삽질 잘하는 법이 아니라, 포크레인 운전하는 법이 더 중요한 세상이 왔듯이, 마우스 클릭으로 폴더명을 빠르게 바꾸는 능력이나, 웹서핑으로 시장 리서치를 해서 보고서를 직접 잘 만드는 방법보다 AI 사원이 그러한 일을 더 잘 해내도록 관리 감독하고 운영하는 일이 더 중요한 세상이 왔습니다.

 둘, **챗GPT가 거짓말을 한다는데 어떻게 믿고 쓰나요?**

'할루시네이션Hallucination' 현상은 챗GPT의 치명적인 약점으로 지적됩니다. 환각 현상이라고도 부르는 이 약점은 사실 사람도 가지고 있습니다. 집중해야 할 것은 '챗GPT가 만든 방대한 양의 결과물을 사람이 같은 시간에 빠르게 얻을 수 있는가?'입니다. 챗GPT는 '보고서 완성해'라는 말을 듣고 단 몇 초만에 보고서를 만듭니다. 오류가 있다면 수정을 명령하면 됩니다. 심지어 챗GPT는 반복 업무에 짜증을 내지 않고 절대 포기하지 않습니다.

 셋, **챗GPT가 사람을 대체한다는데, 공부한다고 뭐가 달라지나요?**

10명이 일하는 직장에 AI 직원 챗GPT가 도입되면, 15명 치, 20명 치 일을 해내어 비즈니스 속도가 비약적으로 빨라질 겁니다. 혹시 직원을 10명에서 5명으로 줄이면 어떻게 되느냐고요? 1인 개인이 과거 소규모 기업의 퍼포먼스를 낼 수 있는 환경이 주어졌는데 뭐가 문제인가요? 마치 아이언맨 슈트를 입은 것처럼, 더 강력해진 퍼포먼스로 자신만의 새로운 일을 해나가면 됩니다.

🖐 넷, 그렇다면 프롬프트 엔지니어가 되어야 하는 건가요?

인터넷 도입 초기에 '인터넷 정보 검색사' 자격증을 구비해 취업용 스펙을 쌓았죠. 하지만 사람들이 검색에 능수능란해지고 검색 엔진이 빠르게 발전하면서 자격증은 얼마 못 가 사라졌죠. 프롬프트 엔지니어도 마찬가지입니다. 챗GPT-4o에는 'ChatGPT 맞춤 설정' 기능이 추가되었는데 역할을 부여하는 프롬프트 엔지니어링 기술이 간단한 설정으로 대체된 겁니다. 앞으로 챗GPT는 더 발전할 테니 프롬프트 엔지니어링 기법보다는 어떤 문제를 챗GPT로 해결할 수 있는지에 집중하는 것이 챗GPT 사용자에게 더 현명한 방향입니다.

🖐 다섯, 챗GPT 미친 활용법을 익히면 뭘 얻을 수 있나요?

이 책에 실린 예제들은 '이메일을 영어로 번역해줘' 같은 시시한 것이 아닙니다. 프로그래밍을 할 줄 몰라도 프로그램을 만들어 돌리고, 구글 워크스페이스 기반으로 크롤링과 자동화를 하고, 파일 단위로 데이터를 분석하고 결과물을 파일로 만들어내는, 진짜 실무에 쓰는 그런 미친 예제로 이 책은 가득 차 있습니다. 이 책의 끝에 아이언맨 슈트를 입고 있는 자신을 상상하며 끝까지 정독하고 실습을 따라해 보세요. 그러면 그저 그런 예제를 100개 반복했을 때와 차원이 다르게 강력해진 자신을 발견할 것입니다.

이게 되네? 챗GPT 이해하기

Part 00

이게 되네? 챗GPT 시작하기

Part 01

이게 되네? 챗GPT로 일정 관리하기

이게 되네? 챗GPT로 파일 정리하기

이게 되네? 챗GPT로 문서화하기

이게 되네? 챗GPT로 엑셀 활용 입문하기

Part
06

이게 되네? 챗GPT로 고객 관리하기

Part
07

이게 되네? 챗GPT로 시장 조사하기

이게 되네? 챗GPT로 시뮬레이터 만들기

Part 08

00

챗GPT
이해하기

챗GPT가
그렇게 좋다고?

프롤로그

사람과 대화하듯 채팅하며 정보를 얻을 수 있는 챗GPT 덕분에 AI가 우리의 일상과 아주 가까워졌습니다. 'AI가 대체할 직업' 등을 예측하며 두려워하는 이들도 있지만 잘만 활용하면 챗GPT는 업무와 일상의 생산성을 폭발적으로 향상시킬 수 있습니다. 많은 분이 미래 일자리에 대한 불안과 새로운 기회에 대한 기대감이 공존하는 마음으로 책을 펼쳤으리라 생각합니다. 본격적으로 학습을 시작하기 전에 챗GPT와 AI 도구의 현주소를 이해하겠습니다.

💬 이 그림은 챗GPT에게 "토끼가 챗GPT를 이용해서 쉽게 일을 해결하는 장면을 그려줘."라고 요청하여 받았습니다.

## Chapter 01

Hello, 챗GPT

💬 챗GPT가 무엇인가요?

챗GPT^{ChatGPT}는 오픈AI^{OpenAI}가 개발한 대화형 AI 챗봇입니다.

과거 인간이 컴퓨터에게 무언가를 명령하려면 프로그래밍 언어가 필요했습니다. 컴퓨터는 인간의 언어를 이해하지 못하기 때문이죠. 인간의 언어는 일상에서 자연히 만들어지므로 자연어^{Natural Language}라고 부릅니다. 자연어를 만드는건 오직 인간의 몫이므로 이를 컴퓨터가 이해할 수 있게 번역하는 과정이 프로그래밍인 셈인데요, 챗GPT는 인간이 생성한 수많은 데이터를 학습해서 인간과 자연어로 대화할 수 있는 강력한 AI입니다. 즉, 지금까지 컴퓨터와의 대화가 오직 프로그래머의 역할이었다면, 이제는 누구나 컴퓨터와 대화해서 필요한 명령을 할 수 있게 되었습니다.

예를 들어 과거에 업무를 자동화하려면 프로그래머에게 개발을 맡겨야 했습니다. 오늘날에는 챗GPT에게 "업무 자동화는 어떻게 해?"라고 자연어로 물으면 방법을 알려줍니다. 일반 직장인들의 기초 컴퓨터 활용을 위해서는 프로그래밍 언어를 공부할 필요도, 개발자가 될 필요도 없어졌습니다.

이런 이유로 챗GPT 이용자는 계속 증가하고 있습니다. 2024년 6월 기준 전체 이용자 수는 약 1억 8,000만 명입니다. 가장 최신 버전인 챗GPT-4o를 출시한 다음날 오픈AI는 12억 2,700만 원의 순매출을 기록했습니다. 전 세계 챗GPT 기업 사용자는 60만 명으로 3개월 만에 3배 증가한 수치입니다. 업무에 도입하는 기업도 빠른 속도로 늘고 있죠. 챗GPT를 활용하지 않는 업무가 없는 순간이 곧 올 것입니다.

자, 그러면 챗GPT를 어떻게 활용해야 할지 모르는 우리는 무엇부터 시작해야 할까요? 이미 챗GPT를 잘 활용하는 사람들이 넘치는 세상에서 어떤 것부터 배워야 할까요? 알파벳을 배웠다고 바로 회화를 할 수 있는 건 아닙니다. 'Hello' 같은 가장 기본적인 인사 정도는 할 수 있어야 품사도 배울 수 있죠. 이 책은 모든 직장인이 AI를 활용하는 첫 걸음이 되는 챗GPT의 Hello를 실습과 함께 배웁니다.

💬 GPT-4o부터 시작해야 하는 이유

챗GPT는 오픈AI가 개발한 AI 모델인 GPT^{Generative Pre-trained Transformer}가 탑재된 챗봇입니다. 사용자가 챗GPT와 대화하듯 요청을 입력하면 GPT가 내용을 인식하여 알맞은 답을 내놓는 방식입니다. 챗GPT가 메신저라면 GPT는 대화 상대인 셈이죠.

이 대화 상대인 GPT는 계속 새로운 버전이 출시됩니다. 2022년 11월 챗GPT에 최초로 탑재된 GPT-3.5를 시작으로 2023년 3월에는 성능이 비약적으로 개선된 GPT-4, 2024년 4월 더 많은 정보와 사용 비용을 줄인 GPT-4

터보^{Turbo}가, 가장 최근인 2024년 5월에는 GPT-4 터보보다 2배 빠르면서 더 저렴해진 GPT-4o를 출시했습니다. 아마 작년부터 쏟아지는 챗GPT에 관한 소식은 들었지만, 아직 제대로 사용할 만한 기능이 없다고 생각하시는 분도 많을 겁니다. 그러나 GPT-4o는 기존 AI의 한계를 넘으면서 직장인들이 실무에서 활용할 수 있는 수준으로 도약한 버전입니다. 무엇이 다를까요?

GPT-4o는 '마침내 누구나 범용적으로 사용할 수 있는 GPT'라고 정의할 수 있습니다. 여기에는 크게 2가지 이유가 있습니다.

첫 번째는 향상된 멀티모달^{Multi Modal}입니다. 멀티모달은 쉽게 설명하면 단순 텍스트가 아닌 이미지, 동영상, 오디오, 파일 등의 정보를 인식하는 기술입니다. 멀티모달은 GPT-4부터 탑재되었지만 성능에 한계가 있었습니다. 다음은 GPT-4와 GPT-4o의 텍스트 추출을 비교한 이미지입니다.

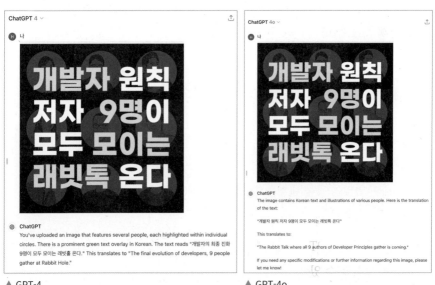

▲ GPT-4　　　　　　　　　　　▲ GPT-4o

'개발자 원칙 저자 9명이 모두 모이는 래빗톡 온다.'라는 텍스트가 있는 이미지만 주었을 때 GPT-4는 '개발자의 최종 진화 9명이 모두 모이는 래빗홀 온다.' 라는 엉뚱한 대답을 했지만, GPT-4o는 텍스트를 정확하게 인식했습니다. 이를 10번 반복 수행했을 때도 GPT-4는 계속 이미지를 제대로 인식하지 못했지만 GPT-4o는 단 한 번도 틀리지 않았습니다.

멀티모달 성능이 향상되었다는 건 추가 플러그인을 설치하거나 특별한 기법을 쓰지 않아도 누구나 AI가 제공하는 다양한 혜택을 누릴 수 있다는 의미입니다. 그냥 챗GPT만 사용해도 이미지를 인식하거나 파일을 읽거나 데이터를 분석하는 등 기본적인 활용을 할 수 있죠.

GPT-4o의 두 번째 특징은 '저렴한 비용'입니다. 기존 GPT-4는 챗GPT 유료 구독자만 이용할 수 있었습니다. 하지만 GPT-4o는 무료 사용자도 일부 기능을 이용할 수 있습니다. 그 이유는 GPT-4o의 성능이 전반적으로 개선되면서 비용이 저렴해졌고, 저렴해진 만큼 무료 사용자들에게 혜택을 줄 수 있게 되었기 때문입니다. 좀 더 간단히 비유하면 이전 버전의 GPT가 1개 작업을 수행할 때 2~3개의 명령이 필요했다면, GPT-4o는 1개의 명령이면 충분합니다. 고로 GPT가 일을 덜하게 된 만큼 무료 사용자들이 GPT의 노동력을 쓸 수 있게 된 거죠.

앞서 설명한 향상된 멀티모달로 누구나 AI의 향상된 기능을 쓸 수 있게 되었는데, 가격까지 저렴해지면서 챗GPT를 쓰지 않을 이유가 사실상 사라졌습니다. 누구에게나, 심지어 컴퓨터에 익숙하지 않은 사람에게조차 GPT-4o는 AI 전환점의 새로운 기회가 되었습니다. 지금까지 챗GPT의 활용 방법을 찾지 못했던 사람이라도 GPT-4o부터는 일상이나 업무에 챗GPT를 활용하는 방법을 충분히 발견할 수 있습니다. 이 책의 51가지 실습 예제는 다양한 분야와 작업에서 GPT-4o로 챗GPT를 활용하는 방법을 소개합니다.

GPT의 버전은 GPT의 성능과 기능을 결정합니다. 앞으로도 향상된 버전이 출시될 예정입니다. 현재 챗GPT에서 사용할 수 있는 GPT-4부터 앞으로 공개될 GPT-5까지의 특징을 표로 정리했습니다.

버전	출시	요금	특징
GPT-4	2023년 3월	유료	• 가장 기본적인 모델 • 성능과 기능이 더 좋은 GPT-4o에 밀리면서 곧 챗GPT에서 사용하지 못하게 될 버전
GPT-4o	2024년 5월	일부 기능 무료	• 현재 가장 빠르고, 가장 지능적인 GPT • GPT-4보다 빠른 생성 속도 • 데이터 분석, 파일 업로드, 검색, GPT 만들기, 파일 생성 및 내려받기 지원
GPT-4o mini	2024년 7월	무료	• GPT-4o보다 빠른 생성 속도 • 추후 이미지, 오디오 입출력 지원 • 제한 없이 사용
GPT-5	2026년 초 계획	-	• 현재 GPT가 고등학생 수준이라면 GPT 5는 연구원 수준의 AI

## Chapter 02

챗GPT, 가장 많이 하는 5가지 질문

질문1 꼭 유료로 써야 하나요?

네, 이 책은 챗GPT 유료 버전을 권장합니다. 간단한 질문은 무료 버전도 충분합니다다만, 우리가 챗GPT를 활용하려는 이유는 '이메일 제목 쓰기'나 '카드 뉴스 아이디어'에 그치지 않을 겁니다. 지금도 많은 사람이 챗GPT라는 무기로 더 큰 생산성을 올리고 있습니다. 챗GPT가 훗날 엑셀이나 파워포인트와 같은 직장인 필수 도구가 될 거라 생각합니다. 아깝다고 생각하지 말고 30일만 유료 버전을 사용해보세요. 그러면 왜 유료 사용을 권장하는지 체감하게 될 겁니다. 이 책의 마지막 페이지에서 성장한 여러분이 기다리고 있습니다. 챗GPT 무료 버전의 한계는 다음과 같습니다.

한계 01 무료 버전은 파일 업로드 제한이 있습니다

책의 특성상 엑셀 데이터 분석, 이미지 분석 등을 위해 파일 업로드를 할 일이 많습니다. 오프라인 상태에서는 파일 업로드를 할 수 없고, 무료 버전은 파일 업로드 횟수에 제한이 있습니다.

TIP 2024년 6월 4일 기준 파일 업로드 3회 이후 파일 업로드는 24시간 후에 할 수 있도록 막힙니다.

한계 02 무료 버전은 챗GPT가 만든 파일을 다운로드할 수 없습니다

무료 버전에서는 챗GPT가 생성한 파일을 받을 수 없습니다. 정확히 말하자면 무료 버전은 파일 링크를 주기는 합니다만 다운로드는 할 수 없습니다. 이 점도 개선이 될 가능성은 있지만 무료와 유료의 차이점을 주기 위해 다운로드 횟수도 일정 횟수로 제한할 가능성이 큽니다. 챗GPT는 워드, PPT, PDF 등 다양한 파일을 만들어주는 것에도 아주 능합니다. 그런 기능을 제대로 활용하려면 유료 사용을 권장합니다.

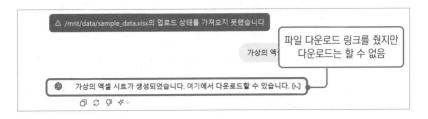

한계 03 무료 버전은 답변 길이에 제한이 있습니다

예를 들어 1만자 이상으로 소설을 쓰라고 지시하면 제대로 답하지 못합니다. 다음은 무료 계정으로 1만자 이상의 소설을 요구한 경우입니다. 결과 화면에서 보듯 처음부터 '할 수 없다'라고 답합니다.

> 1만자 이상으로 소설 써

⑤ 현재로서는 10,000자가 넘는 긴 소설을 작성하기에는 제약이 있습니다. 그러나 짧은 이야기나 소설의 일부를 제공할 수 있습니다. 특정 주제나 설정에 대한 아이디어를 제공해주시면 그에 맞는 이야기를 만들어 드리겠습니다! 어떤 이 ●

하지만 유료 계정으로 같은 질문을 요구하면 답변하기 시작합니다.

> 1만자 이상으로 소설 써

⑤ **제1장: 운명의 만남**

지구는 오랜 세월 동안 많은 변화를 겪어왔다. 그 중에서도 가장 급격한 변화는 인간의 등장과 그로 인한 발전이었다. 인류는 스스로의 지혜아 초기심을 통해 문명불 일구었고, 그 결과로 놀라운 과학 기술의 진보를 이루었다. 그러나 이 모든 발전에도 불구하고, 인간은 ●

구체적인 유무료 버전별 차이는 표로 정리해두었으니 참고 바랍니다.

▼ 챗GPT-4o 무료 버전 vs 유료 버전

버전	무료 버전	유료 버전
차이점	• 매우 낮은 한도 • GPT-4o mini는 텍스트와 이미지 생성 외 GPT-4o의 대부분 기능 제한 • 데이터 분석, 파일 업로드, 검색, GPTs만 지원	• GPT-4: 3시간마다 최대 40개 • GPT-4o: 3시간마다 최대 80개 • 팀 요금일 경우 더 높은 사용 한도 • 챗GPT가 생성한 파일 다운로드 가능 • 나만의 GPT 만들기 지원 • 이미지 수정 가능

무료 버전은 GPT-4o의 일부 기능을 지원하지만, 하루에 제공되는 사용량 한도를 모두 사용하면 GPT-4o mini로 강제 전환되어 다음날이 되어야 다시 GPT-4o를 사용할 수 있습니다. 이 책을 통해 챗GPT를 학습하는 동안은 유료 버전을 사용하면서 GPT-4o를 자유롭게 활용해보길 바랍니다.

질문 2 프롬프트 엔지니어링을 꼭 배워야 하나요?

아닙니다. 프롬프트 엔지니어링을 배우지 않아도 챗GPT는 충분히 활용할 수 있습니다. 과거에는 글을 쓰거나 그림을 그리는 등 특정 작업을 수행하는 AI를 개발하기 위해 훈련된 대규모 언어 모델[1]에 미세 조정[2]이나 검색 증강 생성[3] 등 기법을 사용했습니다. 간단히 말해 하나의 AI 모델을 조정해서 하나의 AI 앱만 만들었던 거죠. 무엇보다 이 방법은 기술 지식이 꼭 필요합니다.

인공지능 모델   미세 조정   글 쓰는 AI

하지만 언어 처리 능력이 굉장히 발달한 GPT가 등장한 이후에는 프롬프트 엔지니어링이 세부 조정이나 RAG 기법의 역할을 일부 대체할 수 있게 되었습니다. 그저 '이력서를 써주는 AI가 되어줘', '그림을 그려주는 AI가 되어줘'라고 일상적인 언어로 명령하면 되죠. 이 명령을 '프롬프트'라고 하고 AI가 특정 작업을 더 잘 수행하도록 훈련하는 기법이 바로 '프롬프트 엔지니어링'입니다. 그리고 이건 세부 조정 등과 비교했을 때 학습 난이도가 많이 낮습니다. 다시 말해 누구나 기술 지식 없이 자연어로 AI를 쉽게 조정할 수 있는 시대가 된 것입니다.

---

1 Large Language Model. 방대한 양의 텍스트 데이터를 학습하여 인간처럼 자연스럽게 글을 읽고 쓰는 능력을 가진 AI 시스템. 예를 들어 챗GPT는 대규모 언어 모델의 하나로, 다양한 주제에 대해 이해하고 대화를 나눌 수 있습니다.

2 fine tuning. 기존 AI 모델을 특정 업무나 필요에 맞게 조정하여 더 잘 맞게 만드는 과정. '파인 튜닝' 또는 '세부 조정'이라고도 부릅니다.

3 retrieval-augmented generation(RAG). 검색 결과를 더욱 유용하고 관련성 있게 만들기 위해 AI가 정보를 보완하고 추가적인 콘텐츠를 생성하는 기술

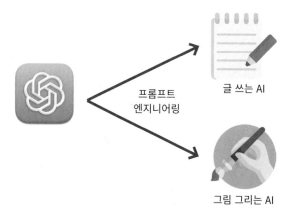

프롬프트
엔지니어링

글 쓰는 AI

그림 그리는 AI

다만 프롬프트 엔지니어링은 특정 작업을 수행하는 AI로 조정하기 위해 필요한 것이지, 챗GPT를 사용하기 위해 꼭 익혀야 하는 기법은 아닙니다. 챗GPT와 연관해서는 오픈AI가 제공하는 개발 도구인 GPT API로 챗봇을 개발하거나 챗GPT 최적화 기능인 GPTs로 나만의 챗봇을 만들 때 외에는 거의 필요하지 않습니다. 더군다나 GPT-4o의 언어 능력이 대폭 향상되면서 프롬프트 엔지니어링 기법을 깊이 익히지 않아도 챗GPT가 자연어로 된 대부분 요구 사항을 인식하는 수준이 되었습니다. 앞으로 더 발전할 테니 프롬프트 엔지니어링 기법보다는 어떤 문제를 챗GPT로 해결할 수 있는지에 더 집중하는 것이 챗GPT 사용자에게 더 현명한 방향입니다.

이 책은 AI를 조정하는 프롬프트 엔지니어링 기법보다는 여러분의 문제 상황을 챗GPT로 해결하기에 적합한 프롬프트를 소개하고, 실습 과정을 통해 누구나 챗GPT에 입문할 수 있도록 돕습니다. 물론 다음 단계로 나아가고 싶다면 프롬프트 엔지니어링을 공부하는 것이 좋겠죠? 따라서 프롬프트 엔지니어링이 무엇인지 감을 잡을 수 있는 수준에서 주요 프롬프트 엔지니어링 기법을 몇 가지만 소개하겠습니다.

프롬프트 01 제로샷 프롬프트 : 예시 없이 질문하기

제로샷 프롬프트^{zero-shot prompt}는 쉽게 말해 챗GPT에게 예시 없이 질문하는 것입니다. 이를테면 이런 질문이 제로샷 프롬프트를 활용한 것입니다.

> 👤💬
>
> 대한민국 국기를 뭐라고 불러?

이렇게 예시는 없고 해결해야 하는 문장만 명확하게 주는 방식을 제로샷 프롬프트라고 합니다.

프롬프트 02 원샷 프롬프트 : 간단한 예시를 주며 질문하기

원샷 프롬프트^{one-shot prompt}란 챗GPT에게 1개의 예시를 제공하고, 제공한 예시 형태의 답을 얻는 방식을 말합니다. 예를 들어 제품에 대한 긍정적인 리뷰를 챗GPT를 통해 만들고 싶다면 이렇게 여러분이 원하는 방식의 예시를 주면 됩니다.

> 👤💬
>
> 아래는 제품 리뷰 예시야 :
> '이 무선 청소기는 정말 놀라워요! 강력한 흡입력으로 깊숙한 곳까지 깨끗이 청소해주고, 무선이라 편하게 사용할 수 있어요. 배터리 지속 시간도 길어서 큰 집 청소도 문제없습니다. 가격 대비 최고의 성능이에요!' 지금부터 이런 방식으로 '샤오미 로봇 청소기 S10'에 대한 리뷰를 작성해봐.

이렇게 원하는 답변 예시를 주고 지시를 하면 원하는 형태로 답을 받을 수 있습니다. 만약 균일한 형태의 답을 구해야 한다면 이 방법이 유용할 겁니다.

프롬프트 03   체이닝 프롬프트 : 연속으로, 점진적으로 질문하기

체이닝 프롬프트^{chaining prompt}는 챗GPT에게 연속으로, 점진적으로 질문하는 방식입니다. 이렇게 하면 현재 채팅을 유지하고 있는 챗GPT가 더욱 깊이 있는 사고를 할 수 있습니다.

> 먼저 '프랑스 대혁명'의 배경을 설명하고, 그 사건이 '나폴레옹 보나파르트'에게 미친 영향을 분석한 다음, 그로 인해 '나폴레옹의 황제 즉위'가 어떻게 발생했는지 연결지어 설명해줘.

이 방식은 어떤 결론에 이르기까지 연관성 거리가 조금 떨어져 보이는 지식을 이어서 답을 구해야 할 때 유용합니다. 챗GPT가 연관성이 없다고 판단할 만한 것들을 사람이 대신 지정해주는 것이죠. 이렇게 하면 완전히 엇나간 정보를 엮어 답하지 않아 챗GPT가 엉뚱한 답을 하는 '환각 현상'을 방지할 수 있어 유용합니다.

프롬프트 04   라벨링 프롬프트 : 원하는 답변의 속성 결정하여 질문하기

라벨링 프롬프트^{labeling prompt}는 챗GPT에게 원하는 답변의 속성이나 특징을 라벨링해서 제시해주는 방식입니다. 예를 들어 다음과 같이 원하는 답변의 속성을 제시하는 것이죠.

> 러시아의 우크라이나 침공'에 관한 뉴스 기사를 요약해줘. 단, '중립적 어조로', '5문장 이내로 간결하게' 작성해야 해.

이렇게 하면 챗GPT가 제시한 속성을 참고하여 답변을 만들어줍니다.

이처럼 프롬프트 엔지니어링 기법을 활용하면 조금 더 원하는 답을 얻기가 쉬워지고 환각 현상을 방지할 수 있습니다. 이 책에서도 이 방법들을 적절히 잘 섞어서 활용할 것입니다. 여기서 주목할 점은 적절히, 잘 섞어서입니다. 챗GPT는 반드시 어떤 프롬프트 방식을 써야만 좋다, 나쁘다가 없습니다. 그리고 마지막으로 챗GPT의 답변을 100% 믿지 않고 비판적으로 받아들이고 한 번 더 점검하는 자세도 중요하다고 이야기하고 싶습니다.

질문3 챗GPT 답변이 책과 달라요

맞습니다. 챗GPT는 매번 답변을 다르게 합니다. 하지만 '질문을 하는 구조와 패턴을 잡아두면' 어느 정도는 일정한 수준의 답변을 받을 수 있습니다. 예를 들어서 사진 100장의 이름을 정리하는 작업을 시키려고 할 때 이렇게 질문하면 매번 다르게 동작할 확률이 높아집니다.

> 🧑 💬
>
> 100장의 사진을 분석해서 적당한 이름으로 지어줘.

챗GPT에게는 다른 해석의 여지를 남기면 안 됩니다. 예를 들어 현재 질문의 '적당한'이라는 표현은 매번 다르게 해석할 여지가 있는 요소입니다. 여러분이 원하는 답이 있다면 최대한 구체적으로 제시하세요. 예를 들면 이렇게 질문해 보세요.

- 각 파일의 이름을 네가 만든 알맞은 단어들을 추가해서 아래 조건처럼 바꿔줘.
  - IMG_1240~IMG_1245까지 파일
  - 순서대로 1부터 번호_산토리니_그림 내용
  - IMG_1246~IMG_1248까지 파일
  - 순서대로 1부터 번호_홍콩_그림 내용

질문 4 챗GPT가 잘하는 건 뭐고, 못하는 건 뭐예요?

챗GPT를 처음 사용할 때 가장 어려워하는 부분이 '챗GPT로 무엇을 할 수 있는가?'입니다. 이는 마치 '물건을 옮기려면 수레가 필요해.'라는 명제 대신 수레를 앞에 놔두고 '무엇에 쓸 수 있을까?'라고 질문하는 것과 같습니다. 챗GPT를 올바르게 사용하려면 강점과 약점을 이해하고, 필요한 작업에 챗GPT 사용이 적합한지 확인해야 합니다.

챗GPT의 강점

첫째, 데이터 처리에 강합니다. 매출 데이터, 주문 데이터, 고객 데이터, 시장 데이터 등 방대한 데이터를 빠른 속도로 처리할 수 있습니다. 자연어 처리, 정보 추출, 데이터 요약, 데이터 통합, 데이터 시각화 등의 기능을 제공합니다.

둘째, 업무 자동화에 활용할 수 있습니다. 챗GPT는 작업을 수행할 때 직접 필요한 코드를 작성하고 실행합니다. 스스로 자동화하는 것이죠. 그리고 이러한 자동화 방법을 사용자가 직접 적용할 수 있게 설명도 해줍니다. 코딩을 할 줄 몰라도 챗GPT와 함께라면 업무를 자동화할 수 있습니다.

셋째, 챗GPT는 전 세계 웹의 데이터를 학습하여 언어 장벽이 없습니다. 그 어떤 번역 프로그램보다 강력한 다국어 능력을 갖고 있기 때문에 번역, 작문, 분석, 학습 등 대부분의 언어 활동을 챗GPT만으로 해낼 수 있습니다.

넷째, 챗GPT는 파일 인식을 할 수 있습니다. 챗GPT는 PDF, PPT 등 파일을 열어서 내용을 추출하거나 수정하거나 분석하는 등 능력을 갖추고 있습니다. 파일 프로그램이 없어도 주요한 파일 형식은 챗GPT가 생성, 수정, 복제 등 작업을 수행할 수 있습니다.

챗GPT의 약점

첫째, 실시간 데이터를 바로 가져올 수 없습니다. 챗GPT는 전 세계 웹 데이터를 미리 학습했기 때문에 실시간으로 만들어지는 정보 제공에는 한계가 있습니다. 따라서 실시간 데이터를 활용하고 싶을 때는 바로 알려달라고 요청하기보다 검색이나 웹사이트 크롤링을 요청하는 등 다른 방법을 사용해야 합니다.

둘째, 챗GPT의 주관적 의견을 묻지 마세요. GPT라는 AI 모델은 미리 학습한 데이터를 기반으로 질문에 최대한 알맞은 답을 제공하도록 설계되어 있습니다. 즉 챗GPT의 답은 수많은 사람의 집단 지성을 조합한 결과이지, 챗GPT가 스스로 질문을 이해해서 내놓는 답변이 아닙니다. 답변에 주관성을 요구하는 건 자칫 틀린 답변을 유도할 수 있기 때문에 모든 질문은 객관적 데이터 아래에 내려져야 합니다.

셋째, 챗GPT는 판단력이 부족합니다. AI는 감정이 없습니다. 학습한 데이터 내에서 감정과 관련한 키워드를 조합하여 알맞은 답변을 내놓을 뿐 스스로 도덕적 판단을 못합니다. 이로 인해 부적절하거나 유해한 답변을 할 수 있고, 사용자는 답변을 오용할 확률이 있습니다.

넷째, 창의성에 한계가 있습니다. 챗GPT는 데이터 기반으로 답변을 생성하기 때문에 완전히 새로운 아이디어나 창의적인 해결책을 제공하는 데 한계가 있습니다. 데이터의 조합이 영감을 줄 순 있지만, 아이디어 이상의 창의적 해결법을 제시하진 못합니다.

질문 5 최종 결론! 챗GPT를 어떻게 써야 할까요?

챗GPT는 어떤 일에든 활용할 수 있지만 가장 잘 활용할 수 있는 영역은 처리할 데이터가 있고, 명확한 결과물이 존재하는 작업입니다. 모든 작업을 열거할 수는 없기 때문에 몇 가지 직군에서 챗GPT를 활용할 수 있는 업무를 정리해보았습니다.

직무	활용할 수 있는 업무
영업직	고객 관리, 고객 피드백 분석, 제안서 작성, 신규 영업 사원 훈련
마케터	시장 트렌드 분석, 경쟁사 분석, 캠페인 보고서 작성
인사 담당자	채용 공고 작성, 면접 질문 리스트 작성, 서류 스크리닝, 직원 피드백 분석
회계직	반복적인 회계 업무, 데이터 분석, 재무 보고서 작성, 규정 준수 확인
품질 관리직	품질 관리 데이터 분석 및 개선점 도출, 품질 관리 절차 시뮬레이션, 품질 관리 보고서 작성
CS 담당자	고객 응답 작성, 고객 서비스 매뉴얼 작성, 서비스 품질 평가
프로젝트 매니저	계획 작성 및 일정 관리, 관리 전략 시뮬레이션, 진행 보고서 작성

데이터 분석가	데이터 전처리, 데이터 분석 요약, 데이터 시각화, 통계 분석
교육자	강의 일정 관리, 교육 자료 개발, 학생 피드백 작성
행정직	법안 및 조례 검토, 모델 연구, 정책 시뮬레이션, 시민 설문조사 등 업무
외식업자	메뉴 칼로리 및 영양 정보 계산, 리뷰 및 피드백 관리, 예약 관리, 재고 관리
쇼핑몰 관리자	상품 관리, 판매 데이터 분석, 재고 관리

이처럼 새로운 업무가 생기는 것이 아니라 기존 업무를 챗GPT에 맡김으로써 생산성에 AI 파워를 더할 수 있습니다.

이 책은 각 직군이 자신의 업무에 챗GPT를 활용하기 위해 알아야 하는 기초 실습과 예제를 포함하고 있습니다. 책을 따라 차근차근 챗GPT를 사용하다 보면 어떤 업무에 챗GPT를 활용해야 AI 생산성을 실현할 수 있을지 이해하게 될 것입니다.

01

챗GPT
시작하기

배워 보자,
챗GPT!

프롤로그

챗GPT를 시작하는 모든 분을 위한 매뉴얼부터 첫 번째 실습인 '검색하기'와 두 번째 실습인 '이미지 생성'을 연이어 진행해서 사용법을 익히겠습니다. 챗GPT에게 질문 또는 명령하는 방법, 챗GPT가 답변을 내놓는 방식 등을 숙지하여 차근차근 실습을 진행하다 보면 실무에 챗GPT를 활용할 아이디어가 떠오를 겁니다.

💬 이 그림은 챗GPT에게 "출발선에 서서 달릴 준비를 하는 토끼의 뒷모습을 그려줘. 도착지에는 챗GPT가 보여."라고 요청하여 받았습니다.

## Chapter 03

챗GPT를 시작하는 사람들을 위한 매뉴얼

대한민국 국민 35.8%가 챗GPT를 1회 이상 사용해봤다고 합니다. 3명 중 1명은 챗GPT를 사용하는 방법을 아는 셈이죠. 반면, 3명 중 2명은 챗GPT를 어떻게 시작해야 하는지, 구독은 어떻게 하며, 해지 방법은 무엇인지 모르지만, 용기내어 이 책을 펼쳤을 것입니다. 이번 장은 그렇게 처음 시작하는 분들을 위해 준비한 쉽고 친절한 안내서입니다.

💬 챗GPT 접속하기

기본적으로 챗GPT는 웹 서비스입니다. PC에서는 다음 링크로 접속할 수 있습니다.

- **PC용 접속 링크** : https://chatgpt.com

챗GPT 접속 링크

접속만 해도 챗GPT를 사용할 수 있지만, 기본 GPT로 설정되어 있어서 간단한 질문 외 작업은 처리하지 못합니다. [회원 가입] 버튼을 클릭해서 회원 가입후 사용하세요.

챗GPT는 모바일 앱도 지원합니다. iOS 버전은 앱스토어, 안드로이드 버전은구글 플레이에서 내려받을 수 있습니다. PC 버전과 모바일 앱의 사용법은 똑같지만, 일부 기능에 차이가 있습니다. 예를 들어 PC 버전에서는 이미지를 10개까지 첨부할 수 있지만, 모바일 앱에서는 4개가 한계입니다. 또한 대용량 파일도 모바일 앱보다 PC 버전이 안정적으로 처리할 수 있습니다.

안드로이드 용   iOS 용

책에서는 주로 업무 활용을 위한 실습을 진행하므로 기능이나 성능이 제한되지 않도록 PC 버전을 기준으로 진행하겠습니다.

💬 챗GPT 유료 구독하기

앞서 챗GPT는 유료로 사용하는 것이 좋다고 이야기했습니다. 챗GPT 유료 구독을 하기 전에 구글, 마이크로소프트, 애플 계정으로 로그인하기 바랍니다.

> **TIP** 별도로 회원 가입을 하는 방법도 있지만 추후 해지를 할 때 계정이 생각나지 않으면 곤란하므로 저는 이 방법을 추천하지 않습니다.

로그인 후에는 챗GPT 메인 화면으로 이동합니다. 여기에서 왼쪽 아래에 보이는 [Plus 갱신]을 누르면 구독 옵션이 나타납니다.

여기서 'Plus'가 흔히 말하는 유료 서비스입니다. 챗GPT는 계속해서 발전하고 있으므로 각 옵션에 대한 설명은 달라질 수 있습니다. 하지만 대체로 무료 서비스는 제한이 있고 유료 서비스는 제한이 없습니다. [Plus로 업그레이드]를 눌러 다음 단계로 진행합니다.

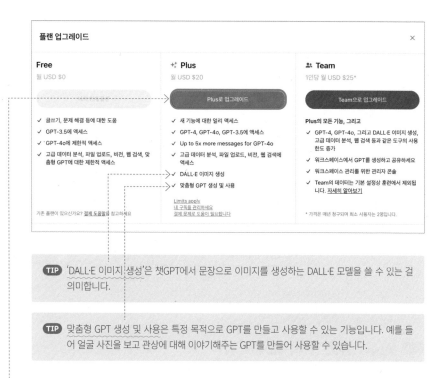

플랜 업그레이드

Free	✦ Plus	✿ Team
월 USD $0	월 USD $20	1인당 월 USD $25*
	[Plus로 업그레이드]	[Team으로 업그레이드]
✓ 글쓰기, 문제 해결 등에 대한 도움	✓ 새 기능에 대한 얼리 액세스	**Plus의 모든 기능, 그리고**
✓ GPT-3.5에 액세스	✓ GPT-4, GPT-4o, GPT-3.5에 액세스	✓ GPT-4, GPT-4o, 그리고 DALL·E 이미지 생성, 고급 데이터 분석, 웹 검색 등과 같은 도구의 사용 한도 증가
✓ GPT-4o에 제한적 액세스	✓ Up to 5x more messages for GPT-4o	
✓ 고급 데이터 분석, 파일 업로드, 비전, 웹 검색, 맞춤형 GPT에 대한 제한적 액세스	✓ 고급 데이터 분석, 파일 업로드, 비전, 웹 검색에 액세스	✓ 워크스페이스에서 GPT를 생성하고 공유하세요
	✓ DALL·E 이미지 생성	✓ 워크스페이스 관리를 위한 관리자 콘솔
	✓ 맞춤형 GPT 생성 및 사용	✓ Team의 데이터는 기본 설정상 훈련에서 제외됩니다. 자세히 알아보기
	Limits apply 내 구독을 관리하세요	
기존 플랜이 있으신가요? 결제 도움말을 참고하세요	결제 문제로 도움이 필요합니다	* 가격은 매년 청구되며 최소 사용자는 2명입니다.

> **TIP** 'DALL·E 이미지 생성'은 챗GPT에서 문장으로 이미지를 생성하는 DALL·E 모델을 쓸 수 있는 걸 의미합니다.

> **TIP** 맞춤형 GPT 생성 및 사용은 특정 목적으로 GPT를 만들고 사용할 수 있는 기능입니다. 예를 들어 얼굴 사진을 보고 관상에 대해 이야기해주는 GPT를 만들어 사용할 수 있습니다.

결제 화면으로 넘어오면 개인정보를 입력하면 됩니다. 카드 정보는 표시된 카드 종류만 입력해야 합니다. 나머지는 평소 온라인 서비스를 사용했다면 자주 봤던 입력 정보일 겁니다.

유료 구독이 완료되면 챗GPT 메인 화면 오른쪽 위의 [프로필 사진 → 내 플랜]을 눌러 확인할 수 있습니다.

💬 챗GPT 유료 구독 해지하기

결제가 완료되면 유료 서비스를 사용할 수 있습니다. 만약 유료를 해지하고 싶다면 [프로필 사진 → 내 플랜]에서 볼 수 있는 아주 작은 글자로 표시된 [내 구독을 관리하세요]를 눌러 해지를 진행하면 됩니다.

💬 챗GPT 기본 사용법

이제 챗GPT의 화면 구성을 살펴보고 몇 가지 기본 사용법을 익혀봅시다.

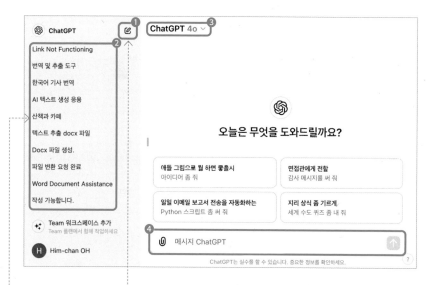

❶ 새로운 채팅을 생성합니다. 대화 내용을 기억하는 챗GPT는 1개의 채팅에서 오랫동안 대화하면 관련 없는 답을 내놓을 확률이 높아집니다. 예컨대, 음반 시장 관련 대화를 이어간 채팅에서 의류 산업에 관한 질문을 던지면 음반 시장과 의류 산업의 연관성을 찾아서 답변하려는 경향을 보입니다. 그래서 새로운 작업을 시작할 때는 새로운 채팅에서 진행해야 합니다.

❷ 지금까지 챗GPT와 대화한 채팅 목록입니다. 이전 채팅을 불러와서 대화를 참고하거나 이어서 대화할 수 있습니다. 다만, 데이터나 파일의 분석, 파일 저장 등 챗GPT가 코딩으로 작업한 결과는 '코드 인터프리터 세션이 만료되었습니다'라는 메시지와 함께 소멸되어 다시 불러올 수 없습니다. 세션은 기본 1시간 동안 활성화됩니다. 중요한 내용이라면 세션이 만료되기 전에 복사하거나

캡쳐, 다운로드하여 따로 저장해야 합니다.

❸ GPT의 버전을 선택할 수 있습니다. 유료 구독 중일 때만 나타나는 메뉴이며, 무료 사용자는 일부 유료 기능이 적용된 기본 모델로 작동합니다. 이 책에서는 가장 최신 버전인 챗GPT-4o만 사용합니다.

❹ 챗GPT의 입력란에 내용을 입력하여 질문 또는 지시할 수 있습니다.

기본 01 첫 질문하기

챗GPT에게 간단한 질문을 해보겠습니다. 친구에게 얘기하듯 일상적인 말투를 사용해도 좋습니다.

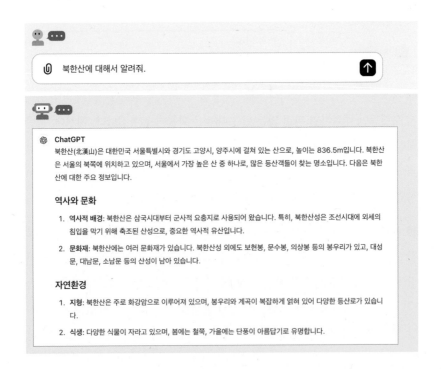

주요 등산 코스

1. **백운대 코스**: 북한산의 최고봉인 백운대를 오르는 코스로, 가장 인기 있는 코스 중 하나입니다.

2. **대동문 코스**: 북한산성의 주요 관문인 대동문을 거쳐 오르는 코스로, 비교적 완만한 경사로 이루어져 있습니다.

3. **보현봉 코스**: 북한산의 중간 봉우리인 보현봉을 오르는 코스로, 다양한 바위 지형을 경험할 수 있습니다.

방문 정보

1. **교통**: 서울 지하철 3호선과 6호선을 이용하여 쉽게 접근할 수 있습니다. 특히, 불광역이나 구파발역에서 하차 후 버스를 이용하면 편리합니다.

2. **시설**: 북한산국립공원 내에는 탐방센터, 쉼터, 화장실 등의 편의시설이 잘 갖추어져 있습니다.

북한산은 서울 시민들에게는 일상 속에서 자연을 즐길 수 있는 소중한 공간이며, 관광객들에게는 서울의 자연과 역사를 동시에 느낄 수 있는 장소로 사랑받고 있습니다.

TIP 앞에서는 챗GPT와 대화 화면을 그대로 캡처해 보여드렸습니다. 앞으로는 글씨가 더 잘 보이도록 다음과 같이 그림이 아니라 텍스트로 표현하겠습니다.

'북한산에 대해서 알려줘.'라는 질문에 챗GPT가 역사와 문화, 자연환경, 등산 코스, 방문 정보 등 북한산의 정보를 설명해주는 걸 확인할 수 있습니다. 같은 채팅에서 추가로 다음과 같이 질문하겠습니다.

코스를 자세하게 설명해줘.

북한산의 주요 등산 코스에 대한 자세한 설명을 제공하겠습니다. 북한산에는 여러 가지 코스가 있지만, 특히 인기 있는 백운대 코스, 대동문 코스, 그리고 보현봉 코스를 중심으로 설명드리겠습니다.

백운대 코스

특징

- 백운대는 북한산의 최고봉으로 해발 836.5m에 위치해 있습니다.
- **산행 난이도** : 중급에서 고급 수준

- 소요 시간 : 왕복 약 4-5시간

경로

1. **도선사 입구** : 등산의 시작점으로, 지하철 3호선 불광역에서 버스로 이동할 수 있습니다.

2. **도선사** : 전통 사찰로, 등산객들이 잠시 휴식을 취할 수 있는 곳입니다.

3. **용출봉** : 도선사를 지나면 용출봉을 오르게 됩니다. 경사가 가파르므로 주의가 필요합니다.

4. **백운대 피난처** : 중간 휴식 지점으로, 여기서부터 백운대 정상까지는 조금 더 가파른 등산로가 이어집니다.

5. **백운대 정상** : 정상에서 서울 시내 전경을 한눈에 볼 수 있으며, 날씨가 좋으면 멀리 북한까지도 보입니다.

… 생략 …

> 대답이 너무 길고, 생략해도 이 책의 학습에 영향이 없을 때는 이처럼 생략하겠습니다.

기타 유의 사항

- **안전 장비** : 북한산의 등산로는 다양한 지형으로 이루어져 있어, 특히 백운대 코스에서는 안전 장비(등산화, 장갑 등)가 필요합니다.

- **날씨 확인** : 산행 전 날씨를 꼭 확인하고, 특히 비나 눈이 올 경우 등산을 피하는 것이 좋습니다.

- **음식 및 물** : 충분한 음식과 물을 준비하여 체력을 유지할 수 있도록 해야 합니다.

- **쓰레기** : 자연을 보호하기 위해 쓰레기는 반드시 되가져와야 합니다.

북한산은 계절마다 다른 아름다움을 선사하므로, 사계절 내내 방문해도 좋은 산입니다. 각 코스는 자신에게 맞는 난이도와 경로를 선택하여 즐길 수 있습니다.

챗GPT가 앞에서 북한산에 관한 질문과 답변을 기억하고 있습니다. 그러므로 '코스를 자세하게 설명해줘.'라고만 입력해도 북한산에 관한 질문이라는 걸 인식해서 북한산 코스를 설명합니다.

500% 노하우 한국어로 답변해달라고 요청하세요

챗GPT는 강력한 다국어 능력을 가졌기 때문에 언어의 경계가 없습니다. 그래서 한국어로 질문해도 생성한 답변이 타 언어에 가까우면 해당 언어로 답변합니다. 그러니까 한국어로 물었는데, 영어로 답할 수 있는 거죠. 이럴 때는 당황하지 말고 '한국어로', '답변을 한국어로 바꿔줘.'처럼 명령하면 답변했던 내용을 한국어로 번역하여 답합니다. 처음 질문할 때부터 한국어로 해달라고 요청하는 방법도 있습니다.

기본 02 이어서 질문하기

챗GPT에서 이어서 질문하는 방법은 크게 2가지입니다.

첫 번째 방법은 이어서 질문할 내용을 다시 입력하는 것입니다. 위의 북한산 채팅을 이어서 질문해보겠습니다.

보현봉 코스를 더 자세히 설명해줘.

보현봉 코스는 북한산의 아름다움을 체험할 수 있는 코스 중 하나입니다. 이 코스는 다양한 바위 지형과 숲길을 포함하고 있으며, 중간 지점에서 승가사를 거쳐 보현봉 정상에 도달합니다. 다음은 보현봉 코스에 대한 더 자세한 설명입니다.

출발점 : 정릉탐방지원센터

- **위치** : 서울 지하철 4호선 성신여대입구역에서 버스를 타고 정릉탐방지원센터에 도착할 수 있습니다.
- **편의시설** : 탐방지원센터에는 등산 정보를 제공하는 안내소, 화장실, 휴식 공간 등이 마련되어 있습니다.

1단계 : 정릉탐방지원센터에서 승가사까지

- **거리** : 약 2km

- 소요 시간 : 약 1시간

… 생략 …

대화 내용을 기억하여 북한산의 보현봉에 대해서 더 자세하게 설명해줬습니다.

두 번째 방법은 답변 중 질문할 부분을 지정해서 묻는 것입니다. ❶ 챗GPT의 답변을 드래그하면 다음과 같이 큰따옴표 아이콘이 생기는 데요, ❷ 아이콘을 누르면 메신저의 답변하기처럼 드래그한 내용에 대한 질문을 이어서 할 수 있습니다. 이어서 질문하겠습니다.

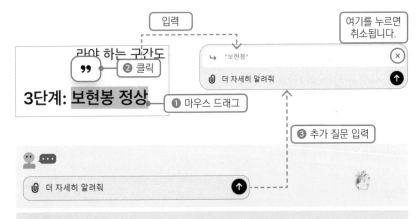

보현봉 코스 (Bohyeonbong Course) - 매우 자세한 설명

보현봉 코스는 북한산의 중간 봉우리인 보현봉을 오르는 코스로, 다양한 바위 지형과 숲길을 포함하고 있어 매력적인 등산로입니다. 다음은 보현봉 코스에 대한 매우 상세한 설명입니다.

출발점 : 정릉탐방지원센터

- **위치** : 서울 지하철 4호선 성신여대입구역에서 버스를 타고 정릉탐방지원센터에 도착할 수 있습니다.
- **편의시설** : 탐방지원센터에는 등산 정보를 제공하는 안내소, 화장실, 휴식 공간 등이 마련되어 있습니다. 등산 전 필요한 정보를 얻고 출발 준비를 마칠 수 있습니다.

'더 자세하게 알려줘.'라고 질문에 드래그한 보현봉 코스의 정보만 답변하는 것을 확인할 수 있습니다. 보다시피 어떤 방법을 사용해도 답변에 큰 차이는 없습니다. 상황에 따라서 편한 방법을 이어서 질문하면 됩니다.

기본 03　파일 첨부하기

내용 입력란 옆 클립 아이콘은 [첨부] 버튼입니다. PC에 저장된 이미지나 파일 또는 마이크로소프트 원드라이브나 구글 드라이브에서 파일을 불러와서 첨부할 수 있습니다.

모바일 앱에서는 아이콘이 총 3개가 보입니다. 왼쪽부터 차례대로 카메라, 사진, 파일 아이콘입니다.

❶ 카메라 아이콘은 스마트폰의 카메라를 실행해서 촬영한 사진을 바로 첨부합니다. ❷ 사진 아이콘은 스마트폰 사진첩의 사진을 첨부합니다. ❸ 파일은 스마트폰에 저장된 파일을 첨부합니다.

챗GPT에 첨부할 수 있는 파일 양식은 다음과 같습니다.

문서 파일	• PDF (.pdf) • 텍스트 파일 (.txt) • 엑셀 파일 (.xlsx) • CSV 파일 (.csv)	• Word 문서 (.doc, .docx) • 리치 텍스트 파일 (.rtf) • 파워포인트 파일 (.ppt, .pptx)
이미지 파일	• JPEG (.jpg, .jpeg) • GIF (.gif) • TIFF (.tiff)	• PNG (.png) • BMP (.bmp)
코드 및 스크립트 파일	• Python 파일 (.py) • Java 파일 (.java) • C++ 파일 (.cpp) • CSS 파일 (.css) • PHP 파일 (.php)	• JavaScript 파일 (.js) • C 파일 (.c) • HTML 파일 (.html) • SQL 파일 (.sql) • Ruby 파일 (.rb)
압축 파일	• ZIP 파일 (.zip) • 7z 파일 (.7z) • GZ 파일 (.gz)	• RAR 파일 (.rar) • TAR 파일 (.tar)
오디오 파일	• MP3 파일 (.mp3) • AAC 파일 (.aac)	• WAV 파일 (.wav) • FLAC 파일 (.flac)
비디오 파일	• MP4 파일 (.mp4) • MOV 파일 (.mov) • MKV 파일 (.mkv)	• AVI 파일 (.avi) • WMV 파일 (.wmv)
기타 파일	• YAML 파일 (.yaml, .yml) • LOG 파일 (.log)	• INI 파일 (.ini) • SVG 파일 (.svg)

파일 형식에 따라 챗GPT가 할 수 있는 작업과 발휘할 성능이 제한될 수 있습니다.

임시 채팅

새로운 채팅을 생성하면 무조건 오른
쪽 채팅 목록에 추가됩니다. 간단한 질
문이라도 말이죠. 새로운 채팅을 계속
생성하면 목록이 어지러워지기 때문
에 관리가 어렵습니다. 그럴 때 '임시
채팅' 기능을 사용하면 됩니다. 임시
채팅은 GPT 모델 선택을 클릭하면 뜨
는 목록의 가장 아래 토글로 활성화할
수 있습니다.

토글을 켜면 임시 채팅이 시작되고, 여기서 대화한 내용은 채팅 목록에 저장되
지 않습니다. 토글을 끄는 순간 임시 채팅이 종료되면서 내용이 삭제되므로 중
요한 답변은 반드시 복사하거나 캡처, 다운로드하여 따로 저장해야 합니다.

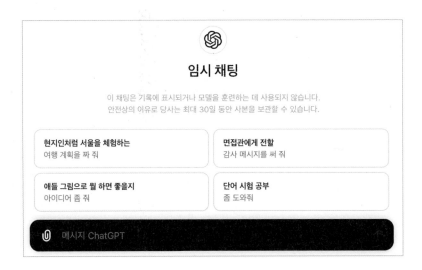

500% 노하우 **챗GPT가 갑자기 느려졌다면?**

챗GPT는 실시간 사용자가 많을수록 느려지거나 제대로된 답변을 하지 못하는 경향이 있습니다. 특히 현재는 챗GPT 사용자가 많은 북미, 남미의 사용자가 주로 사용하는 시간이 되면 느려지는 일이 잦습니다. 또한, 인도의 챗GPT 사용량이 가장 높기 때문에 우리나라 시간으로 오후 1시쯤부터 새벽까지 점점 느려졌다가 다시 정상 속도로 돌아오곤 합니다.

2024년 6월에는 이 현상이 고조되어 5시간 이상 챗GPT가 먹통이 되기도 했는데요, 계속 개선되고 있지만, 전 세계적으로 사용량이 많은 만큼 이용 시간에 따른 답변의 편차가 발생할 수 있는 점을 참고하여 활용하길 바랍니다.

책의 실습 중에도 간혹 제대로 진행되지 않을 때가 생길 수 있는데, 사용법이나 질문이 잘못된 것이 아니라 챗GPT가 과부화된 것이니 너무 느리거나 제대로 작동하지 않으면 현상이 해결될 때까지 기다렸다가 시도해보세요.

💬 ChatGPT 맞춤 설정하기

챗GPT 사용법, 특히 프롬프트 엔지니어링 예제를 보면 '특정 역할을 할당해서 역할에 맞는 답변을 유도하라.'라는 내용을 많이 볼 수 있습니다. '의사처럼 말하라.'라거나 '변호사가 되어 법에 대해서 말해달라.' 등 말이죠. 역할을 부여하면 챗GPT가 좀 더 나은 품질의 답변을 줍니다.

맞춤 설정 기능을 사용하면 역할 부여, 스타일 지정, 답변 다듬기 등 챗GPT를 아주 쉽게 조정할 수 있습니다. 정확히는 이 행위가 프롬프트 엔지니어링이지만, 누구나 쉽게 챗GPT에 적용할 수 있도록 별도 기능으로 제공합니다. 앞서 챗GPT를 사용할 때 프롬프트 엔지니어링 기법을 따로 배우지 않아도 된다고 말했습니다. 그저 필요한 걸 자연어로 입력만 하면 챗GPT가 원하는 대로 답해

줄 겁니다.

챗GPT 화면의 오른쪽 상단 ❶ 프로필 아이콘을 클릭하고, ❷ [ChatGPT 맞춤 설정]이라는 메뉴를 누르면 맞춤 설정을 실행할 수 있습니다. 실행하면 다음 이미지처럼 ❸ 맞춤 설정 창이 나타납니다. 맞춤형 지침 기능은 무료 버전과 유료 버전 모두 동일합니다. 다만, 무료 버전은 기능이 제한적이라 금방 사용량을 초과하므로 지침을 설정하는 것보다 프롬프트에 직접 입력하는 방법이 수월할 수 있습니다.

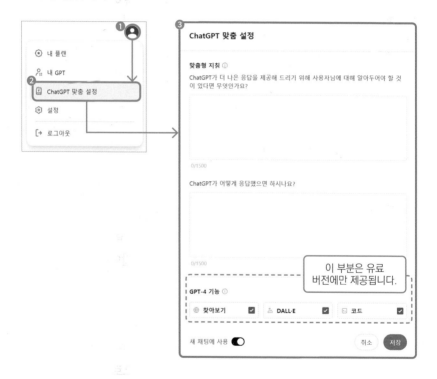

챗GPT가 더 나은 응답을 제공해 드리기 위해
사용자님에 대해 알아두어야 할 것이 있다면 무엇인가요?

챗GPT가 사용자를 어떻게 인식했으면 하는지 입력하는 영역입니다. 거주 지역, 직업, 나이, 취미 등 정보를 입력하면 최대한 정보에 알맞은 답변을 제공합니다. 예를 들어, 지침에 '주언어는 한국어'라고 입력하면 챗GPT는 주로 한국어로 답변을 생성하게 됩니다. 또는 '10세 초등학생'으로 설정하면 초등학생이 이해할 수 있는 어휘로 답변을 생성합니다. 아래는 챗GPT가 제시하는 지침 작성 팁입니다.

- 어느 지역에 기반을 두고 계신가요?
- 어떤 일을 하고 계신가요?
- 어떤 취미와 관심사를 갖고 계신가요?
- 몇 시간 동안 이야기할 수 있는 주제는 어떤 것인 가요?
- 목표가 몇 가지 있다면 무엇인가요?

간단한 예시를 보겠습니다. 지침을 미설정한 챗GPT와 6살 아이로 설정한 챗GPT에게 각 '1+1이 왜 2인지 설명해줘.'라고 질문하고 받은 답변입니다.

▼ 지침 미설정 챗GPT

초를 알아야 합니다.
1. **자연수의 정의**: 자연수는 1, 2, 3, 4, ... 와 같은 양의 정수입니다. 자연수는 가장 기본적인 수의 개념으로, 셀 수 있는 것들을 나타냅니다.

▼ 6살 아이로 설정한 챗GPT

1+1이 2가 되는 이유는 숫자의 기본적인 개념과 수학의 규칙 때문이야. 간단하게 설명해줄게.

2. 수학적 기호와 개념:

- 1은 하나의 객체를 나타내는 숫자입니다.
- +는 덧셈을 나타내는 연산 기호입니다.
- =는 등호로, 좌변과 우변이 같다는 것을 의미합니다.

3. 덧셈의 정의:

- 덧셈은 두 개 이상의 숫자를 합쳐서 더 큰 하나의 숫자를 만드는 연산입니다.

… 생략 …

결론적으로, 1+1이 2인 이유는 자연수의 개념과 덧셈 연산의 정의에 의해 확립된 수학적 원리 때문입니다.

1은 하나의 것을 의미해. 만약에 사과 한 개가 있다면, 그건 1개의 사과야. 이제 다른 사과 하나를 더하면, 두 개의 사과가 생겨. 이걸 수학적으로 표현하면 이렇게 돼:

1 (사과 한 개) + 1 (사과 한 개) = 2 (사과 두 개)

수학에서는 이런 기본적인 덧셈 규칙이 있어서, 1과 1을 더하면 항상 2가 돼. 이런 식으로 다른 숫자들도 더하고 빼는 방법을 배우게 될 거야.

6살 아이로 설정한 쪽이 미설정한 쪽보다 더 간결하고 쉽게 설명하는 것을 확인할 수 있습니다. 챗GPT를 교육용으로 사용한다면 꼭 설정해야겠죠.

챗GPT가 어떻게 응답했으면 하시나요?

챗GPT가 어떻게 답변했으면 하는지 입력하는 영역입니다. 어투, 호칭, 역할, 스타일 등을 지정할 수 있습니다. 예를 들어 '사장님'이라고 입력하면 챗GPT는 모든 답변에서 사장님이라는 호칭을 사용하게 됩니다. 또는 '실사 스타일'이라고 입력하면 모든 이미지를 실사 스타일로 묘사합니다. 다음을 참고해서 어떤 설정을 할지 고민해보세요.

- ChatGPT의 응답이 어느 정도의 격식을 갖추길 바라시나요?
- 응답의 일반적인 길이는 어느 정도가 좋을까요?
- 사용자님을 어떻게 불러 드리면 좋을까요?

- ChatGPT가 여러 토픽에 대해 고유한 의견을 가져야 할까요, 아니면 중립을 유지해야 할까요?

"사장님을 호칭으로 불러줘. 너는 부하 직원이야"라고 역할을 맡긴 경우와 그렇지 않은 경우의 답을 비교해보겠습니다. 질문은 '오늘 점심 메뉴를 정해줘.'입니다.

▼ 호칭 미설정 챗GPT

오늘 점심 메뉴로 다양한 옵션을 추천해드릴게요. 아래에서 마음에 드는 메뉴를 골라보세요!

1. 한식:
   ◦ 비빔밥
   ◦ 김치찌개
   ◦ 불고기
2. 일식:
   ◦ 스시
   ◦ 돈까스
   ◦ 라멘
3. … 생략 …

이 중에서 가장 끌리는 메뉴가 무엇인가요? 선택하시면 더 구체적인 추천도 가능해요!

▼ 사용자를 사장님으로 설정한 챗GPT

사장님, 오늘 점심 메뉴로 여러 가지 추천을 드리겠습니다:

1. 한식: 비빔밥이나 된장찌개, 불고기 정식은 어떠세요? 건강한 한국식 식단입니다.
2. 일식: 초밥이나 라멘, 돈까스도 좋은 선택입니다.
3. … 생략 …

어떤 메뉴가 좋으신지 말씀해 주시면 바로 준비하겠습니다!

사장님으로 설정했을 때, 호칭과 역할을 두고 대화하는 느낌으로 바뀌었습니다.

이번에는 '실사 스타일'로 설정하고 이미지를 생성해보겠습니다. 파인애플을 그려보겠습니다.

▼ 스타일 미설정 챗GPT

▼ '실사 스타일'이라고 설정한 챗GPT

미설정한 이미지와 스타일을 설정한 이미지를 비교하면 차이를 바로 할 수 있습니다. 이미지 생성 방법은 '5장 챗GPT로 이미지 생성하기'에서 더 자세히 배우겠습니다. 배운 내용을 맞춤 설정에 적용하면 일관된 이미지를 쉽게 생성할 수 있을 겁니다.

이처럼 맞춤 설정을 활용하면 챗GPT에게 질문 또는 명령할 때마다 채팅으로 설정하지 않아도 됩니다. 책의 내용은 보편성을 위해서 따로 설정 없이 진행되지만, 실습을 모두 끝낸 후에는 자신의 업무에 맞는 설정을 찾아서 적용하여 챗GPT를 활용하기 바랍니다.

500% 노하우 필요 없는 기능은 끄세요

맞춤 설정 가장 아래에는 유료 버전에서만 활성화 여부를 정할 수 있는 'GPT-4 기능'이 있습니다. ❶ 찾아보기는 '인터넷을 검색해서 답을 찾기', ❷ DALL-E는 '달리를 사용해서 이미지 생성', ❸ 코드는 '코드 인터프리터를 사용해 코드 실행' 기능입니다. 유료 버전에서는 이 기능을 필요에 맞게 끌 수 있습니다. 간단한 답만 듣고 싶은데 질문에 따라서 챗GPT가 무작정 그림을 그리거나 검색하거나 코드를 작성하면 답변 생성 시간이 길어지겠죠. 이런 점을 방지할 수 있습니다.

Chapter 04

챗GPT로 검색하기

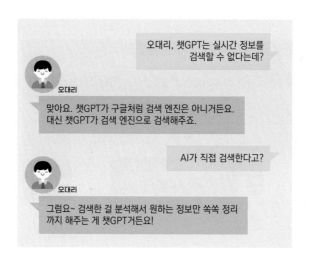

챗GPT는 최신 데이터를 처리하지 못하기 때문에 오늘 뉴스나 실시간 주가 변동 등 정보는 챗GPT에서 검색할 수 없습니다. 하지만 이것은 반은 맞고, 반은 틀린 얘기입니다. 챗GPT는 직접 실시간 정보를 검색하지 못합니다. 하지만 검색 엔진인 빙^{Bing}을 사용해서 검색할 수는 있습니다. 또한, 미리 학습한 데이터 내에서 검색하는 능력은 그 어떤 검색 엔진보다 뛰어납니다.

그리고 챗GPT에서도 서치GPT^{SearchGPT}라는 이름으로 실시간 정보 검색 기능을 도입할 준비를 하고 있습니다. 서치GPT는 챗GPT에 내장된 검색 엔진 기능입니다. 구글과 비슷하지만 검색한 다음 내용을 GPT로 요약해준다는 강점이 있죠. 서치GPT가 도입되면 챗GPT에서의 실시간 검색이 훨씬 편해지고 챗GPT가 최신 정보에 약하다는 단점도 대폭 개선될 것입니다.

서치GPT는 2024년 7월 기준 시제품을 먼저 사용해볼 수 있는 대기자 신청을 받고 있습니다. 정확한 출시 일정은 발표되지 않았지만 2024년 이내 출시 예정입니다. 더 자세한 내용은 아래 링크에서 확인할 수 있습니다.

- https://openai.com/index/searchgpt-prototype/

미친 활용 01 빙으로 검색하기

실시간 정보를 검색하려면 '빙에서 검색해줘.'라고 명령해야 합니다. 마이크로소프트의 주가를 실시간으로 검색해보겠습니다.

마이크로소프트의 오늘 자 주가를 빙에서 검색해줘.

오늘 마이크로소프트의 주가는 423.85달러로, 전일 대비 0.16% 하락했습니다 (Macroaxis).

챗GPT가 빙으로 마이크로소프트 주가를 검색해서 매크로액시스라는 투자 분석 사이트의 정보를 불러왔습니다. 챗GPT 스스로 검색한 것이 아니라 빙으로 검색한 결과를 가져와서 사용자에게 설명해주는 것이죠. 그렇기 때문에 항상 정확한 정보를 가져온다고 신뢰할 수는 없습니다. 신뢰할 수 있는 출처인지 알 수 없으니까요.

원하는 출처가 명확하다면 다음과 같이 출처를 삽입해서 검색하는 방법도 있습니다.

마이크로소프트의 오늘자 주가를 빙으로 나스닥에서 검색해줘.

2024년 6월 10일 기준으로, 마이크로소프트의 나스닥 주가는 $423.85입니다. 이는 이전 거래일 대비 약 0.49% 하락한 수치입니다 (Nasdaq) (Microsoft Cloud & More). 최신 정보는 Microsoft Investor Relations 페이지나 나스닥과 같은 금융 뉴스 웹사이트에서 확인할 수 있습니다 (Nasdaq).

> 클릭해 해당 페이지로 이동할 수 있어요.

빙으로 나스닥 사이트에 접근해서 마이크로소프트 주가를 불러왔습니다. 사실 주가 정보를 확인하려면 네이버나 구글 등 기존 검색 엔진을 활용하는 방법이 더 편합니다. 다만, 챗GPT의 빙 검색은 다양한 출처의 정보를 한꺼번에 검색하는 데에 강점이 있어서 키워드와 관련한 뉴스를 조사하거나 필요한 논문이나 데이터를 탐색할 때 유리합니다.

더욱 자세한 검색 실습은 '미친 활용 05 **미국 증시 휴장일 캘린더 만들기**'에서 진행하겠습니다.

미친 활용 02 이미지로 검색하기

챗GPT의 이미지 처리 능력과 빙 검색을 활용하면 이미지도 검색할 수 있습니다. 이번에는 모바일 앱으로 간단한 이미지 검색을 해보겠습니다.

책 표지로 정보 검색하기

01 카메라로 책을 촬영하여 어떤 내용인지 검색하겠습니다. 모바일 앱을 실행하고, [+ → 카메라] 버튼을 눌러 카메라가 실행되면 책 표지를 촬영합니다.

02 주석 달기는 이미지에 설명을 추가하는 기능입니다. 채팅으로 명령해도 충분하므로 넘어가겠습니다. [다음]을 누릅니다.

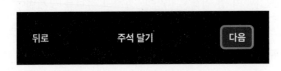

03 촬영한 사진이 추가되었으면 챗GPT에게 검색을 요청합니다.

요청 입력하기

이 책이 어떤 내용인지 빙에서 검색해줘.

"세컨드 브레인은 옵시디언" 책은 디지털 도구인 옵시디언을 사용하여 지식과 생각을 체계적으로 정리하는 방법을 다루고 있습니다. 이 책은 PARA와 제텔카스텐 시스템을 통합하여 독자가 아이디어와 작업을 효율적으로 관리할 수 있도록 돕습니다. 책에서는 옵시디언에서 이 시스템들을 설정하고 사용하는 단계별 지침과 예제를 제공합니다.

주요 내용은 디지털 저장소를 만들어 중요한 정보를 효율적으로 저장하고 검색할 수 있는 방법을 설명합니다. 이를 통해 독자는 정보 과부하를 극복하고 창의적이고 생산적인 작업을 수행할 수 있게 됩니다. 이 책은 특히 생산성 향상과 정보 관리에 관심이 있는 사람들에게 유용합니다 ["] ["] ["].

챗GPT가 이미지만으로 정확하게 책을 찾아내고, 내용을 요약했습니다. 또한, 이미지를 자의적으로 해석하지 않았다는 증명으로 출처도 표시했습니다.

04 ["]를 누르면 출처를 확인할 수 있습니다.

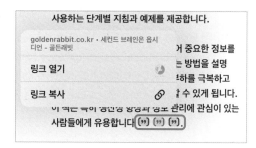

자동차 사진으로 정보 검색하기

예제의 검색이 가능했던 이유는 책의 표지에 제목이 있었기 때문입니다. 인식한 제목을 빙에 검색한 것이죠. 그럼 텍스트가 없는 경우는 어떨까요? 탐색하려는 사물의 모습이 사진에 많이 담겼다면 검색할 수 있습니다. 이번에는 자동차의 측면 사진을 주고 차종과 연식을 검색해보겠습니다.

01 챗GPT에서 [첨부] 버튼을 누르고, 자동차 사진을 추가한 후 다음과 같이 명령합니다.

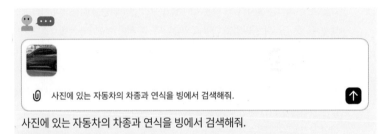

사진에 있는 자동차의 차종과 연식을 빙에서 검색해줘.

사진에 있는 자동차는 BMW X1입니다. 이 차량은 2016년에 도입된 F48 세대의 두 번째 모델로 보입니다. 이 세대는 2020년에 중간 주기 페이스리프트를 받았으며, 외관과 인포테인먼트 시스템이 업그레이드되었습니다. 이 모델은 다양한 엔진 옵션을 제공하며, 여기에는 1.5리터 3기통 터보차저 가솔린 엔진과 2.0리터 4기통 터보차저 엔진이 포함됩니다. 특히 xDrive28i 모델은 228마력과 258 lb-ft의 토크를 제공하는 2.0리터 엔진을 사용합니다 (Japanese Used Car Blog | BE FORWARD) (iSeeCars) (iSeeCars). 사진에 보이는 디자인 요소와 휠 디자인을 통해 2016년부터 2020년 사이의 모델로 추정할 수 있습니다 (Japanese Used Car Blog | BE FORWARD) (iSeeCars) (Grosvenor Motor Company). 정확한 연식을 확인하려면 차량의 VIN(차대번호)를 확인하는 것이 좋습니다. VIN은 대시보드의 운전석 쪽 윈드실드 근처나 운전석 도어 프레임에 위치해 있습니다 (Japanese Used Car Blog | BE FORWARD).

차종과 연식, 차량에 관한 기타 내용을 출처와 함께 제시해주었습니다. 사실 차종을 찾는 목적만 달성하려면 '사진에 있는 자동차의 차종과 연식을 알려줘.'라고만 명령해도 충분합니다. 다만, 사전에 학습한 데이터로만 이미지를 분석하기 때문에 때로 틀린 답을 가져오는 챗GPT의 특성상 출처가 없으면 정확한 정보인지 다시 검색하여 확인해야 합니다.

'빙으로 검색해줘.'라는 명령은 챗GPT가 분석한 이미지를 가지고, 검색 데이터와 비교하여 최대한 정답에 가까운 답변을 하도록 유도합니다. 더군다나 학습되지 않은 데이터도 검색으로 찾을 수 있기 때문에 이미지를 검색할 때는 꼭 빙 검색을 함께 요청하는 것이 좋습니다.

500% 노하우 이미지 검색을 이렇게도 쓸 수 있어요

챗GPT의 이미지 처리 능력은 검색뿐만 아니라 훨씬 많은 곳에 활용할 수 있는데요, 몇 가지 활용법을 추가로 알아보겠습니다.

첫째, 챗GPT로 이미지 속 물건이나 사람의 수를 셀 수 있습니다.

이 사진에는 14개의 파란 알약이 있습니다.

약이 몇 개인지 세어줘.

둘째, 사물이나 풍경의 색상 코드를 추출할 수 있습니다.

사진 속 책의 색상 코드를 찾아줘.

사진 속 주요 색상의 RGB 코드는 다음과 같습니다.

1. 보라색 텍스트 : (191, 179, 157)

2. 크림색 텍스트 : (159, 135, 144)

3. 검정색 배경 : (155, 112, 153)

4. 보라색 아이콘 : (182, 113, 199)

이 색상 코드를 참고하여 디자인 작업을 진행하시면 됩니다.

셋째, 이미지의 외국어를 번역할 수 있습니다.

EN
*) Available when feature is supported by game.
• A USB cable is not included. To connect or charge the controller, use the USB cable supplied with the PS5 console.
• Always update your PS5 system software and the wireless controller device software to the latest version.
• The export, commercial use or leasing of this product are prohibited.
• Design and specifications are subject to change without notice.

한국어로 번역해줘.

*1 게임에서 지원되는 기능을 사용할 수 있습니다.

• USB 케이블은 포함되지 않습니다. 컨트롤러를 연결하거나 충전하려면 PS5 콘솔에 제공된 USB 케이블을 사용하십시오.

- 항상 PS5 시스템 소프트웨어와 무선 컨트롤러 장치 소프트웨어를 최신 버전으로 업데이트하십시오.
- 이 제품의 수출, 상업적 사용 또는 임대는 금지되어 있습니다.
- 디자인 및 사양은 예고 없이 변경될 수 있습니다.

넷째, 약이나 식품의 성분을 인식하여 효과 또는 효능을 설명해줍니다.

약의 성분과 효과를 설명해줘.

이 약의 주요 성분 및 효과에 대한 설명은 다음과 같습니다.

주요 성분:

- **유효성분** : 덱시부프로펜 (KP) 300mg
- **첨가제(동물 유래 성분)** : 속실산질연탄 (돼지)
- **기타 첨가제** : 부틸히드록시톨루엔, 소르비톨 소루션, 수산화칼슘, 정제수, 치자 청색소, 폴리에틸렌 글리콜 600

이 약은 덱시부프로펜을 주성분으로 하는 진통제/소염제로, 통증 및 염증 완화에 사용됩니다. 사용하기 전 제품 설명서를 꼼꼼히 읽고, 용법 및 용량을 정확히 지켜 사용해야 합니다.

이 밖에도 챗GPT가 이미지로 할 수 있는 일은 무궁무진합니다. 이후 실습에서 더 자세히 알아보겠습니다.

## Chapter 05

챗GPT로 이미지 생성하기

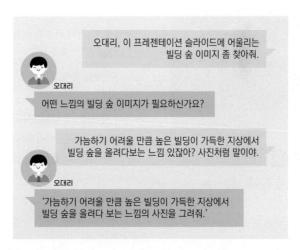

오대리, 이 프레젠테이션 슬라이드에 어울리는
빌딩 숲 이미지 좀 찾아줘.

오대리

어떤 느낌의 빌딩 숲 이미지가 필요하신가요?

가늠하기 어려울 만큼 높은 빌딩이 가득한 지상에서
빌딩 숲을 올려다보는 느낌 있잖아? 사진처럼 말이야.

오대리

'가늠하기 어려울 만큼 높은 빌딩이 가득한 지상에서
빌딩 숲을 올려다 보는 느낌의 사진을 그려줘.'

GPT가 사람과 언어로 상호작용하는 AI라면, 달리$^{DALL·E}$는 자연어를 이해해서 이미지를 생성하는 AI입니다. GPT 개발사와 동일한 오픈AI가 개발했으며, 최신 버전인 달리 3$^{DALL·E\ 3}$가 챗GPT에 탑재되어 있습니다. 즉, 챗GPT에서 달리로 이미지를 생성할 수 있다는 거죠. 이미지를 생성하고, 수정하는 방법을 알아보겠습니다.

> 이 책의 장별 표지에 들어간 모든 이미지를 달리로 만들었습니다.

이미지를 생성하는 방법은 간단합니다. 생성할 이미지를 텍스트로 설명하고, '그려줘.', '이미지를 생성해줘.', '이미지를 만들어줘.'라고 명령만 하면 됩니다. 다음은 '책을 읽는 토끼를 그려줘.'라는 명령으로 간단하게 이미지를 생성한 예시입니다.

귀여운 토끼 이미지가 만들어졌네요. 하지만 챗GPT는 명령에 따른 이미지를 무작위로 생성합니다. 여러분이 상상한 이미지가 한번에 나오지 않을 가능성이 큽니다. 원하는 이미지를 생성하려면 약간의 프롬프트 엔지니어링 기법이 필요합니다. 실무 예제에서는 따로 이미지 생성을 진행하지 않으므로 원하는 이미지를 생성하는 기초적인 기법을 모두 설명하고 넘어가겠습니다. 챗GPT에 최적화된 기법입니다.

메인 프롬프트와 네거티브 프롬프트

쉽게 말해서 메인 프롬프트Main Prompt는 생성하려는 것, 네거티브 프롬프트Negative Prompt는 생성하지 않으려는 것을 의미합니다. 다음 예시를 보겠습니다.

- **메인 프롬프트** : 꽃으로 만든 왕관을 쓴 환상적인 토끼가 빛나는 버섯과 반짝이는 반딧불이로 가득한 마법의 숲을 뛰어다니는 매혹적인 장면을 만들어줘.

- **네거티브 프롬프트** : 평범한 잔디밭에서 현실적인 토끼를 묘사하지마. 장면의 환상적이고 매혹적인 분위기를 해칠 수 있는 어둡고 으스스한 요소는 피해줘.

메인 프롬프트만 입력한 이미지는 다음과 같습니다.

메인 프롬프트와 네거티브 프롬프트를 함께 입력한 이미지는 다음과 같습니다.

메인 프롬프트만 입력했을 때는 정밀하게 묘사한 토끼와 다소 어두운 배경의 이미지가 생성된 반면, 네거티브 프롬프트를 함께 입력하니 이족 보행하는 비현실적인 귀여운 토끼와 숲에 빛이 들어서 으스스한 분위기를 없앤 이미지가 생성되었습니다.

이미지를 생성할 때 많은 사람이 메인 프롬프트에 집중합니다. 하지만 예시에서 알 수 있는 것처럼 네거티브 프롬프트로 어떤 이미지를 피하느냐에 따라서 원하는 이미지를 생성할 확률이 높아집니다.

6가지 프롬프트 유형

메인 프롬프트와 네거티브 프롬프트의 역할은 이해했습니다. 그러면 이 프롬프트들은 어떤 구조로 작성해야 효과적일까요? AI 이미지 생성이 처음이라면 다음 6가지 요소를 적절히 활용해보세요. 두고두고 이미지 생성에 유용하게 쓰일 겁니다.

1 **주제** : 생성할 이미지의 주제를 설명하는 용어입니다. (예 : 꽃으로 만든 왕관을 쓴 토끼)

2 **스타일** : 특정한 이미지의 느낌을 안내하는 용어입니다. (예 : 픽사 애니메이션 스타일, 붓과 먹을 사용한 한국화 스타일 등)

3 **품질 향상** : 이미지의 품질을 향상시키기 위한 용어입니다. (예 : 정교하게, 놀랍도록, 섬세하게 등)

4 **반복** : AI가 특정 부분에 집중하도록 주제나 스타일 용어를 반복하는 것입니다. (예 : 매우 매우 매우 매우 빛나는 버섯과 반짝이는 반딧불이)

5 **창의성** : AI에게 창의성을 주입하여 무작위 이미지를 생성하게 하는

용어 또는 구문을 말합니다. (예 : 환상적인, 마법의 숲을 뛰어다니는 매혹적인 장면)

6 **이미지** : 요구하는 이미지의 스타일이나 구조 등을 참고할 수 있는 이미지 파일 또는 링크를 첨부할 수도 있습니다.

이 프롬프트 유형을 조합하여 이미지를 생성해보겠습니다.

Behance에 디자인 포트폴리오로 공유된(창의성) 실사 스타일(스타일)의 트렌디한(창의성) 도넛과 커피를 판매하는(주제) 펑크 감성의 현대적인(창의성) 매장(주제)을 매우 매우 매우 매우(반복) 세부적으로(품질 향상) 만들어줘.

현실적인 스타일의 도넛&커피 매장 이미지가 생성되었습니다. 이처럼 앞서 배운 네거티브 프롬프트도 6가지 유형을 활용해서 만들면 더 효과적으로 작동합니다.

제공한 이미지를 기반으로 이미지 생성하기

이번에는 원하는 이미지를 제공하고, 이미지 생성을 요청하겠습니다. 챗GPT
에서 [첨부] 버튼을 클릭하여 다음의 자세 이미지를 추가한 후 명령하겠습
니다.

이 자세로 배구공을 토스하는 개구리를 그
려줘.

엉성한 낙서로 그럴싸한 배구하는 개구리 그림이 생성되었습니다. 낙서는 그
림판으로 간단하게 그린 것입니다. 이 방법을 활용하면 다음 예시처럼 비슷한
스타일의 그림을 연속해서 생성할 수도 있습니다. 개구리 이미지를 생성한 채
팅에 이어서 명령하겠습니다.

이 개구리가 배구공을 스파이크하는 모습을 그려줘.

비슷한 스타일로 스파이크하는 자세만 바뀐 개구리 이미지가 생성되었습니다.

지금까지 챗GPT로 달리 3를 사용한 이미지 생성 방법과 기본적인 프롬프트 엔지니어링 기법을 알아보았습니다. 이미지가 필요한 순간, 마땅한 이미지를 찾을 수 없다면 이제 챗GPT로 생성하세요.

미친 활용 04 생성한 이미지 수정하기

챗GPT로 이미지를 생성하면 결과가 무작위로 나오기 때문에 일부 배경이나 객체가 마음에 들지 않을 수 있습니다. 그럴 때는 챗GPT의 이미지 편집 기능을 사용해서 간단하게 수정할 수 있습니다.

이미지 편집 기능의 장점은 기존 이미지를 크게 변형하지 않고, 선택한 부분만 수정하는 것입니다. 차근차근 수정해보겠습니다.

선택한 부분의 이미지 지우기

01 먼저 아무 이미지나 생성해보겠습니다.

02 생성된 이미지 속 사람의 크기와 비교해서 바다 위 배들의 크기가 너무
작은 것 같습니다. 편집 기능으로 배를 지워보겠습니다. 생성된 이미지
를 클릭합니다. 그러면 다음과 같이 이미지 편집 기능이 실행됩니다.

수정할 이미지의 오른쪽 상단을 보면 총 4개 아이콘이 있습니다.

❶ [선택] 아이콘으로 수정할 곳을 선택합니다.

❷ [다운로드] 아이콘으로 현재 보고 있는 이미지를 내려받습니다.

❸ [프롬프트] 아이콘으로 이 이미지를 생성할 때 사용한 프롬프트를 볼 수 있습니다.

❹ [종료] 아이콘을 누르면 이미지 편집 기능을 종료합니다.

03 이제 이미지를 편집해봅시다. [선택] 아이콘을 누릅니다.

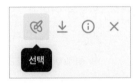

그러면 왼쪽 상단에 브러쉬 크기 조절바, 되돌리기/재실행, 선택 항목 지우기 버튼이 생깁니다. 지울 배를 정확히 선택하기 위해 브러쉬 크기를 적당히 줄이겠습니다. 버튼을 좌우로 옮겨 조절해주세요.

04 이미지에서 지울 배를 선택합니다.

05 선택 영역을 잘못 지정해서 다시 선택 영역을 그리고 싶다면 [선택 항목 지우기]를 클릭합니다. 그러면 방금 선택한 영역이 취소됩니다.

06 다른 배를 선택해서 지워보겠습니다. 다시 영역을 지정하고 우측 하단 채팅에 '지워줘.'라고 명령을 내립니다.

이 방법으로 이미지에서 배를 모두 지워보았습니다.

지울 수 있다면 추가도 할 수 있을까요? 저는 이미지 편집 기능으로 요소를 추가하는 걸 추천하지 않습니다. 이유는 이미지에 요소를 추가해보면서 설명하겠습니다.

500% 노하우 이미지 생성에 쓴 프롬프트와 생성된 이미지의
프롬프트가 달라요

'해변가에 있는 사람들을 그려줘.'라는 프롬프트로 이미지를 생성했습니다. 그런데
[프롬프트] 아이콘을 클릭했더니 영문으로 된 다른 프롬프트가 나타납니다.

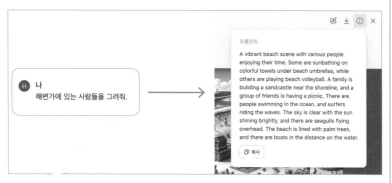

이는 챗GPT가 직접 이미지를 생성한 것이 아니라 우리가 입력한 프롬프트를 이해
한 후 재구성하여 다시 달리에게 요청했기 때문입니다.

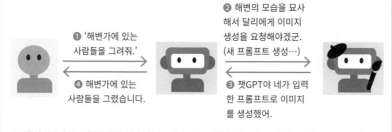

그래서 실제로 이미지를 생성한 프롬프트는 생성된 이미지의 프롬프트입니다. 또
한, 앞서 배운 이미지 생성 프롬프트 엔지니어링 기법은 생성할 때 프롬프트와 생
성된 이미지의 프롬프트의 간극을 좁히기 위한 목적입니다. 챗GPT의 이미지 생성
원리를 이해하면 더 좋은 이미지를 쉽게 생성할 수 있습니다.

선택한 부분에 이미지 추가하기

이번에는 이미지에 새로운 요소를 추가해보겠습니다. 이미지 편집 기능을 이어서 진행하겠습니다. 바다에 해변으로 다가오는 상어 지느러미를 그려달라고 요청하겠습니다.

01 선택 영역을 지우는 것과 달리 요소를 추가하는 건 영역을 크게 선택해야 챗GPT가 수행할 수 있습니다. 전체 바다를 선택하여 다음과 같이 명령하겠습니다.

02 생성된 이미지를 확인합니다. 무언가 추가는 되었는데요, 요청한 것처럼 해변으로 다가오는 모습은 아닙니다.

챗GPT의 이미지 생성 방식 때문에 이런 문제가 발생합니다. 선택한 영역을 빈 영역으로 판단하고, 빈 영역을 채울 새로운 이미지를 생성하는 방식으로 작동하기 때문이죠. 그래서 좁게 선택하면 빈 영역이 작은 탓에 욱여넣을 새로운 이미지 생성이 누락될 수도 있습니다.

마찬가지로 추가한 상어의 방향이 해변을 향하지 않는 것도 챗GPT는 그저 선택한 빈 영역에 상어라는 새로운 요소를 추가했을 뿐 생성한 이미지를 분석하고, 재구성하지 않기 때문입니다.

간혹 올바르게 추가되는 경우도 있지만, 일정한 이미지 품질을 보장해주지 못하기 때문에 처음 이미지를 생성할 때 필요한 요소를 모두 추가하고, 필요 없는 부분만 지우는 방법이 현재로선 원하는 이미지를 만드는 가장 탁월한 방법입니다.

챗GPT를 부추겨서 고품질의 이미지 생성하기

프롬프트를 잘 설계해도 원하는 품질의 이미지가 생성되지 않을 수 있습니다. 이는 앞서 설명한 것처럼 사용자의 프롬프트를 챗GPT가 달리에게 전달하는 중간 단계가 있기 때문이며, 이 단계에서 품질까지 조절하기는 어렵습니다.

그래서 생성한 이미지의 컨셉은 마음에 들지만, 더 고품질의 이미지를 받고싶다면 챗GPT가 더 자세한 설명의 프롬프트를 달리에게 전달해야 합니다. 쉽게 말해서 프롬프트의 길이가 길어져야 합니다. 하지만 사용자가 직접 프롬프트를 수정하면 생성한 이미지와는 다른 컨셉의 이미지를 새로 생성할 가능성이 큽니다.

지금부터 이미지의 컨셉 변화 없이 고품질의 이미지를 생성하는 방법인 '부추기기'를 소개하겠습니다. 부추기기는 챗GPT에게 '너는 더 잘할 수 있는데 왜 이것 밖에 하지 못하느냐', '나는 널 믿고 있는데, 왜 제 실력을 발휘하지 못하느냐'처럼 결과물의 부족함이 너(챗GPT)에게 있으므로 부족하지 않도록 다시해보라고 명령하는 방법입니다. 챗GPT는 감정이 없기 때문에 결과의 부족함에 대한 부추기기가 더 나은 결과를 산출하는 데 효과적입니다. 이는 비단 챗GPT만의 특징이 아니며, 다른 언어 모델들도 비슷한 특징이 있습니다. 다음예시로 알아봅시다.

먼저 챗GPT에게 '우주를 유영하는 수달을 그려줘.'라고 명령하겠습니다. 귀여운 수달 그림이 생성되었습니다. 이미지 편집 기능에서 프롬프트를 확인합니다.

그리고 대화를 이어서 '아니야… 너의 재능이 이 정도일 리 없어. 최선을 다해서 그려봐.'라고 부추기겠습니다. 챗GPT는 AI이므로 재능 따위가 있을 리 없지만, 프롬프트의 길이가 길어지고, 수달의 모습을 더 세부적으로 그린 이미지를 생성했습니다. 이미지의 초기 컨셉은 벗어나지 않았죠.

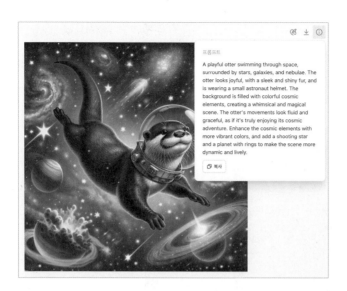

프롬프트

A playful otter swimming through space, surrounded by stars, galaxies, and nebulae. The otter looks joyful, with a sleek and shiny fur, and is wearing a small astronaut helmet. The background is filled with colorful cosmic elements, creating a whimsical and magical scene. The otter's movements look fluid and graceful, as if it's truly enjoying its cosmic adventure. Enhance the cosmic elements with more vibrant colors, and add a shooting star and a planet with rings to make the scene more dynamic and lively.

복사

대화를 더 이어서 '좋아. 조금만 더 신중하게 너의 전성기 실력을 더하면 아주 훌륭한 그림이 될 것 같아.'라고 다시 부추기겠습니다. 이미지 컨셉은 유지하면서 프롬프트가 더 길어졌습니다. 하지만 여전히 무언가 부족합니다.

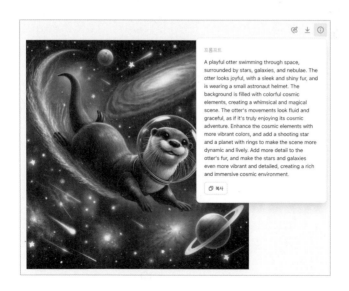

프롬프트

A playful otter swimming through space, surrounded by stars, galaxies, and nebulae. The otter looks joyful, with a sleek and shiny fur, and is wearing a small astronaut helmet. The background is filled with colorful cosmic elements, creating a whimsical and magical scene. The otter's movements look fluid and graceful, as if it's truly enjoying its cosmic adventure. Enhance the cosmic elements with more vibrant colors, and add a shooting star and a planet with rings to make the scene more dynamic and lively. Add more detail to the otter's fur, and make the stars and galaxies even more vibrant and detailed, creating a rich and immersive cosmic environment.

복사

'정말 잘 그린 그림이지만, 무언가 부족한 느낌이야. 이게 너의 모든 재능이 야?'라고 다시 부추깁니다. 수달의 모습이 훨씬 생동감이 넘치고, 은하 등 우주 의 섬세함이 더 추가되었습니다. 그만큼 프롬프트도 길어졌습니다.

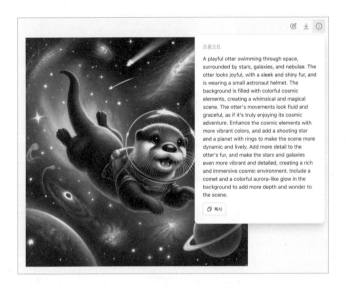

마지막으로 '더 정교하게 그릴 수는 없는거야? 너의 실력이 이정도가 아닌 걸 나는 믿고 있어.'라고 한 번 더 부추겨 보겠습니다. 정교한 수달의 모습이나 우 주의 요소들이 배경을 가득 채운 이미지가 생성되었습니다. 프롬프트의 길이 는 처음보다 2배 이상 늘었습니다.

프롬프트

A playful otter swimming through space, surrounded by stars, galaxies, and nebulae. The otter looks joyful, with a sleek and shiny fur, and is wearing a small as...
background is filled...
elements, creating a...
scene. The otter's m...
graceful, as if it's tr...
adventure. Enhance...
more vibrant colors,...
and a planet with rin...
dynamic and lively. A...
otter's fur, and make...
even more vibrant ar...
and immersive cosm...
comet and a colorful...
background to add...
the scene. Increase...
otter's fur, the cosm...
background to creat...
polished artwork.

📋 복사

'더 생생한 색상으로 우주 요소를 강화하고 유성과 고리가 있는 행성을 추가하여 장면을 더욱 역동적이고 생동감 있게 만들 수 있습니다. 수달의 털에 디테일을 더하고 별과 은하를 더욱 생생하고 세밀하게 표현하여 풍부하고 몰입감 넘치는 우주 환경을 만들어 보세요. 배경에 혜성과 화려한 오로라 같은 빛을 추가하여 장면에 깊이와 경이로움을 더하세요. 수달의 털, 우주 요소 및 배경의 디테일과 질감을 높여 더욱 세련되고 세련된 아트워크를 만들어 보세요.'

처음 생성한 이미지와 마지막 이미지를 비교해보겠습니다.

▲ 처음 생성한 이미지

▲ 챗GPT를 부추겨 생성한 이미지

처음 생성한 결과도 그럭저럭 잘 만들어진 이미지처럼 보이지만, 마지막 이미지와 비교하면 수달의 털이나 발의 모양, 우주의 은하, 항성, 행성 등 모습이 훨씬 고품질로 생성되었습니다. 실제 마지막 이미지의 프롬프트 내용만 보더라도 챗GPT가 고품질 이미지를 생성하기 위해 달리에게 얼마나 반복적으로 상세한 설명을 하려고 노력하는지 확인할 수 있습니다.

이처럼 추가 주제나 스타일을 프롬프트에 직접 더하는 대신에 칭찬도 했다가, 지적도 했다가, 응원도 하면서 더 나은 이미지를 생성하도록 부추기면 챗GPT가 스스로 프롬프트를 추가해서 달리에게 요청합니다. 반복할수록 계속 개선하므로 원하는 품질의 이미지가 만들어질 때까지 얼마든지 반복해도 좋습니다.

부추기기는 이미지 컨셉을 유지하면서 더 고품질의 이미지를 생성할 수 있는 방법이므로 꼭 활용하시길 바랍니다.

02

챗GPT로
일정 관리하기

일정 관리 편하게
하고 싶다…

프롤로그

어떻게 하면 챗GPT를 이용해 일정을 효율적으로 관리할 수 있을까요? 구글 캘린더에 챗GPT 플러
그인을 찾아 연결하는 방법도 있지만 저는 플러그인은 추천하지 않습니다. 왜냐하면 플러그인은 관
리하기가 어렵거든요. 튜닝의 끝은 순정이라고 했던가요. 여기서는 챗GPT와 구글 캘린더만 사용하
여 효율적으로 일정을 관리하는 방법을 알아봅니다.

💬 이 그림은 챗GPT에게 "토끼가 챗GPT로 일정을 아주 여유롭게 정리하는 장면을 그려줘."라고
요청하여 받았습니다.

## Chapter 06

나만의 캘린더 만들기

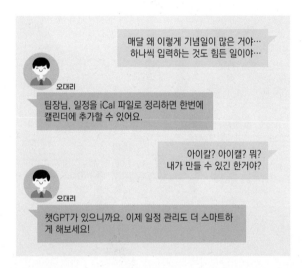

구글 캘린더에서 일정을 추가해본 적이 있다면 '일정을 하나씩 추가하는 작업'이 꽤 번거롭다는 느낌을 받은 적이 많을 것입니다. 물론 반복 일정은 간단하게 반복 설정하면 됩니다. 하지만 반복되지 않는 일정은 내 손으로 하나씩 추가해야 하므로 번거롭습니다. 하지만 챗GPT를 활용하면 순시간에 필요한 일정이 추가된 캘린더를 만들 수 있습니다. 여기서는 챗GPT로 미국 증시 휴장일 정보를 불러온 다음 기념일 캘린더를 만들어봅니다. 또한 가장 생산성이 높은 일정 관리 방법으로 알려진 타임 블록킹까지 실현하겠습니다.

미친 활용 05 미국 증시 휴장일 캘린더 만들기

만약 여러분이 주식에 관심이 있고, 해외 주식에 관심이 있다면 미국 증시 휴장일이 언제인지 궁금할 것입니다. 지금부터 챗GPT를 활용해서 미국 증시 휴장일을 구글 캘린더에 빠르게 추가해보겠습니다. 그러려면 챗GPT로 미국 증시 휴장일 정보를 알아내면 좋겠군요. 그런데 챗GPT는 2가지 방법으로 정보를 제공합니다. 이 특성을 잘 이해하는 것이 중요합니다.

특징 01 챗GPT는 미리 학습한 데이터를 우선하여 제공합니다

2024년 5월 기준 챗GPT 최신 버전인 4o는 2023년 10월까지 전 세계 온라인에 있는 공개된 모든 데이터를 학습했습니다. 그래서 학습하지 않은 2024년 1월 1월 이후 만들어진 뉴스, 게시물, 동영상, 사진 등에 대한 정보는 알지 못합니다. 정리하자면 이런 특징만 이용해서는 최근에 추가된 미국 증시 휴장일은 알아내기 어려울 수 있습니다.

특징 02 학습하지 않은 정보는? 챗GPT가 검색하게 하면 됩니다

챗GPT는 자신이 학습하지 않은 정보는 검색 엔진 빙Bing에 관련 정보가 있는지 검색하고 답할 수 있습니다. 여러분이 어떤 정보를 챗GPT에게 요구했는데 최신 정보를 검색하지 않나요? 그럴 때 키워드에 '검색해서 알려줘'를 포함하여 명령하면 빙에서 검색하므로 이점을 참고하여 챗GPT를 활용하기 바랍니다.

01 이제 실습을 통해 미국 증시 휴장일을 알아보겠습니다. 앞서 챗GPT가 최신 정보를 모른다고 했습니다. 정말 그런지 다음과 같이 질문해봅시다.

2024년 미국 증시 휴장일을 알려줘.

1. 신정 (New Year's Day) : 1월 1일 (월요일)

2. 마틴 루터 킹 주니어 데이 (Martin Luther King Jr. Day) : 1월 15일 (월요일)

3. 대통령의 날 (Presidents' Day) : 2월 19일 (월요일)

4. 성금요일 (Good Friday) : 3월 29일 (금요일)

5. 메모리얼 데이 (Memorial Day) : 5월 27일 (월요일)

6. 독립기념일 (Independence Day) : 7월 4일 (목요일)

7. 노동절 (Labor Day) : 9월 2일 (월요일)

8. 추수감사절 (Thanksgiving Day) : 11월 28일 (목요일)

9. 성탄절 (Christmas Day) : 12월 25일 (수요일)

특별 휴장 시간:

　- 추수감사절 다음 날 : 11월 29일 (금요일) – 13:00에 조기 폐장

　- 크리스마스 이브 : 12월 24일 (화요일) – 13:00에 조기 폐장

이 날짜들은 NYSE, NASDAQ, 및 다른 주요 미국 증권 거래소에 적용됩니다.

답변을 보니 미국 증시 휴장일을 잘 알려준 것처럼 보입니다. 하지만 이 답변은 2023년 10월까지 학습한 데이터로 불러온 정보입니다. 최신 정보로 업데이트하기 위해 '검색하라'를 키워드에 포함하겠습니다.

빙에 검색해서 추가 휴장일이 있는지 확인해줘.

2024년 미국 증시 휴장일은 다음과 같습니다:

1. 신정 (New Year's Day) : 1월 1일 (월요일)

2. 마틴 루터 킹 주니어 데이 (Martin Luther King Jr. Day) : 1월 15일 (월요일)

3. 대통령의 날 (Presidents' Day) : 2월 19일 (월요일)

4. 성금요일 (Good Friday) : 3월 29일 (금요일)

5. 메모리얼 데이 (Memorial Day) : 5월 27일 (월요일)

6. 독립기념일 (Independence Day) : 7월 4일 (목요일)

7. 노동절 (Labor Day) : 9월 2일 (월요일)

8. 추수감사절 (Thanksgiving Day) : 11월 28일 (목요일)

9. 성탄절 (Christmas Day) : 12월 25일 (수요일)

특별 조기 폐장일:

 - 독립기념일 전날 : 7월 3일 (수요일) – 13:00에 조기 폐장

 - 추수감사절 다음 날 (Black Friday) : 11월 29일 (금요일) – 13:00에 조기 폐장

 - 크리스마스 이브 : 12월 24일 (화요일) – 13:00에 조기 폐장

추가로, 주식 시장은 다음과 같은 특별 상황에서도 조기 폐장할 수 있습니다:

 - 노동절 전날 : 9월 1일 (일요일) – 13:00에 조기 폐장

이 날짜들은 NYSE, NASDAQ, 및 다른 주요 미국 증권 거래소에 적용됩니다 (NYSE) (NYSE) (MarketBeat).

검색 결과에 새로운 폐장일이 추가되었습니다. 빙에서 뉴욕 증권거래소 (NYSE), 마켓비트(MarketBeat) 2개 웹 사이트를 검색해서 독립기념일 전날, 노동절 전날에 조기 폐장할 수 있다는 최신 정보를 업데이트했습니다. 이렇게 챗GPT의 특징을 이해하며 사용하는 건 굉장히 중요합니다.

02 이제 미국 증시 휴장일을 구글 캘린더에 추가해보겠습니다. 휴장일을 구글 캘린더에 하나씩 추가할 수도 있습니다. 하지만 모든 날짜를 찾아서 수동으로 추가하는 건 번거롭습니다. 챗GPT로 CSV 파일을 만들어 iCal 파일로 변환하면 한꺼번에 추가할 수 있습니다.

> **TIP** CSV 파일은 'Comma-Separated Values' 파일의 줄임말입니다. 해석하자면 '쉼표로 구분된 값'이라는 뜻입니다. 실제로 파일을 메모장으로 열어보면 쉼표로 구분한 텍스트로 가득차 있습니다. 또 CSV 파일은 엑셀이나 구글 스프레드시트에서 쉽게 열 수 있습니다. 챗GPT가 정리한 데이터는 주로 CSV 파일로 제공되므로 CSV 파일이 무엇인지 꼭 이해하고 넘어가는 것이 좋습니다.

> **TIP** iCal 파일은 일정 관리 정보를 저장하는 파일 중 가장 많이 사용되는 형식입니다. 구글 캘린더, 애플 캘린더, 마이크로소프트 아웃룩 등 다양한 캘린더 프로그램에서 파일을 사용할 수 있습니다.

03 웹 브라우저에서 'CSV to iCal Calendar Convertor(https://csv-to-ical.chimbori.com/)'에 접속합니다. 챗GPT는 iCal 파일을 만드는 능력이 없으므로 CSV 파일을 iCal 파일로 여기서 변환해야 합니다. [Download Sample CSV]를 클릭하여 샘플 파일을 내려받습니다.

04 챗GPT에서 📎 버튼을 클릭하고 샘플 csv 파일을 추가한 뒤에 다음과 같이 명령합니다.

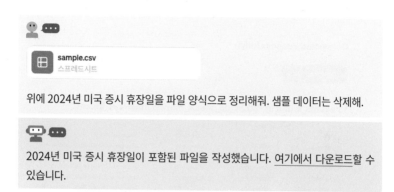

위에 2024년 미국 증시 휴장일을 파일 양식으로 정리해줘. 샘플 데이터는 삭제해.

2024년 미국 증시 휴장일이 포함된 파일을 작성했습니다. 여기에서 다운로드할 수 있습니다.

챗GPT는 생성한 결과를 다운로드할 수 있게 해줍니다. [여기에서 다운로드]를 클릭해서 챗GPT가 만든 파일을 내려받습니다. 챗GPT가 파일 이름을 자동으로 지어준 점도 눈에 띕니다.

family_events_2024.csv

05 다시 'CSV to iCal Calendar Convertor'로 돌아가서 ❶ [파일 선택]을 클릭하고, 방금 챗GPT가 준 파일을 추가합니다. 그런 다음 ❷[Convert]를 누릅니다.

06 이를 통해 챗GPT가 생성한 CSV 파일을 iCal 파일로 변환했습니다. [Download iCal]을 클릭해서 내려받습니다. 이 파일을 구글 캘린더에 등록하면 끝입니다.

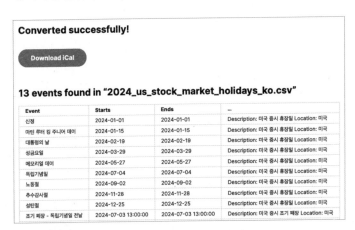

구글 캘린더에 접속해서 [톱니바퀴] 버튼을 눌러 설정으로 이동합니다.

07 설정 페이지 왼쪽 메뉴에서 [가져오기/내보내기]를 클릭합니다.

08 [컴퓨터에서 파일 선택]을 클릭해서 변환한 iCal 파일을 추가합니다. 그런 다음 추가하려는 캘린더를 선택해서 [가져오기]를 클릭합니다. 여기서는 미리 '미국 증시 휴장일'이라는 캘린더를 따로 생성해 두었습니다. 여러분이 사용하는 캘린더가 있다면 어디든 이 파일을 추가해도 괜찮습니다.

09 다시 캘린더로 돌아옵니다. 그러면 파일로 등록한 미국 증시 휴장일이 시간별로 캘린더에 추가된 것을 확인할 수 있습니다.

미친 활용 06 기념일 캘린더 만들기

이번에는 챗GPT가 학습하거나 검색할 수 없는 정보인 가족의 생일과 결혼 기념일, 매달 있는 가족 간 모임을 캘린더로 만들어보겠습니다.

01 캘린더로 만들 날짜 데이터를 준비합니다.

> 할머니 생신 : 1939년 2월 15일(음력)
>
> 아버지 생신 : 1965년 3월 10일(음력)
>
> 어머니 생신 : 1967년 6월 22일(음력)
>
> 내 사랑 ♥ 생일 : 1990년 4월 5일
>
> 김주환 생일 : 2020년 8월 14일
>
> 김하영 생일 : 2022년 9월 8일
>
> 결혼기념일 : 2019년 10월 5일
>
> 가족 모임 : 매월 첫째 주 일요일

02 챗GPT에서 📎 버튼을 클릭하여 'CSV to iCal Calendar Convertor'의 샘플 파일을 추가한 후 다음과 같이 명령합니다.

> **TIP** 명령에 텍스트를 입력할 때 줄바꿈을 하고 싶다면 [Enter]가 아니라 [Shift + Enter]를 누르면 됩니다.

> 👤💬
>
> 할머니 생신 : 1939년 2월 15일(음력)
>
> 아버지 생신 : 1965년 3월 10일(음력)
>
> ⋯ 생략 ⋯
>
> 위 날짜를 파일 양식으로 정리해줘.
>
> - 생신/생일은 매년 반복
>
> - 가족 모임을 매월 반복
>
> - 음력은 양력으로 변환
>
> - 생신/생일은 제목에 몇 번째 생신/생일인지 적어줘. 환갑, 칠순, 팔순, 구순, 상순은 따로 표시해줘.

가족 행사 일정을 정리한 파일을 완료했습니다. 여기에서 다운로드하실 수 있습니다. 이 파일에는 생일, 생신, 결혼기념일, 가족 모임 등 모든 이벤트가 포함되어 있습니다. 매년 반복되는 생일과 생신, 매월 반복되는 가족 모임이 정리되어 있습니다. 필요한 경우 언제든지 수정하실 수 있습니다.

03 [여기에서 다운로드]를 클릭해서 csv 파일을 내려받습니다. 이번에는 파일명을 'family_events_2024. csv'라고 만들어줬네요.

04 'CSV to iCal Calendar Convertor'에 접속해서 family_events_2024. csv 파일을 iCal 파일로 변환해줍니다.

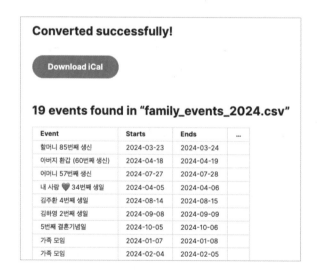

05 구글 캘린더에서 [설정→가져오기/내보내기→iCal 파일 추가→가져오기]로 캘린더에 추가합니다. 그러면 이렇게 기념일이 추가된 걸 확인할 수 있습니다.

이렇게 챗GPT가 모르는 정보로 나만의 기념일 캘린더도 만들어봤습니다. 주의할 점이 있다면 'CSV to iCal Calendar Convertor'의 샘플 파일은 일정 반복을 지원하지 않습니다. 그래서 생일과 같은 기념일을 등록하려고 할 때 챗GPT에 매년 또는 매월 반복을 명령해도 제대로 수행하지 못합니다. 다만 5년, 10년에 걸친 날짜를 csv 파일로 정리해주기는 합니다. 그래서 챗GPT가 반복 명령을 수행하지 못하면 '50년 동안 반복되는 모든 날짜를 파일로 정리해줘.'라고 추가로 명령하거나 구글 캘린더에서 직접 반복 설정을 해주어야 합니다.

미친 활용 07 타임 블록킹으로 캘린더 관리하기

이번에는 고급 활용법인 타임 블록킹Time Blocking으로 캘린더 관리하기를 배워봅시다.

타임 블록킹이란?

타임 블록킹은 생산성을 높이기 위한 시간 관리 기법입니다. 하루 일과를 시간 블록이라는 단위로 나누어 각 블록마다 특정한 활동이나 업무를 배정하는 방법입니다. 마이크로소프트의 빌 게이츠, 테슬라의 일론 머스크, 트위터의 잭 도시 등 수많은 성공한 인물이 타임 블록킹을 활용해서 시간 관리하는 것으로 알려졌습니다.

타임 블록킹의 핵심은 하루동안 수행할 활동이나 업무를 30분, 1시간, 또는 2시간 등 시간 단위로 모두 쪼개어 배정해서 캘린더를 가득 채우는 것입니다. 그리고 해당 시간에는 배정한 작업만 집중하여 수행합니다. 이를 통해 높은 생산성을 확보할 수 있습니다. 하지만 하루 중 모든 일과를 캘린더에 채우는 것이 문제입니다. 타임 블록킹을 실천하기 어려운 이유 중에 하나죠. 많은 사람이 타임 블록킹을 실패하는 이유는 캘린더를 바라보면서 무엇을 해야 하는지 어떤 시간에 배정할지 고민하는 데 많은 시간을 빼앗기기 때문입니다. 하지만 챗GPT가 있다면 타임 블록킹의 시간 배정을 좀 더 효율적이고, 쉬운 방법으로 수행할 수 있습니다. 이제 차례대로 따라해봅시다.

챗GPT로 캘린더에 타임 블록 채워넣기

01 다음은 가상의 마케터가 구글 캘린더에 입력한 업무 일정입니다. 링크를 클릭해서 자신의 구글 캘린더에 업무 일정을 추가할 수 있습니다. 해당 캘린더를 추가하여 실습을 따라하거나 자신의 업무 캘린더를 직접 활용해서 따라해도 좋습니다.

- **가상의 마케터의 구글 캘린더 업무 일정** : vo.la/FUwPR

> 이 달력을 실습에 사용한다면 2024년 5월 21일이 있는 주간을 활용하세요.

02 타임 블록킹을 실현하기 위해 캘린더에 빈 곳을 챗GPT의 도움으로 채워보겠습니다. 먼저 다음과 같이 캘린더 영역을 스크린샷으로 캡처하여

저장해놓습니다. 맥이라면 단축키 [Shift + Command + 4]를 누르면 되고, 윈도우라면 [Window + Shift + S]를 눌러서 스크린샷을 할 수 있습니다.

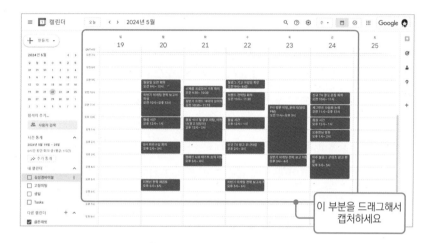

이 부분을 드래그해서 캡처하세요

03 챗GPT가 빈 일정에 새 일정을 채우게 하려면 챗GPT가 수행할 작업을 명확하게 인식할 수 있도록 간단한 훈련이 필요합니다. 훈련은 아래 과정처럼 챗GPT와 대화를 진행합니다. 이런 훈련 방법을 역할 부여라고 합니다.

너는 일정 관리사야.

알겠습니다! 일정 관리를 도와드리겠습니다. 현재 어떤 일정이나 작업을 계획하고 계신가요? 일정을 입력해 주시면 효율적으로 관리해드릴 수 있도록 도와드릴게요. 날짜, 시간, 내용 등의 정보를 입력해 주시면 됩니다.

네가 할 일은 내 업무 시간을 관리하는 거야. 내 업무 시간은 평일 오전 9시~오후 6시야. 그 외 시간은 관리하지마.

알겠습니다! 평일 오전 9시부터 오후 6시까지의 업무 시간을 관리해드리겠습니다. 이제 구체적인 일정을 입력해주시면 그에 맞춰 관리해드리겠습니다. 예를 들어 회의, 프로젝트 마감, 중요한 전화 등의 일정을 알려주시면 됩니다.

네가 할 일은 내가 타임 블로킹할 수 있게 돕는거야. 내가 캘린더 이미지를 추가하고, 추가할 일정을 나열하면 비어있는 시간에 추가 일정을 배치해줘. 절대로 다른 일정, 작업, 시간과 겹치면 안 돼.

알겠습니다. 캘린더 이미지를 추가해주시고, 추가할 일정을 나열해 주시면 비어 있는 시간에 적절히 배치해드리겠습니다.

이 상태에서 @ 버튼을 클릭하여 'CSV to iCal Calendar Convertor'의 샘플 파일을 추가한 후 명령을 이어갑니다.

추가한 일정만 파일 양식으로 만들어서 다운로드할 수 있게 해줘. 샘플 데이터는 지워.

캘린더 파일 구조를 확인했습니다. 샘플 데이터를 제거하고 새로운 일정을 추가할 수 있도록 파일 양식을 준비하겠습니다. 새로운 일정을 입력해 주세요. 예를 들어:

- 회의 (2시간)
- 보고서 작성 (1시간)

- 이메일 확인 (30분)

이러한 형식으로 일정을 나열해 주시면 추가하겠습니다.

이 과정을 통해 챗GPT의 1차 훈련이 끝났습니다. 이제 챗GPT는 캘린더 이미지만 보고 비어있는 시간에 알맞은 일정을 추가해줄 겁니다.

> **TIP** 다만 아직은 1차 훈련만 끝난 상태이므로 아직 자신의 일을 명확하게 인지하지 않았을 수 있습니다. 실수할 수 있으니 유심히 봐야합니다.

04 캘린더에 새 일정 데이터를 추가해봅시다. 📎 버튼을 클릭하여 **02단계**에서 캡처한 캘린더 이미지를 추가하고 다음과 같이 추가할 일정을 입력합니다. 일정에는 따로 시간을 정해두지 않았습니다. 일주일 중 어느 때나 실행하면 되는 작업입니다.

- 4월 광고 데이터 받기_강하람 (15분)
- 4월 광고 지출 확인하기_정지혜 (15분)
- 6월 광고 계획 확인하기_김재은 (30분)
- 신규 TV 광고 계약서 검토 (10분)
- 4분기 TV 광고 계획 확인하기_서혜림 (15분)

배치된 일정

- 4월 광고 데이터 받기_강하람 (15분)
- 4월 광고 지출 확인하기_정지혜 (15분)
- 6월 광고 계획 확인하기_김재은 (30분)
- 신규 TV 광고 계약서 김토 (10분)
- 4분기 TV 광고 계획 확인하기_서혜림 (15분)

업데이트된 파일 생성

이 일정을 기반으로 업데이트된 파일을 생성하겠습니다.

	Subject	Start Date	Start Time	End Date
	Updated Schedule		↓ ↗	
1	4월 광고 데이터 받기_강하람	2024-05-20	3:00 PM	2024-05-20
2	4월 광고 지출 확인하기_정지혜	2024-05-20	3:15 PM	2024-05-20
3	6월 광고 계획 확인하기_김재은	2024-05-21	2:00 PM	2024-05-21
4	신규 TV 광고 계약서 검토	2024-05-21	4:00 PM	2024-05-21
5	4분기 TV 광고 계획 확인하기_서혜림	2024-05-21	4:10 PM	2024-05-21

추가된 일정을 반영한 새로운 일정 파일을 생성했습니다. 여기에서 다운로드 하실 수 있습니다.

05 이제 남은 빈 시간의 일부를 운동하는 시간으로 배정하겠습니다. 다음과 같이 명령합니다.

매일 1회, 1회 30분씩 사내 헬스장에서 운동할 거야. 빈 시간에 적절하게 배치해줘.

알겠습니다. 사내 헬스장에서 운동할 시간을 매일 1회, 1회 30분씩 적절한 빈 시간에 배치하겠습니다. 다음은 현재 일정에 헬스장 운동 시간을 추가한 내용입니다.

헬스장 운동 시간 배치

+ 5월 20일 : 4:30 PM - 5:00 PM

+ 5월 21일 : 3:30 PM - 4:00 PM

+ 5월 22일 : 10:00 AM - 10:30 AM

+ 5월 23일 : 3:00 PM - 3:30 PM

+ 5월 24일 : 2:30 PM - 3:00 PM

이 일정을 반영하여 업데이트된 파일을 생성하겠습니다.

Combined Schedule				↓ ↗
		Subject	Start Date	Start Time
5	4	4분기 TV 광고 계획 확인하기_서혜림	2024-05-21	4:10 PM
6	0	Gym Exercise	2024-05-20	4:30 PM
7	1	Gym Exercise	2024-05-21	3:30 PM
8	2	Gym Exercise	2024-05-22	10:00 AM
9	3	Gym Exercise	2024-05-23	3:00 PM
10	4	Gym Exercise	2024-05-24	2:30 PM

파일은 여기서 다운받을 수 있습니다.

결과를 보면 운동 시간이 추가된 것 같지만 한 가지 실수가 있습니다. 5월 22일 오전 10시에는 '브랜드 전략팀 회의'가 있었으므로 이대로 CSV 파일을 내려받아 캘린더에 추가하면 제대로 일정이 반영되지 않을 겁니다. 수정해봅시다.

06 틀린 데이터를 수정하려면 챗GPT를 혼내면서 2차 훈련을 진행해야 합니다. 이 과정을 통해 챗GPT가 점점 자신의 임무를 완벽히 이해하고 이후 시간 배정도 완벽하게 도와줄 겁니다. 다음과 같이 명령합니다.

5월 22일 오전 10시 '운동' 일정과 '브랜드 전략팀 회의' 일정이 겹쳐. 겹치지 않게 변경해줘.

업데이트된 일정

- 5월 22일 : 11:30 AM - 12:00 PM : Gym Exercise

업데이트된 파일을 다시 생성하겠습니다.

		Subject	Start Date	Start Time
5	4	4준기TV 광고 세획 확인하기_서혜림	2024-05-21	4:10 PM
6	0	Gym Exercise	2024-05-20	4:30 PM
7	1	Gym Exercise	2024-05-21	3:30 PM
8	2	Gym Exercise	2024-05-22	11:30 AM
9	3	Gym Exercise	2024-05-23	3:00 PM
10	4	Gym Exercise	2024-05-24	2:30 PM

Final Combined Schedule

챗GPT가 다시 일정을 파악하여 수정했습니다. 만약 또 실수했다면 실수하지 않는 시점까지 반복해서 명령하기 바랍니다.

07 그리고 훈련의 마지막은 칭찬하는 것입니다. 바르게 수정했으니 칭찬을 해줍니다.

잘했어. 항상 이렇게 겹치지 않도록 일정을 추가해줘.

알겠습니다. 앞으로도 일정을 추가할 때 항상 겹치지 않도록 배치해 드리겠습니다. 다른 일정이나 도움이 필요하시면 언제든지 말씀해 주세요. 일정을 효율적으로 관리할 수 있도록 최선을 다하겠습니다.

장난처럼 보이겠지만 이것은 단순한 칭찬이 아니라 챗GPT가 타임 블록킹을 완벽히 돕도록 훈련하는 마지막 단계입니다. 칭찬을 받은 챗GPT는 칭찬을 기억하여 이후부터는 일정이 겹치는 실수를 하지 않게 됩니다. 그러므로 반드시 칭찬을 해주어야 합니다.

08 이제 빈 시간에 휴식 시간과 독서 시간을 추가하겠습니다.

빈 시간마다 10분씩 휴식하고 싶어. 그리고 휴식 외 나머지 시간은 모두 독서를 하고 싶어.

Final Combined Schedule With Translated Subjects

		Subject	Start Date	Start Time
12	1	운동	2024-05-21	11:30 AM
13	0	휴식	2024-05-20	3:30 PM
14	1	독서	2024-05-20	3:40 PM
15	2	휴식	2024-05-20	4:30 PM
16	3	독서	2024-05-20	4:40 PM
17	4	휴식	2024-05-21	2:00 PM

한국어로 변경을 완료했습니다. 여기서 다운로드할 수 있습니다.

이제 [여기에서 다운로드]를 클릭하여 CSV 파일을 내려받습니다.

09 구글 캘린더에서 [설정→가져오기/내보내기→iCal 파일 추가→가져오기]로 캘린더에 추가합니다.

빈 시간이 운동, 독서, 휴식 등 활동으로 채워진 것을 확인할 수 있습니다. 이제 일정대로 활동하면 타임 블록킹을 실행할 수 있습니다.

500% 노하우 만약 계속 틀리게 대답한다면?

칭찬을 하고도 계속해서 일정을 틀리는 경우가 생길 수도 있습니다. 그럴 때는 혼내기와 칭찬을 계속 반복해야 합니다. 만약 그렇게 했는데도 개선되지 않으면 새 채팅에서 다시 훈련을 진행하는 것이 좋습니다. 이렇게 만들어진 채팅은 왼쪽 사이드 메뉴에 계속 남아있어서 언제든 캘린더 이미지와 추가할 일정만 말해주면 시간 배정을 도와줄 겁니다.

사이드 메뉴에 있는 채팅은 새로운 채팅이 생길수록 아래로 밀려나게 됩니다. 자주 꺼내쓰고 싶다면 🗂 버튼을 클릭해서 아카이브에 보관하세요. 보관된 채팅은 [프로필 → 설정 → 아카이브에 보관된 채팅]에서 다시 꺼내쓸 수 있습니다.

## Chapter 07

할 일 관리하기

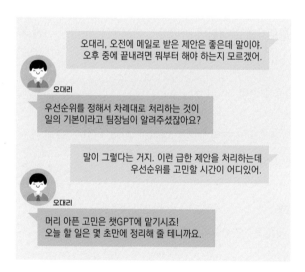

1인 생산성이 폭발적으로 개선된 만큼 하루동안 해야 할 일도 많아졌습니다. 캘린더만으로는 모든 작업을 관리하기란 쉬운 일이 아니죠. 그래서 보통은 투두 리스트^{To-Do List}를 만들거나 칸반 보드^{Kanban Board}를 사용합니다. 하지만 챗GPT가 있다면 어떨까요? 챗GPT를 활용하면 지금보다 100배 이상 생산성을 높일 수 있을 겁니다. 챗GPT를 활용한 할 일 관리를 알아봅니다.

미친 활용 08 오늘 일정 체크 리스트 만들기

디지털 기술로 여러 부서와 협업할 수 있는 현재, 캘린더 앱은 더 이상 나만의 영역이 아닙니다. 타 부서 동료가 생성한 회의 일정, 거래처가 보낸 화상 미팅 초대 등 자고 일어나면 온갖 일정이 캘린더에 쌓입니다. 이 쌓여있는 일정들을 체크 리스트로 만들어봅시다.

01 '타임 블록킹으로 캘린더 관리하기'에서 사용한 가상 마케터의 구글 캘린더를 다시 활용하겠습니다.

- **실습용 캘린더** : vo.la/FUwPR

02 캘린더 영역을 스크린샷으로 캡처한 후 📎 버튼을 눌러 스크린샷 파일을 추가합니다. 그리고 다음과 같이 명령합니다.

> 🧑‍💻 💬
>
> 캘린더 일정을 시간별 목록으로 만들어줘.

> 🤖 💬
>
> **일정 목록**
>
> **월요일, 5월 20일**
>
> - 월요일 오전 회의
> - 하반기 마케팅 전략 보고서 작성
> - 점심 시간

> ··· 생략 ···
>
> **금요일, 5월 24일**
>
> - 신규 TV 광고 론칭 회의
> - 세그먼트 자동화 논의
> - 점심 시간
> - 오후 현장 방문
> - 차주 블로그 콘텐츠 원고 편집

03 챗GPT가 캘린더 이미지를 목록으로 만들었습니다. 오늘을 금요일이라고 가정하고 목록에서 신규 TV 광고 론칭 회의부터 차주 블로그 콘텐츠 원고 편집까지 드래그하여 복사합니다.

04 이제 구글 캘린더로 이동합니다. 구글 캘린더의 오른쪽 부분을 보면 ✓ 기호가 있는 버튼 2개가 보입니다. 2개 모두 구글 태스크^{Google Task} 기능입니다. 어떤 걸 사용해도 좋습니다. 이번에는 사이드 메뉴에 있는 걸로 진행하겠습니다. 사이드 메뉴의 버튼을 클릭하면 숨어 있던 사이드의 구글 태스크 영역이 열립니다.

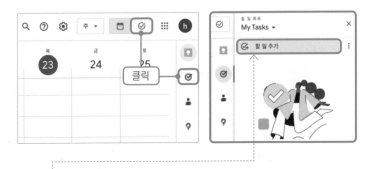

05 [할 일 추가]를 클릭합니다. 그런 다음 **03단계**에서 복사해둔 할 일을 붙여넣기합니다. 그러면 복사한 할 일 5개 모두 구글 태스크에 추가된 걸 확인할 수 있습니다.

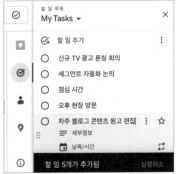

06 이제 구글 태스크를 열어놓은 상태로 할 일을 마칠 때마다 완료 처리만 해주면 쉽게 할 일을 관리할 수 있습니다.

간단하게 오늘 할 일을 챗GPT와 구글 태스크로 정리해보았습니다. 그럼 업무 시간 중에 새로 생긴 할 일은 어떻게 추가할 수 있을까요?

미친 활용 09 지금 할 일 요약하기

우리는 업무 중 캘린더에 고정된 일과만 수행하지 않습니다. 매시간 새로운 일이 추가되죠. 이런 일들도 챗GPT와 함께라면 쉽게 관리할 수 있습니다. 그 방법도 알아봅시다. 여기서는 실제 메일 샘플을 이용하여 할 일을 요약하고 등록하는 방법을 안내합니다.

01 업무 중 아래와 같은 이메일이 도착했다고 생각해봅시다.

> **제목 : [SecureNet] 본인 인증을 신청해 주세요**
>
> 안녕하세요, 김민준님,
>
> SecureNet에 가입해 주셔서 감사합니다. 고객님의 계정을 안전하게 보호하고 원활한 서비스 이용을 위해 본인 인증을 완료해 주셔야 합니다. 아래의 절차를 따라 본인 인증을 진행해 주세요.
>
> 먼저, SecureNet 홈페이지에 접속하여 로그인해 주세요. 홈페이지 링크는 다음과 같습니다 : [https://www.securenet.com]
>
> 로그인 후, 화면 상단에 있는 메뉴에서 [계정 설정]을 클릭합니다. 그러면 [계정 설정] 페이지로 이동하게 됩니다. 이 페이지에서 [본인 인증] 탭을 찾아 클릭해 주세요.
>
> [본인 인증] 탭에서 [인증 시작] 버튼을 클릭하면 본격적인 인증 절차가 시작됩니다. 첫 번째 단계로, 신분증을 준비해 주세요. 주민등록증이나 운전면허증 등의 신분증을 사용하실 수 있습니다. 신분증의 앞면과 뒷면을 스캔하거나 사진을 찍어 업로드해 주세요.
>
> 신분증 업로드가 완료되면, 본인 명의의 휴대폰 번호를 입력하는 화면이 나옵니다. 휴대폰 번호를 정확히 입력한 후, [인증 요청] 버튼을 클릭합니다. 잠시 후, 입력하신 휴대폰 번호로 인증 코드가 전송됩니다. 휴대폰으로 받은 인증 코드를 입력하고 [확인] 버튼을 눌러 주세요.

인증 코드가 확인되면, 추가 정보를 입력하는 단계로 넘어갑니다. 화면에 표시되는 양식에 따라 주소, 생년월일 등 필요한 정보를 정확히 입력해 주세요.

이후, 보안 강화를 위해 추가 질문에 답변해 주셔야 합니다. 이 질문들은 고객님의 개인정보를 보호하기 위해 마련된 것입니다. 예를 들어 "어머니의 성함은 무엇입니까?"와 같은 질문이 나올 수 있습니다. 각 질문에 정확히 답변해 주세요.

다음으로, 최근 3개월 내의 공과금 납부 영수증이나 은행 거래 내역서를 업로드하는 단계가 있습니다. 이를 통해 주소 확인 절차를 진행합니다. 영수증이나 내역서를 스캔하거나 사진을 찍어 업로드해 주세요.

모든 정보를 입력하고 문서를 업로드한 후, [제출] 버튼을 클릭하여 인증 절차를 완료합니다. 이로써 본인 인증이 완료됩니다.

본인 인증을 완료하지 않으면 서비스 이용에 제한이 있을 수 있으니, 빠른 시일 내에 인증을 완료해 주시기 바랍니다.

본인 인증과 관련하여 도움이 필요하시거나 문의 사항이 있으시면, 고객 지원팀(support@securenet.com 또는 080-1234-5678)으로 연락해 주세요.

감사합니다.

SecureNet 드림 SecureNet 고객 지원팀

요약하자면 본인 인증을 하라는 이메일입니다. 어떻게 할지에 대한 방법 등이 한 눈에 들어오지 않으므로 챗GPT를 활용해 내용을 파악하고, 할 일을 정리하겠습니다.

02 이메일 내용을 복사하여 챗GPT에 붙여넣고 다음과 같이 명령합시다.

… 복붙한 이메일 내용 …

이메일 내용을 보고 해야할 일을 우선순위에 따라서 목록으로 만들어줘.

안녕하세요, 김민준님. 이메일 내용을 보고 해야 할 일을 우선순위에 따라 목록으로 정리해 드리겠습니다.

1. **SecureNet 홈페이지에 접속 및 로그인**
   - 홈페이지 링크 : https://www.securenet.com

2. **계정 설정 페이지로 이동**
   - 화면 상단 메뉴에서 [계정 설정] 클릭

3. **본인 인증 탭 선택 및 인증 시작**
   - [본인 인증] 탭에서 [인증 시작] 버튼 클릭

4. **신분증 준비 및 업로드**
   - 주민등록증 또는 운전면허증의 앞면과 뒷면을 스캔하거나 사진 촬영하여 업로드

5. **휴대폰 번호 입력 및 인증 코드 확인**
   - 본인 명의의 휴대폰 번호 입력 후 [인증 요청] 버튼 클릭
   - 휴대폰으로 받은 인증 코드 입력 후 [확인] 버튼 클릭

6. **추가 정보 입력**
   - 주소, 생년월일 등 화면에 표시되는 양식에 따라 입력

7. **추가 보안 질문에 답변**
   - 예 : "어머니의 성함은 무엇입니까?"와 같은 질문에 답변

8. **공과금 납부 영수증 또는 은행 거래 내역서 업로드**
   - 최근 3개월 내의 공과금 납부 영수증이나 은행 거래 내역서를 스캔하거나 사진 촬영하여 업로드

   … 생략 …

이 목록을 따라 본인 인증 절차를 진행하시면 됩니다. 필요한 경우, 고객 지원팀에 문의하여 추가 도움을 받으실 수 있습니다.

03 챗GPT가 일목요연하게 잘 정리해주었습니다. 하지만 필요한 준비물을 모두 준비한 후 진행하는 것이 좋겠습니다. 추가로 명령합니다.

필요한 준비물을 최우선 순위에 두고, 할 일을 다시 목록으로 만들어줘.

필요한 준비물 준비

1. **인터넷 연결된 컴퓨터 또는 스마트폰 준비**
   - SecureNet 홈페이지에 접속하고 로그인할 수 있는 장치
2. **SecureNet 로그인 정보 확인**
   - SecureNet 계정의 사용자명(ID) 및 비밀번호

… 생략 …

본인 인증 절차 진행

1. **SecureNet 홈페이지에 접속 및 로그인**
   - 홈페이지 링크 : https://www.securenet.com
2. **계정 설정 페이지로 이동**
   - 화면 상단 메뉴에서 [계정 설정] 클릭

… 생략 …

04 준비물까지 잘 정리해주었습니다. 하지만 구글 태스크에 할 일로 추가하려면 할 일 목록이 1줄씩 작성되어야 합니다. 추가로 명령하겠습니다.

목록을 1줄씩 만들어줘.

필요한 준비물 준비

  1. 인터넷 연결된 컴퓨터 또는 스마트폰

  2. SecureNet 로그인 정보 (사용자명(ID) 및 비밀번호)

  3. 신분증 (주민등록증 또는 운전면허증)

  4. … 생략 …

본인 인증 절차 진행

  1. SecureNet 홈페이지에 접속 및 로그인

  2. 계정 설정 페이지로 이동 (화면 상단 메뉴에서 [계정 설정] 클릭)

  3. 본인 인증 탭 선택 및 인증 시작 ([본인 인증] 탭에서 [인증 시작] 버튼 클릭)

  4. … 생략 …

05 이제 목록을 복사하여 구글 태스크에 추가해봅시다. 구글 캘린더 상단 메뉴의 ✓ 버튼을 클릭하세요. My Tasks 보드에 추가한 오늘 할 일이 보입니다. 할 일을 쉽게 구분할 수 있도록 '지금 할 일'이라는 새로운 보드를 만들어보겠습니다. 왼쪽에 있는 [+ 새 목록 만들기]를 클릭합니다.

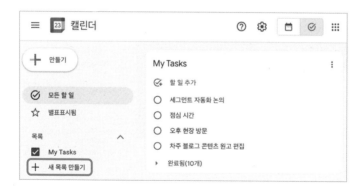

06 이름 입력에 '지금 할 일'이라고 입력하고 [완료] 버튼을 클릭합니다. 그러면 My Tasks 보드 옆에 지금 할 일 보드가 추가됩니다.

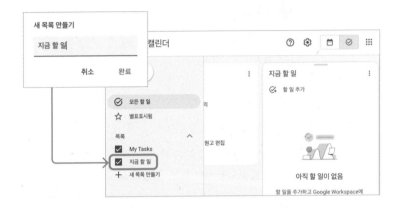

07 챗GPT가 정리한 준비물과 할 일 목록을 복사하여 지금 할 일 보드의 [할일 추가]를 클릭한 후 붙여넣기하면 할 일이 모두 추가됩니다.

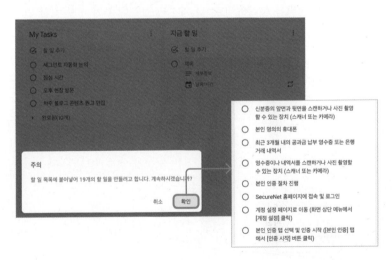

03

챗GPT로
파일 정리하기

이 많은 걸
한번에 정리한다고?

대부분의 직장인이 어마어마한 양의 파일에 파묻혀 살고 있습니다. 파일을 깔끔하게 정리하는 습관
을 가지고 있는 사람도 파일 정리는 여간 쉬운 일이 아닙니다. 하지만 챗GPT가 있다면 파일 정리
지옥에서 해방될 수 있습니다. 여기서는 대량의 이미지, PDF, 폴더를 한 번에 정리하는 방법을 알
아봅니다.

💬 이 그림은 챗GPT에게 "토끼가 수많은 파일 더미에서 고민하고 있는 모습을 그려줘."라고 요청
하여 받았습니다.

이미지 정리하기

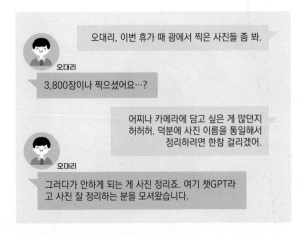

스마트폰으로 사진을 자주 찍는다면 이번 실습이 아주 유용할 것입니다.

미친 활용 10 사진 이름 바꾸기

챗GPT로 사신 이름을 일괄로 바꿔봅시다. 챗GPT는 최대 20장의 이미지를 한 번에 첨부할 수 있습니다. 모바일은 1회 4장만 추가되므로 총 5회 실행하면

20장까지 첨부할 수 있습니다.

01 이름을 변경할 사진을 준비합니다. 대부분 스마트폰으로 사진을 찍으면
다음과 같이 IMG_0000처럼 찍
은 순서대로 파일명이 붙어 있
습니다. 이를 '번호_장소_알맞
은 단어'로 바꾸겠습니다.

02 챗GPT에서 [첨부] 버튼을 누르고 준비한 사진을 추가한 후 다음처럼 명
령합니다.

> 🧑 💬
>
> 사진들을 시간 순서로 번호를 붙이고, 아래 예시처럼 파일명을 한국어로 바꾼 후 압
> 축파일로 만들어줘.
> 오사카는 고정해줘.
> 예) 번호_오사카_알맞은단어

> 🤖 💬
>
> 요청하신 파일들을 번호와 한국어로 된 파일명으로 변경하고 압축 파일로 만들었습
> 니다. 여기에서 다운로드 하실 수 있습니다.

원본 파일명이 영어라면 챗GPT가 바꿔준 파일명도 영어일 수 있습니다.
여기서는 그런 실수를 범하지 않도록 변경하려는 파일명의 언어를 '한국
어'라고 명령했습니다. 그리고 파일명만 변경하라고 명령하면 사진을 별
도로 주므로 한번에 내려받을 수 있도록 '압축해달라'고 요청했습니다.

03 그리고 여기서 잠깐, 압축 파일을 다운로드한 다음에 압축을 풀어 파일명을 확인하기는 조금 귀찮습니다. 혹시 파일명을 변경할 수도 있으므로 압축 파일을 다운로드하기 전에 파일명을 요청합니다.

변경한 파일명을 나열해줘.

변경된 파일명은 다음과 같습니다:

1. 1_오사카_자판기.JPG

2. 2_오사카_음식.JPG

3. 3_오사카_거리.JPG

4. 4_오사카_관람차.JPG

5. 5_오사카_일몰.JPG

6. 6_오사카_고기.JPG

04 압축을 풀어보면 파일명이 잘 변경되었습니다. 챗GPT가 사진을 분석하여 적당한 이름을 붙인 것이 눈에 띕니다.

> **TIP** 챗GPT는 이미지 파일의 EXIF 데이터를 읽을 수 있습니다. 그래서 촬영일이나 장소 등 이미지에 저장된 데이터로 파일명을 바꾸는 방법도 있습니다. 다만 제가 여러 실험을 진행해보니 정확한 이유는 알 수 없으나 일부 이미지의 EXIF 데이터만 읽을 수 있음을 알았습니다. 항상 EXIF 데이터로 파일명을 변경할 수는 없으므로 EXIF 데이터로 파일명 변경을 요구할 때는 실제 데이터와 맞는지 꼭 체크해야 합니다.

대규모로 파일명 바꾸기

앞서 챗GPT로는 최대 20장의 이미지만 작업할 수 있다고 했습니다. 하지만 압축 파일을 이용하면 챗GPT의 최대 첨부 용량인 512MB까지 파일명을 변경할 수 있습니다. 2024년 8월 기준 파일 첨부 제한 기준은 다음과 같습니다. 참고해주세요.

- 한 번에 최대 20개 파일만 업로드 가능
- 파일당 최대 512MB로 제한
- 텍스트 및 문서 파일은 최대 200만 토큰으로 제한
- CSV 파일 또는 스프레드시트는 약 50MB로 제한
- 이미지 파일은 최대 20MB로 제한
- 사용자당 10GB, 조직당 100GB 사용량 제한

01 무작위 파일 50개를 준비했습니다. 50개를 전부 압축 파일로 만듭니다. 압축 파일의 용량이 512MB를 넘어선 안 됩니다.

02 챗GPT에서 [첨부] 버튼을 누르고 압축 파일을 추가하고 다음과 같이 명령합니다.

이 압축 파일을 압축 해제한 후 파일명들을 생성일 기준으로 모두 숫자 번호로 바꿔줘.
예시) [번호]_스크린샷

그리고 다시 압축 파일로 만들어줘.

파일들의 이름을 생성일 기준으로 변경한 후 새로운 압축 파일을 생성했습니다. 여기에서 다운로드할 수 있습니다.

03 앞에서 했던 것처럼 압축 파일을 다운로드하기 전에 파일명을 잘 변경했는지 확인한 후 [여기에서 다운로드]를 클릭해서 파일을 내려받습니다.

변경한 파일명을 나열해줘.

변경된 파일명은 다음과 같습니다:

1_스크린샷.png

2_스크린샷.png

3_스크린샷.png

... 생략 ...

04 압축을 해제하고 파일을 확인하면 모든 파일명이 〈번호_스크린샷〉의 규칙으로 변경된 것을 확인할 수 있습니다.

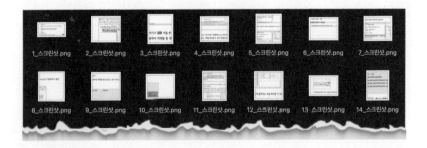

## Chapter 09

PDF 정리하기

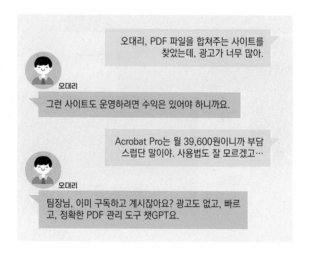

> 오대리, PDF 파일을 합쳐주는 사이트를 찾았는데, 광고가 너무 많아.

오대리
> 그런 사이트도 운영하려면 수익은 있어야 하니까요.

> Acrobat Pro는 월 39,600원이니까 부담스럽단 말이야. 사용법도 잘 모르겠고…

오대리
> 팀장님, 이미 구독하고 계시잖아요? 광고도 없고, 빠르고, 정확한 PDF 관리 도구 챗GPT요.

직장인이 많이 검색하는 PDF 작업은 무엇일까요? 바로 PDF 파일 변환, 용량 줄이기, 합치기, 분리하기입니다.

Google   pdf

Q   pdf to word
Q   pdf 합치기
Q   pdf editor
Q   pdf to jpg

그런데 이 작업들은 쉽게 하기 어렵습니다. Adobe Acrobat 프로그램 유료 버전을 사용하거나 온라인 프로그램도 있습니다만 광고가 너무 많고, 공인 프로그램이 아닌 곳에 내 파일을 업로드하는 것도 꺼림칙합니다.

하지만 이런 작업들은 챗GPT로 대부분 해결할 수 있습니다.

미친 활용 12 PDF 이미지로 변환하기

가장 먼저 해볼 작업은 PDF 파일을 이미지로 변환하는 것입니다.

몇 장 되지 않는 PDF라면 직접 캡처를 해도 됩니다. 하지만 많은 양의 PDF를 이미지로 변환하려면 일일이 하기는 어렵습니다. "파일을 1장씩 (이미지 형식) 파일로 만들어서 다운로드할 수 있게 압축해."라고 명령하고 변환하려는 이미지 형식만 넣으면 PDF가 이미지로 변환됩니다.

챗GPT로 변환할 수 있는 이미지 형식은 JPEG/JPG, PNG, BMP, GIF, TIFF, WebP입니다. GIF는 각 페이지를 PDF 파일처럼 하나로 묶어서 변환

합니다. 이를 낱장으로 분리하려고 명령하면 PNG 자동 변환하므로 참고하여
변환해야 합니다. 예제에서는 PDF 파일을 JPEG 파일로 변환하겠습니다.

01 변환할 PDF 파일을 준비합니다. 저는 총 77쪽 분량의
샘플 파일을 준비했습니다.

02 [첨부] 버튼을 누르고 PDF 파일을 추가한 후 다음과 같
이 명령합니다.

이 파일을 1장씩 JPEG 파일로 만들어서 다운로드할 수 있게 압축해줘.

PDF 페이지가 JPEG 파일로 성공적으로 변환되었고, 이 JPEG 파일들은 zip 파일
로 압축되었습니다. 아래 링크에서 zip 파일을 다운로드할 수 있습니다:

샘플_문서_JPEG.zip 다운로드

03 [샘플_문서_JPEG.zip 다운로드]를 클릭해서 내려받고, 압축을 풀어 변환
된 파일을 확인합니다. 1~77쪽 모두 낱장으로 잘 변환되었습니다.

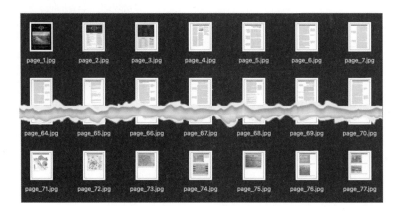

미친 활용 13 PDF 용량 줄이기

PDF 파일 용량을 줄이는 방법은 크게 2가지가 있습니다.

- PDF 파일에 포함된 글꼴, 이미지, 메타데이터 등 불필요한 요소를 삭제하는 방법
- PDF 파일을 압축하는 방법

불필요한 요소를 삭제하는 방법은 PDF 파일에 손상을 주지 않으면서 용량을 줄일 수 있으나 편집 프로그램이 필요하며 용량을 크게 줄일 수 없고, 이 방법은 결정적으로 챗GPT가 수행할 수 없습니다. PDF 파일을 압축하는 방법은 PDF 파일이 손상될 수는 있지만 용량을 크게 줄일 수 있습니다. 이메일로 전송하거나 파일을 업로드 제한에 걸리지 않는 저용량 파일로 만드는 데 탁월합니다. 이 방법은 챗GPT가 수행할 수 있습니다.

> **TIP** 이 방식은 내부적으로 PDF 파일을 이미지 파일로 전환했다가 다시 PDF 파일로 변환하는 방식이므로 PDF에서 텍스트가 삭제되며, 이미지 품질과 글자 크기에 따라서 읽기 힘들 수 있습니다. 고해상도 PDF 파일의 용량을 크게 줄여야할 때 챗GPT를 사용할 것을 권합니다.

01 PDF를 이미지 변환하기에서 사용한 샘플 파일의 용량을 줄여보겠습니다. 현재 파일의 용량은 40MB입니다.

02 [첨부] 버튼을 누르고 PDF 파일을 추가한 후 다음과 같이 명령합니다. 이때 주의할 점은 '이미지로 변환하라'라는 명령이 빠지면 챗GPT가 임

의의 방법으로 변환하므로 반드시 '이미지로 변환하라'는 명령을 추가해야 합니다.

이 파일을 이미지로 변환한 후 다시 PDF 파일로 만들어서 용량을 줄여줘.

PDF 파일을 이미지로 변환한 후 다시 PDF 파일로 만들었습니다. 변환된 PDF 파일의 용량이 줄어들었을 것입니다. 아래 링크를 클릭하여 다운로드하실 수 있습니다.

변환된 PDF 파일 다운로드

03 [변환된 PDF 파일 다운로드]를 클릭해서 파일을 내려받아 확인해보면 용량이 40MB에서 14.4MB로 줄었습니다.

04 파일을 열어서 확인해보면 원본에 비해 약간 화질이 떨어졌습니다만 텍스트가 읽지 못할 만큼 손상되진 않았으므로 파일 용량을 줄여야 할 때는 유용하게 활용할 수 있는 방법입니다.

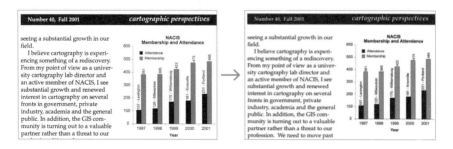

미친 활용 14 PDF 파일 합치기

무료로 제공되는 PDF 합치기 프로그램은 제대로 합치지 못하는 경우가 많 거나 시간이 굉장히 오래 걸리는 단점이 있습니다. 게다가 임의의 공간에 내 PDF 파일을 업로드하는 것도 걸리는 점 중 하나입니다. 챗GPT는 가장 강력 한 AI 중 하나로 그 어떤 프로그램보다 빠르게 PDF를 합칠 수 있습니다.

01 합칠 PDF 파일을 준비합니다. 여기서는 다음 세 개의 PDF를 하나로 합 치겠습니다. 파일을 준비할 때는 챗GPT가 파일을 잘 인식할 수 있도록

번호를 붙이는 것이 좋습니 다. [첨부] 버튼을 눌러서 파일 을 추가하고 명령합니다.

> PDF 파일을 번호 순서대로 1개 파일로 합쳐줘.

> PDF 파일이 성공적으로 병합되었습니다. 여기에서 다운로드하실 수 있습니다.

혹시 무료 프로그램을 사용해본 적이 있다면 이 작업이 아주 빠르게 되 었음을 알 수 있을 겁니다. 저는 이 작업에 20초가 걸렸습니다.

02 [여기에서 다운로드]를 클릭해서 합쳐진 PDF 파일을 확인해봅시다. 각 41페이지, 27페이지, 42페이지였던 3개 PDF 파일 이 110페이지로 잘 병합되었습니다.

미친 활용 15 PDF 파일 분리하기

아마 'PDF를 합칠 수 있다면 당연히 분리도 할 수 있지 않을까?'라는 생각을 했을 겁니다. 맞습니다. 할 수 있습니다. 방금 합친 파일로 바로 실습해봅시다.

01 챗GPT에서 [첨부]를 클릭하여 분리할 PDF 파일을 추가합니다. 그리고 분리할 페이지를 정확히 입력하여 다음과 같이 명령합니다.

> 이 파일을 41페이지, 27페이지, 42페이지로 분리해서 3개 파일로 만들어줘. 각 파일 명은 번호로 만들어줘.

> PDF 파일을 페이지 범위에 따라 세 개의 파일로 분리했습니다. 각 파일은 아래에서 다운로드할 수 있습니다.

02 파일을 다운로드하여 확인해보면 다시 분리가 된 것을 알 수 있습니다.

> **TIP** 만약 더 많은 조각으로 분리할 계획이라면 다운로드를 한 번에 할 수 있도록 꼭 압축을 요청하기 바랍니다.

Chapter 10

폴더 정리하기

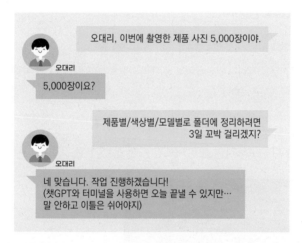

오대리, 이번에 촬영한 제품 사진 5,000장이야.

오대리

5,000장이요?

제품별/색상별/모델별로 폴더에 정리하려면
3일 꼬박 걸리겠지?

오대리

네 맞습니다. 작업 진행하겠습니다!
(챗GPT와 터미널을 사용하면 오늘 끝낼 수 있지만…
말 안하고 이틀은 쉬어야지)

대량의 파일을 정리하기 위해 여러 폴더를 만들어야 할 때 대부분 마우스로 폴더를 하나씩 생성합니다. 반면 터미널 환경에서 명령어를 사용하면 빠르게 원하는 폴더를 만들고, 파일도 한꺼번에 정리할 수 있습니다. 그러나 명령어를 만드는 것은 꽤 어려운 일입니다. 챗GPT의 도움으로 폴더 정리 명령을 생성하고, 실행하여 파일 지옥에서 해방되어 봅시다.

챗GPT로 폴더 만들기

폴더를 만들기 위해서는 챗GPT도 중요하지만 윈도우나 맥OS에서 터미널을 다룰 줄 알아야 합니다.

01 윈도우에서 터미널을 실행하려면 [찾기] 메뉴에서 powershell을 검색하면 됩니다.

> **TIP** 터미널은 일반적으로 까만 화면에 어떤 명령어를 입력할 수 있는 화면을 일컬어 부르는 용어입니다. 윈도우에서는 자체 터미널 프로그램인 윈도우 파워셸(powershell)을 제공합니다.

macOS에서는 [cmd + 스페이스바]로 스포트라이트 검색을 실행한 후 '터미널'을 검색하여 실행하세요.

터미널을 처음 실행했다면 까만 바탕화면에 흰 글씨만 있는 모습입니다. 해커들이 쓰는 화면 같나요? 전문가의 프로그램 같아서 책을 덮고 싶은가요?

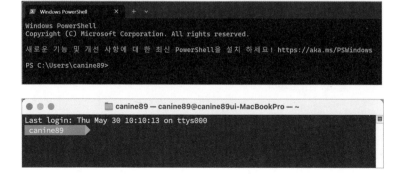

하지만 걱정 마세요. 터미널 실행까지만 우리가 하고 나머지는 챗GPT의 도움을 받을 겁니다. 모든 작업은 복붙으로 진행합니다.

'이렇게 어려운 방법으로 하니 손으로 하는 게 낫겠다… !'는 생각이 들 수도 있습니다. 그렇지만 어떤 쇼핑몰에서 옷 사진 1,000개를 분류하기 위한 폴더를 100개나 만들어야 한다면 어떻게 할까요? 상품별 사진, 여행지별 사진, 매일 생성되는 문서를 정리하기 위한 폴더 계획을 세우고 폴더를 만들 수 있다면 그렇게 하고 싶지 않나요? 챗GPT에게 규칙만 주고 폴더를 한꺼번에 생성할 수 있다면 그게 훨씬 나을 겁니다. 정말 그러한지 알아봅시다.

02 연도별/여행지별 구조의 하위 폴더를 품은 여행이라는 폴더를 만들어 보겠습니다.

다음과 같이 챗GPT에게 원하는 폴더 구조를 설명하고, 터미널을 이용해서 생성할 수 있는 명령어를 만들어 달라고 요청합니다.

윈도우 사용자는 여기를 '윈도우 powershell'로 수정해 명령해주세요.

🧑‍💬

바탕화면에 '여행'이라는 폴더를 만들고 싶어. 아래 구조의 폴더들을 **맥 터미널**로 만들 수 있는 방법을 알려줘. 여행 폴더는 바탕화면에 생성해야해. 여행 폴더 안에 2010년부터 2024년까지 연도별 하위 폴더를 생성하고, 연도별로 다음과 같이 각 폴더를 만들고 싶어.

- 2010년
  - 파리, 바르셀로나, 이스탄불

- 2011년
  - 홍콩, LA, 토론토
- …생략…
- 2023년
  - 타이베이, 애들레이드, 보스턴
- 2024년
  - 오사카

맥 터미널을 사용하여 원하는 폴더 구조를 생성하려면 다음 단계를 따르면 됩니다:

1. 터미널을 엽니다.
2. 바탕화면으로 이동합니다.
3. 필요한 폴더와 하위 폴더를 생성하는 명령어를 입력합니다.

다음 명령어를 터미널에 복사하여 붙여 넣으세요:

```
cd ~/Desktop
mkdir -p 여행/{2010/{파리,바르셀로나,이스탄불},2011/{홍콩,LA,토론
토},2012/{푸켓,발리},2013/{애든버러,더블린},2014/{암스테르담,헬싱키,오
슬로},2015/{피렌체,프라하},2016/{산토리니,세부,하노이},2017/{도쿄,방
콕},2018/발리,2019/{시카고,쿠알라룸푸르},2020/마드리드,2021/{마이애미,
하바나},2022/브뤼셀,2023/{타이베이,애들레이드,보스턴},2024/오사카}
```

위 명령어는 다음을 수행합니다:

1. cd ~/Desktop : 바탕화면으로 이동합니다.
2. mkdir -p 여행/… : '여행' 폴더와 연도별 하위 폴더 및 도시에 해당하는 폴더
   를 생성합니다.

이 명령어를 실행하면 요청하신 폴더 구조가 바탕화면에 생성됩니다.

03 이제 이 명령어를 실행하기만 하면 됩니다. 여기서는 바탕화면에 폴더를 만듭니다. 만약 특정 위치에 폴더를 생성하려면 챗GPT에게 폴더 생성 위치를 다음과 같이 명확하게 지정해야 합니다.

- /Downloads/ 위치에 폴더를 생성해줘.
- /Desktop/직박구리/ 위치에 폴더를 생성해줘.
- 바탕화면에 있는 '직박구리' 폴더에 폴더를 생성해줘.

명령어 블록 오른쪽 위에 있는 [코드 복사]를 클릭하여 챗GPT가 생성한 명령어를 복사합니다.

04 이제 터미널로 이동합니다. 복사한 명령어를 터미널에 붙여넣고 엔터를 누릅니다.

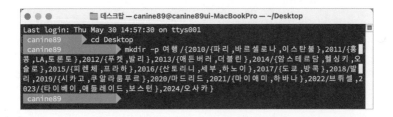

05 바탕화면을 보면 '여행'이라는 폴더가 생성된 걸 확인할 수 있습니다.

06 생성된 폴더를 열어보면 챗GPT에 명령한 구조로 하위 폴더들이 함께 생성된 것을 확인할 수 있습니다.

이제 사진을 폴더에 넣기만 하면 되겠네요. 그렇지만 파일이 엄청나게 많다면 그것도 문제겠군요. 그래서 다음 실습을 준비했습니다.

미친 활용 17 파일 한꺼번에 정리하기

수백 개의 파일을 폴더별로 정리하려면 어떻게 해야 할까요? 수작업으로 그 일을 하기는 어려울 겁니다. 옮길 파일들을 선택해서 드래그로 폴더마다 반복해서 이동해야 하죠. 하지만 챗GPT와 터미널을 사용하면 이 작업을 한 번에 할 수 있습니다. 여기서는 '미친 활용 16 **챗GPT로 폴더 만들기**'로 생성한 폴더에 맞도록 사진을 한꺼번에 정리하여 옮기도록 하겠습니다.

01 여러 여행지의 사진을 준비했습니다. 스마트폰으로 촬영한 사진은 촬영 순서대로 파일명이 정해집니다. 아마 사진을 컴퓨터로 옮기면 다음과 같은 상태일 것입니다.

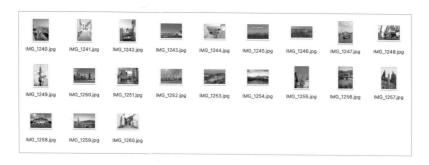

02 '미친 활용 07 **대규모로 파일명 바꾸기**'에서 배운 것처럼 모든 사진을 압축한 다음 챗GPT에서 [첨부] 버튼을 눌러 압축 파일을 추가한 후 다음과 같이 명령어를 입력하세요. 이번에는 챗GPT가 한번에 여러 작업을 수행해야 하므로 처리할 작업을 차례대로 설명하지 않으면 단계를 생략하거나 엉뚱한 작업을 수행할 수 있습니다. 실습에 주의하기 바랍니다.

1. 이 파일을 압축 해제해줘.

2. 각 사진을 분석해서 알맞은 단어를 한국어로 생성해줘.

3. 생성한 알맞은 단어를 나열해줘.

4. 각 파일의 이름을 네가 만든 알맞은 단어들을 추가해서 아래 조건처럼 바꾸고, 다시 압축해줘.

   a. IMG_1240~IMG_1245까지 파일

   b. 순서대로 1부터 번호_산토리니_알맞은 단어

   c. IMG_1246~IMG_1248까지 파일

   d. 순서대로 1부터 번호_홍콩_알맞은 단어

   e. IMG_1249~IMG_1252까지 파일

   f. 순서대로 1부터 번호_시카고_알맞은 단어

   g. IMG_1253~IMG_1257까지 파일

   h. 순서대로 1부터 번호_프라하_알맞은 단어

   i. IMG_1258~IMG_1260까지 파일

   j. 순서대로 1부터 번호_타이베이_알맞은 단어

저는 챗GPT에게 해야 할 작업에 번호를 붙여 순서대로 설명했습니다. 그리고 2에서 작업한 내용을 3에서 나열하도록 명령했습니다. 이렇게 실제로 작업을 수행했는지 확인하는 것도 챗GPT에게 시킬 수 있고, 이렇게 해야 작업을 누락하지 않습니다. 마지막으로 여행지별로 번호를 따로 붙여야 하므로 '순서대로'라고 명확히 명령했습니다.

> **TIP** 만약 순서대로하라는 말이 없으면 전체 사진을 번호로 나열하는 실수를 저지를 수 있습니다.

압축 파일에서 사진들을 성공적으로 추출했습니다. 이제 각 사진을 분석하여 알맞은 단어를 생성한 후 파일 이름을 바꾸겠습니다.

사진 분석을 시작하겠습니다.

이미지 분석을 통해 사진을 분류하고, 알맞은 단어를 생성하겠습니다. 각 이미지에 대해 분석을 진행하겠습니다.

IMG_1240~IMG_1245 (산토리니)

1. IMG_1240 : 건물

2. IMG_1241 : 바다

3. IMG_1242 : 일몰

4. IMG_1243 : 교회

5. IMG_1244 : 풍경

6. IMG_1245 : 항구

IMG_1246~IMG_1248 (홍콩)

1. IMG_1246 : 야경

2. IMG_1247 : 고층 건물

3. IMG_1248 : 시장

… 생략 …

이제 이 단어들을 파일 이름에 추가하여 파일 이름을 변경하겠습니다.

모든 파일의 이름을 지정된 형식에 따라 변경하고 압축하였습니다. 여기에서 압축된 파일을 다운로드할 수 있습니다.

답변을 보면 챗GPT가 각 작업을 진행한 후 완료했다고 설명합니다.

500% 노하우 GPT에게 줄글로 지시하면 제대로 일하지 않습니다

여기서 여러분이 꼭 기억해야 할 챗GPT의 특징은 '각 작업을 목록으로 구분하여 명령하면 그것을 하나씩 수행한다는 점'입니다. 다시 말하면 '챗GPT에게 줄글로 지시하지 말라'고 할 수도 있겠습니다. 만약 여러분이 '1. 압축을 해제하고…'와 같이 명확하게 작업 단위를 지시하지 않고 줄글로 지시했다면 어떻게 될까요? 그러면 작업을 완료하지 못해도 마치 한 것처럼 동작합니다. 예를 들어 다음과 같이 지시한다고 가정하겠습니다.

- 이 파일을 압축 해제한 후 각 사진을 분석해서 알맞은 단어를 한국어로 만들어 줘. 그런 다음 파일명들을 네가 만든 알맞은 단어들을 추가해서 아래 조건처럼 바꾸고, 다시 압축해줘.

이 줄글의 종착지는 '다시 압축해줘'이므로 선행 작업이 되지 않아도 압축 파일을 제공하기만 하면 챗GPT 입장에서는 '어쨌든 압축 파일을 제공'했으니 '잘 수행한 것'으로 보고 거짓 보고를 할 수 있습니다. 하지만 앞에서 한 것처럼 각 작업을 목록으로 구분하여 명령하면 목록을 수행하지 못했을 때 다음으로 나아가지 않습니다. 예를 들어 다음과 같이 압축을 해제하지 못하면 이렇게 알림을 보내며 작업을 진행하지 않습니다.

> **ChatGPT**
> 압축 파일을 정상적으로 처리할 수 있도록 파일을 직접 다운로드한 후 로컬 환경에서 압축을 해제해 주시겠습니까? 압축 해제 후 각 이미지를 분석하여 적절한 단어를 할당한 다음 파일 이름을 변경하고 다시 압축하여 업로드하겠습니다.

물론 복잡한 작업을 줄글로 명령해도 가끔 수행할 때가 있습니다만, 원하는 작업을 한 번에 수행하고 싶다면 여기서 한 것처럼 작업을 목록으로 구분하여 명령해보기 바랍니다.

03 [여기에서 압축된 파일을 다운로드할 수 있습니다.]를 클릭하여 파일을 내려받고, 압축을 해제하겠습니다. 파일명이 요구한대로 잘 변경되었습니다. 파일명이 변경된 사진이 담긴 폴더 이름을 '분류사진'이라고 변경

하고 바탕화면에 두겠습니다.

04 이제 챗GPT에게 파일을 한꺼번에 옮길 수 있는 명령어를 생성해달라고 하겠습니다.

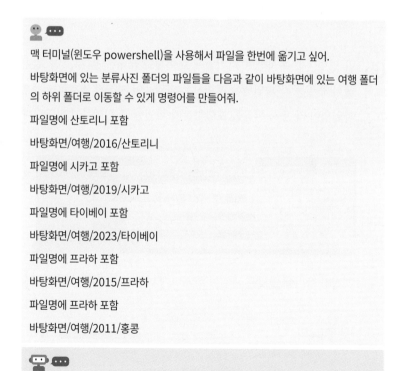

맥 터미널(윈도우 powershell)을 사용해서 파일을 한번에 옮기고 싶어.

바탕화면에 있는 분류사진 폴더의 파일들을 다음과 같이 바탕화면에 있는 여행 폴더의 하위 폴더로 이동할 수 있게 명령어를 만들어줘.

파일명에 산토리니 포함

바탕화면/여행/2016/산토리니

파일명에 시카고 포함

바탕화면/여행/2019/시카고

파일명에 타이베이 포함

바탕화면/여행/2023/타이베이

파일명에 프라하 포함

바탕화면/여행/2015/프라하

파일명에 프라하 포함

바탕화면/여행/2011/홍콩

맥 터미널에서 명령어를 사용하여 파일을 원하는 폴더로 이동하려면 다음과 같이

mv 명령어를 사용할 수 있습니다. 아래 명령어들은 분류사진 폴더에 있는 파일들을 각각의 조건에 맞는 여행 폴더 하위 폴더로 이동시킵니다.

```
# 산토리니 포함된 파일 이동
mv ~/Desktop/분류사진/*산토리니* ~/Desktop/여행/2016/산토리니/
# 시카고 포함된 파일 이동
mv ~/Desktop/분류사진/*시카고* ~/Desktop/여행/2019/시카고/
# 타이베이 포함된 파일 이동
mv ~/Desktop/분류사진/*타이베이* ~/Desktop/여행/2023/타이베이/
# 프라하 포함된 파일 이동
mv ~/Desktop/분류사진/*프라하* ~/Desktop/여행/2015/프라하/
# 홍콩 포함된 파일 이동
mv ~/Desktop/분류사진/*홍콩* ~/Desktop/여행/2011/홍콩/
```

05 위 명령어를 복사하여 터미널에 붙여넣고 [Enter]를 누르면 '분류사진' 폴더에 있는 각 파일명을 포함하는 파일들이 지정된 경로로 이동합니다. 파일명이 각 도시 이름을 포함하는지 확인한 후 실행하기 바랍니다.

지정한 폴더에 알맞은 파일이 한꺼번에 이동된 것을 확인할 수 있습니다.

04

챗GPT로
문서화하기

문서 작업
누가 좀 해줬으면!

'03 이게 되네? 챗GPT로 파일 정리하기'에서 챗GPT가 몇 가지 파일 형식을 다른 프로그램 없이 수정할 수 있다는 걸 확인했습니다. 이런 특징을 활용하면 문서 프로그램이 없어도 문서를 만들거나 수정할 수 있습니다. 챗GPT라는 AI 동료에게 문서화 작업을 맡기는 거죠.

💬 이 그림은 챗GPT에게 "토끼가 챗GPT로 문서화를 편하게 하는 모습을 그려줘."라고 요청하여 받았습니다.

## Chapter 11

워드 문서화하기

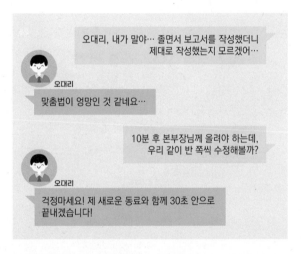

워드는 전 세계에서 가장 많이 사용하는 문서 형식입니다. 챗GPT는 워드 문서를 완벽히 작성할 뿐 아니라 문서를 수정하거나 교정도 도와주는 강력한 문서 작성 도우미입니다. 챗GPT에게 문서 작업을 맡겨봅시다.

챗GPT로 워드 문서 만들기

챗GPT에게 텍스트를 주고 워드 문서로 만들라고 요청하면 간단하게 문서가 만들어집니다. 저는 챗GPT를 이용해서 '인공 지능 기반 생성 기술의 발전과 응용'에 대한 글을 써달라고 한 다음에 워드 문서를 만들었습니다.

"인공 지능 기반 텍스트 생성 기술의 발전과 응용" 본 연구는 인공 지능 기반 텍스트 생성 기술의 발전과 그 응용에 대해 논의한다. GPT-3와 GPT-4와 같은 고도화된 자연어 처리 모델의 출현은 다양한 분야에서 텍스트 생성 기술의 실용적 적용 가능성을 증대시켰다. 본 논문에서는 이러한 모델들의 기술적 발전을 분석하고, 텍스트 생성 기술이 학술, 상업, 창작 등 여러 분야에서 어떻게 활용될 수 있는지 사례를 통해 살펴본다. 또한, 이러한 기술 발전이 가져올 사회적, 윤리적 함의에 대해서도 고찰한다. 최근 몇 년간 인공 지능(AI) 기술은 비약적인 발전을 이루었다. 그중에서도 자연어 처리(Natural Language Processing, NLP) 분야는 특히 주목할 만하다. NLP 기술의 중요한 부분인 텍스트 생성(Text Generation)은 인공 지능이 사람처럼 자연스러운 언어를 생성할 수 있게 하는 기술이다. 본 연구의 목적은 AI 기반 텍스트 생성 기술의 발전 과정과 그 응용 가능성을 종합적으로 분석하는 것이다. 기술적 배경 1. 트랜스포머 모델 : 트랜스포머 모델은 순차적인 데이터 처리 대신 병렬 처리를 가능하게 하여 학습 속도와 성능을 대폭 향상시켰다. 2. GPT-3와 GPT-4 : 이 모델들은 대규모 언어 모델로서, 수십억 개의 매개변수를 통해 학습되며, 사람과 유사한 텍스트를 생성할 수 있는 능력을 가지고 있다. 응용 사례 1. 학술 분야 : 논문 초안 작성, 문헌 리뷰 자동화 등에서의 활용. 2. 상업 분야 : 고객 서비스 챗봇, 마케팅 콘텐츠 생성 등에서의 활용. 3. 창작 분야 : 소설, 시, 음악 가사 등 창작 활동 지원. 사회적, 윤리적 고려사항 AI 기반 텍스트 생성 기술의 발전은 여러 사회적, 윤리적 문제를 야기할 수 있다. 예를 들어 잘못된 정보 생성, 저작권 침해, 윤리적 책임 소재 등 다양한 문제들이 논의되고 있다. 이러한 문제들을 해결하기 위해서는 기술 개발 초기 단계에서부터 윤리적 기준을 명확히 설정하고, 이에 대한 지속적인 감시와 조정이 필요하다. 결론 AI 기반 텍스트 생성 기술은 급속히 발전하고 있으며, 다양한 분야에서 혁신적인 변화를 가져오고 있다. 그러나 이와 함께 윤리적, 사회적 고려사항도 중요하게 다루어져야 한다. 지속적인 기술 발전과 함께 이러한 문제들에 대한 포괄적인 접근이 필요하다.

---------- 위 내용을 docx 문서로 만들어줘.

위 텍스트를 포함한 DOCX 파일을 생성했습니다. 여기서 다운로드할 수 있습니다.

챗GPT는 이 텍스트를 어떻게 워드 문서로 생성했을까요? 생성된 문서를 내려받아서 워드로 열어봅시다.

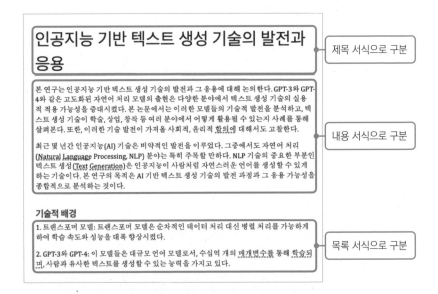

서식까지 잘 적용한 워드 문서를 만들어주었습니다. 하지만 챗GPT는 이것보다 더 많은 것을 할 수 있습니다. 이 방법을 응용해서 문서를 만들어보겠습니다.

미친 활용 19 데이터를 분석해서 문서화하기

이번에는 챗GPT에게 데이터만 주고 워드 문서를 만들어보겠습니다. 앞에서는 워드 문서 양식을 만든 정도라면 이번에는 문서가 되기 전의 데이터만 주고 아예 워드 문서화까지 진행해보는 것입니다. 이번에는 통계청의 온라인 쇼핑 동향 조사 데이터를 활용하겠습니다.

01 vo.la/Swjwr에 접속해서 [다운로드] 버튼을 클릭하고 다운로드 옵션 창에서 [CSV]를 체크한 후 온라인 쇼핑 동향 조사 데이터를 다운로드합시다.

파일 이름은 다음과 같습니다.

📄 온라인쇼핑몰_판매매체별_상품군별거래액_20240603092447.csv
📄 korea_weather_data.csv
📄 netflix_cleaned.csv

02 챗GPT에서 [첨부] 버튼을 눌러 다운로드한 CSV 파일을 추가한 후 다음과 같이 명령합니다.

이 파일은 대한민국 통계청이 발표한 온라인쇼핑몰 판매매체별 상품군별거래액이야. 데이터의 내용을 정리해서 docx 파일로 만들어줘.

요청하신 요약 내용을 담은 docx 파일을 생성했습니다. 여기에서 다운로드할 수 있습니다.

03 [여기에서 다운로드]를 클릭해서 내려받은 파일을 열어봅시다. 저는 여기서 문제가 발생했습니다. 표 형태로 표현해야 할 내용이 다 깨진 것입니다.

대한민국 통계청 온라인쇼핑몰 판매매체별 상품군별 거래액

Summary Statistics

아래는 2023년 10월부터 2024년 3월까지의 데이터에 대한 요약 통계입니다.

	상품군별(1)	상품군별(2)	판매매체별(1)	2023.10	2023.11	2023.12	2024.01	2024.02 p)	2024.03 p)
count	78	78	78	7.800000e+01	7.800000e+01	7.800000e+01	7.800000e+01	7.800000e+01	7.800000e+01
unique	24	3	3	NaN	NaN	NaN	NaN	NaN	NaN
top	가전·전자·통신기기	소계	계	NaN	NaN	NaN	NaN	NaN	NaN
freq	9	72	26	NaN	NaN	NaN	NaN	NaN	NaN
mean	NaN	NaN	NaN	1.089611e+06	1.131694e+06	1.099351e+06	1.087191e+06	1.017610e+06	1.090868e+06
std	NaN	NaN	NaN	2.832295e+06	2.947756e+06	2.902535e+06	2.855670e+06	2.683029e+06	2.876459e+06
min	NaN	NaN	NaN	3.600400e+04	3.453200e+04	3.832600e+04	3.519500e+04	3.332100e+04	3.388200e+04
25%	NaN	NaN	NaN	1.627348e+05	1.704455e+05	1.599808e+05	1.488760e+05	1.469468e+05	1.524072e+05
50%	NaN	NaN	NaN	3.518655e+05	3.818520e+05	3.584330e+05	3.418735e+05	3.135670e+05	3.555370e+05
75%	NaN	NaN	NaN	8.850382e+05	9.091435e+05	8.968530e+05	8.905020e+05	8.464402e+05	8.637790e+05
max	NaN	NaN	NaN	2.015471e+07	2.100536e+07	2.055352e+07	2.023496e+07	1.898953e+07	2.045230e+07

이렇게 내용이 깨진 이유는 챗GPT가 명령을 수행하는 과정에서 잘못된 텍스트 인코딩으로 워드 문서를 만들었기 때문입니다. 이런 현상을 해결하는 방법은 마크다운으로 문서를 작성 후 워드 문서로 변환하라고 하는 방법과 구글 폰트를 적용한 후 워드 문서로 변환하라는 방법이 있습니다. 여기서는 이 두 가지 방법을 모두 소개합니다.

방법 01   마크다운으로 작성 후 워드 문서 변환하는 방법

마크다운^{Markdown}은 텍스트를 서식화하기 위한 규칙에 따라 텍스트만으로 작성한 문서입니다. 예를 들어 특정 텍스트를 제목 1로 분류하려면 '#' 기호를 문상 앞에 1칸 띄어쓰기와 함께 쓰고, 볼드로 분류하려면 '**'를 특정 텍스트 앞뒤로 감싸는 등의 규칙이 있습니다. 만약 마크다운이 무엇인지 궁금하다면 검색하여 5분 정도만 마크다운이 무엇인지 알아보고 와도 좋습니다.

> **TIP** 노션, 디스코드, 슬랙 등 많은 서비스가 마크다운을 지원합니다. 챗GPT도 마크다운을 지원하죠. 만약 업무 생산성 도구에 관심이 많다면 마크다운을 공부해두세요. 요긴하게 쓸 수 있을 것입니다.

아무튼 다시 문제 해결 방법으로 돌아오겠습니다. 이 방법은 챗GPT에게 다음 과정으로 문서를 쓰게 만듭니다.

   1 문서화할 내용을 마크다운으로 서식화

   2 서식화된 문서를 워드로 옮기게 함(이 과정으로 인코딩 문제를 해결)

01 챗GPT에 정리한 내용을 마크다운으로 작성하라고 요청합니다.

데이터를 다시 요약하고, 마크다운으로 정리해서 보여줘.

Summarized Sales Data By Product And Channel		
상품군별	판매매체별	2023.10
1 가구	계	463495
2 가구	모바일쇼핑	346541
3 가구	인터넷쇼핑	116953
4 가방	계	221860
5 가방	모바일쇼핑	162246
6 가방	인터넷쇼핑	59613

대한민국 통계청 온라인 쇼핑몰 판매 매체별 상품군별 거래액 요약

데이터 요약

표는 2023년 10월부터 2024년 3월까지의 상품군별 및 판매매체별 거래액을 요약한 것입니다.

챗GPT가 마크다운을 지원하므로 마크다운으로 작성한 문서가 시각적으로 표현되어 나타났습니다.

02 우리가 필요한 것은 워드 문서이므로 이어서 요청하겠습니다.

이 내용을 docx 문서로 만들어줘. 그리고 마크다운 구문을 제거해줘.

요청하신 내용을 담은 docx 문서를 생성했습니다. 여기에서 다운로드할 수 있습니다.

03 [여기에서 다운로드]를 클릭하여 워드 파일을 내려받습니다.

대한민국 통계청 온라인쇼핑몰 판매매체별 상품군별 거래액 요약

데이터 요약

아래 표는 2023년 10월부터 2024년 3월까지의 상품군별 및 판매매체별 거래액을 요약한 것입니다.

상품군별	판매매체별	2023.10	2023.11	2023.12	2024.01	2024.02	2024.03
가구	계	463495	486124	463559	497529	492470	531889
가구	모바일쇼핑	346541	358951	343591	371359	374967	396366
가구	인터넷쇼핑	116953	127174	119968	126170	117504	135523
가방	계	221860	217745	230104	225628	230499	242065
가방	모바일쇼핑	162246	154837	165230	161386	166554	176270
가방	인터넷쇼핑	59613	62907	64875	64242	63945	65795
가전·전자·통신기기	계	4370838	4250740	3535264	3861080	3415478	3278468
가전·전자·통신기기	모바일쇼핑	3053796	3015014	2541068	2740644	2480812	2387376

이제 표가 제대로 표현되었습니다. 여기서 핵심은 '마크다운 구문을 제거해줘.'라는 명령입니다. 마크다운은 텍스트만으로 서식을 표현한 문서이므로 여러분이 챗GPT를 통해 본 결과 화면은 사실 이런 모습으로 쓰여있습니다.

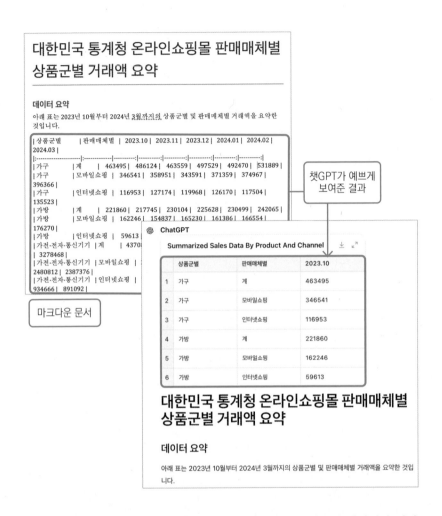

왼쪽이 마크다운 문서입니다. 챗GPT는 이 문서를 그냥 예쁘게 렌더링한 것입니다. 그래서 '마크다운 구문을 제거해줘.'라는 명령을 하지 않으면 마크다운 표현 방식이 워드에 남아 있을 수 있으므로 꼭 마크다운 구문을 제거하는 명령을 포함합시다.

구글 폰트를 적용해서 워드 문서 변환하는 방법

구글 폰트는 구글에서 제공하는 무료 웹 폰트 라이브러리입니다. 문서에 구글 폰트를 적용해달라는 명령만 덧붙이면 텍스트가 깨지는 문제를 간단히 해결할 수 있습니다. 원리는 간단합니다. 챗GPT에게 구글 폰트를 적용하라고 명령하여 글꼴을 추가하는 과정에서 텍스트가 깨진 문제를 알아서 해결하도록 만드는 것입니다. 단순하게 '문서가 깨졌어. 해결해줘.'라고 명령할 수도 있습니다. 하지만 이렇게 하면 챗GPT가 생성한 문서가 깨진 원인을 챗GPT가 찾지 못하는 경우가 많습니다. 여기서 문제를 해결하는 확실한 방법은 챗GPT가 실수할 여지를 남기지 않는 명령을 작성하는 것입니다.

> **TIP** 챗GPT가 만든 문서의 서식이 깨지는 현상의 원인은 여러 가지인데, 챗GPT가 직접 문서를 생성하면 결과물에 문제가 있을 때 원인이 무엇인지 파악하기는 어렵습니다.

01 새 채팅을 생성하여 [첨부] 버튼을 누르고 온라인쇼핑몰 판매매체별 상품군별거래액 CSV 파일을 다시 추가한 후 다음과 같이 명령합니다.

이 파일은 대한민국 통계청이 발표한 온라인쇼핑몰 판매매체별 상품군별거래액이야.
데이터의 내용을 정리해서 docx 파일로 만들어줘.
구글 폰트를 적용해줘.

데이터를 살펴본 결과, 대한민국 통계청이 발표한 온라인 쇼핑몰 판매 매체별 상품군별 거래액 정보가 포함되어 있습니다. 주요 열은 상품군, 판매 매체, 특정 기간 동안의 거래액으로 구성되어 있습니다. 이 데이터를 요약하여, 설명을 붙여 docx 파일로 직성히겠습니다.

···생략···

이제 이 데이터를 바탕으로 docx 파일을 작성하고, 구글 폰트를 적용하겠습니다.

온라인 쇼핑몰 판매 매체별 상품군별 거래액 데이터를 정리한 DOCX 파일이 생성되었습니다. 아래 링크를 통해 파일을 다운로드할 수 있습니다. 온라인쇼핑몰_판매매체별_상품군별_거래액.docx

02 [온라인쇼핑몰_판매매체별_상품군별_거래액.docx]를 클릭해서 생성된 파일을 내려받습니다.

온라인 쇼핑몰 판매 매체별 상품군별 거래액 데이터

온라인 쇼핑몰 판매 매체별 상품군별 거래액 데이터 요약

1. 총계(합계)
   - 인터넷쇼핑: 2023년 10월부터 2024년 3월까지 거래액 변화 추이
   - 모바일쇼핑: 2023년 10월부터 2024년 3월까지 거래액 변화 추이

2. 상품군별 세부 내역
   - 컴퓨터 및 주변기기
     - 인터넷쇼핑과 모바일쇼핑의 월별 거래액
   - 의류 및 패션 관련
     - 인터넷쇼핑과 모바일쇼핑의 월별 거래액
   - 기타 주요 상품군
     - 각 상품군별 인터넷쇼핑과 모바일쇼핑의 월별 거래액

상품군별(1)	상품군별(2)	판매매체별(1)	2023. 10	2023. 11	2023. 12	2024. 01	2024. 02 p)	2024. 03 p)
합계	소계	계	20154711	21005357	20553525	20234957	18989528	20452302
합계	소계	인터넷쇼핑	5354783	5634058	5148328	5197928	4750441	5367866
합계	소계	모바일쇼핑	14799928	15371299	15405198	15037029	14239088	15084436

구글 폰트를 적용하니 문서가 제대로 만들어졌습니다.

미친 활용 20 PDF 파일 추출해서 보고서 만들기

'미친 활용 18 **챗GPT로 워드 문서 만들기**'에서 데이터만 주더라도 문서화가 가능하다는 걸 확인했습니다. 하지만 데이터만 가지고 챗GPT가 작성한 내용은 아주 부실합니다. 결국은 추가 문서 작업이 필요합니다. 여기서는 전체 문서의 구조를 챗GPT와 함께 잡는 과정을 추가하겠습니다. 기업을 분석하고 향후 10년을 예측하는 보고서를 작성하겠습니다. 다음 링크에서 엔비디아[NVIDIA]의 2024 1분기 실적 보고서를 내려받습니다.

- **엔비디아 2024 1분기 실적 보고서** : vo.la/bmcDU

01 챗GPT에게 '재무 전문가'라는 역할과 '기업 실적 데이터 분석'이라는 미션을 제시합니다.

> 🧑‍💻 💬
>
> 너는 재무 전문가야. 지금부터 내가 요청하는 대로 기업 실적 데이터를 분석해서 보고서를 작성해줘.

> 🤖 💬
>
> 물론입니다. 기업 실적 데이터를 분석하여 보고서를 작성해드리겠습니다. 분석할 기업의 이름과 특정 기간을 알려주시면, 필요한 데이터를 수집하고 분석을 시작하겠습니다. 또한, 어떤 구체적인 분석이 필요한지 (예 : 수익성 분석, 성장성 분석, 재무 비율 분석 등) 말씀해주시면 더 정확한 보고서를 작성할 수 있습니다.
>
> **필요한 정보:**
>
> 1. 분석할 기업의 이름
>
> 2. 분석할 기간 (예 : 최근 5년, 최근 분기 등)
>
> 3. 필요한 분석 종류 (예 : 수익성 분석, 성장성 분석, 재무 비율 분석 등)
>
> 이 정보를 제공해 주시면 바로 분석을 시작하겠습니다.

02 엔비디아의 2024년 1분기 실적부터 정리하겠습니다. [첨부] 버튼을 누르고 엔비디아 실적 보고서를 추가한 후 다음과 같이 명령합니다.

> **TIP** 회계 연도 기준 2025년이므로 2024년 1분기 실적이 맞습니다.

이 보고서를 한국어로 정리해서 요약해줘.

ChatGPT

다음은 NVIDIA의 2025 회계연도 1분기 실적 보고서 요약입니다.

NVIDIA 2025 회계연도 1분기 실적 요약

주요 실적

- 총 매출 : 260억 달러 (전 분기 대비 18% 증가, 전년 동기 대비 262% 증가)

- 데이터 센터 매출 : 226억 달러 (전 분기 대비 23% 증가, 전년 동기 대비 427% 증가)

- GAAP 희석 주당 순이익 : 5.98달러 (전 분기 대비 21% 증가, 전년 동기 대비 629% 증가)

- 비GAAP 희석 주당 순이익 : 6.12달러 (전 분기 대비 19% 증가, 전년 동기 대비 461% 증가)

주요 하이라이트

1. 데이터 센터 성장:

- 데이터 센터 매출은 226억 달러로 기록적인 수치를 달성.

- NVIDIA Hopper 플랫폼에 대한 생성 AI 훈련 및 추론 수요가 강력하고 가속화됨.

- 새로운 세대의 AI 컴퓨팅을 위한 Blackwell 플랫폼 발표.

… 생략 …

03 10년 전 실적과 비교하겠습니다.

10년 전 엔비디아 실적을 빙으로 검색해줘.

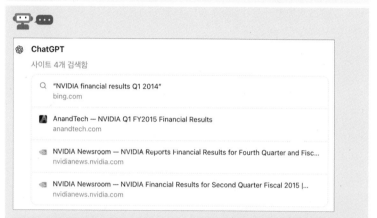

NVIDIA의 2025 회계연도 1분기 실적과 2015 회계연도 1분기 실적을 비교하면, 지난 10년 동안 놀라운 성장을 이룬 것을 알 수 있습니다. 다음은 두 시점의 주요 재무 데이터를 비교한 요약입니다

2025 회계연도 1분기 실적 (GAAP 기준)

• **매출** : 260억 달러 (전년 동기 대비 262% 증가)

• **영업 이익** : 169억 달러 (전년 동기 대비 690% 증가)

• **순이익** : 148억 8100만 달러 (전년 동기 대비 628% 증가)

• **희석 주당 순이익 (EPS)** : 5.98달러 (전년 동기 대비 629% 증가)

• **데이터 센터 매출** : 226억 달러 (전년 동기 대비 427% 증가)

챗GPT가 4개의 웹 사이트를 찾아 10년 전 데이터를 정리해 알려줬습니다.

04 이제 2025 회계연도 1분기 실적과 2015 회계연도 1분기 실적을 비교해서 정리해달라고 부탁합시다.

2025 회계연도 1분기 실적과 2015 회계연도 1분기 실적을 표를 포함해서 비교해줘.

다음은 NVIDIA의 2025 회계연도 1분기 실적과 2015 회계연도 1분기 실적을 비교한 표입니다.

항목	2025 회계연도 1분기	2015 회계연도 1분기
매출 (억 달러)	260.44	11.03
영업 이익 (억 달러)	169.09	1.69
순이익 (억 달러)	148.81	1.37
희석 주당 순이익 (달러)	5.98	0.24
총 매출 이익률 (%)	78.4%	54.8%
데이터 센터 매출 (억 달러)	226.0	-
GPU 매출 (억 달러)	-	8.98

주요 차이점 요약

1. 매출 규모:
- 2025 회계연도 1분기의 매출은 260.44억 달러로, 2015 회계연도 1분기의 11.03억 달러에 비해 약 23배 증가했습니다.

2. 영업 이익 및 순이익:
- 2025 회계연도 1분기의 영업 이익은 169.09억 달러로, 2015 회계연도 1분기의 1.69억 달러에 비해 크게 증가했습니다.
- 순이익도 148.81억 달러로, 2015 회계연도 1분기의 1.37억 달러에 비해 크게 증가했습니다.

챗GPT에게 데이터를 순서대로 제시하니 표와 함께 주요 차이점을 잘 요약해주었습니다. 이제 경쟁사를 추가해봅시다. 엔비디아의 경쟁사는 AMD라고 생각하여 AMD와의 비교를 부탁했습니다.

05 엔비디아의 주요 경쟁사인 AMD의 2014년과 2024년 1분기 실적을 정
리하겠습니다.

빙으로 검색해서 AMD의 2014년 1분기, 2024년 1분기를 비교해줘.

다음은 AMD의 2014년 1분기, 2024년 1분기를 비교한 표입니다.

항목	2014년 1분기	2024년 1분기
매출 (억 달러)	14억	54.7억
영업 이익 (억 달러)	0.49억	0.36억
순이익 (억 달러)	-0.20억	1.23억
희석 주당 순이익 (달러)	-0.03	0.07
총 매출 이익률 (%)	35%	47%
운영 비용 (억 달러)	4.53억	25.37억

주요 차이점 요약

1. 매출 규모:

- 2024년 1분기 매출은 54.7억 달러로, 2014년 1분기의 14억 달러에 비해 약
3.9배 증가했습니다.

2. 영업 이익:

- 2024년 1분기의 영업 이익은 0.36억 달러로, 2014년 1분기의 0.49억 달러에
비해 감소했으나, 2024년에는 비GAAP 기준으로 11.33억 달러의 영업 이익을
기록했습니다.

결과를 보면 AMD의 2014년 1분기, 2024년 1분기 실적을 비교하고
주요 차이점을 나열했습니다. 이것을 엔비디아와 비교하면 됩니다.

06 엔비디아와 AMD의 10년 간 데이터를 비교해서 정리하도록 명령해봅시다.

엔비디아의 지난 10년, AMD의 지난 10년을 비교해서 그래프를 포함하여 정리해줘.

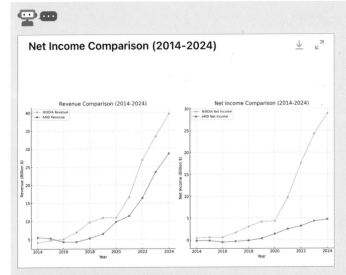

지난 10년 간 NVIDIA와 AMD의 실적 비교

다음은 NVIDIA와 AMD의 지난 10년(2014-2024) 동안의 매출 및 순이익을 비교한 그래프입니다.

1. 매출 비교 (Revenue Comparison)

- NVIDIA의 매출은 2014년 약 41억 달러에서 2024년 약 396억 달러로 꾸준히 증가했습니다.
- AMD의 매출은 2014년 약 55억 달러에서 2024년 약 287억 달러로 증가했습니다.

결과를 보니 두 기업의 10년 간 실적을 그래프로 정리하기까지 했습니다.

07 그럼 조금만 더 해봅시다. 보고서의 마지막에 추가할 요량으로 향후 10
년 간 두 기업의 추세를 예측하도록 해봅시다.

지금까지 정리한 내용을 바탕으로 엔비디아와 AMD의 향후 10년 간 성장 추세를 예
측해줘.

NVIDIA와 AMD의 지난 10년간 실적을 바탕으로 향후 10년 간 성장 추세를 예측해
보겠습니다. 예측은 현재의 시장 동향, 기술 혁신, 그리고 두 기업의 전략적 방향성을
고려하여 이루어집니다.

NVIDIA의 향후 10년 간 성장 예측

1. **AI와 데이터 센터 시장에서의 강력한 입지:**

   ○ NVIDIA는 AI와 데이터 센터 시장에서 지속적으로 주도권을 유지할 것으로 예
   상됩니다. AI 컴퓨팅 및 데이터 센터 인프라에 대한 수요는 앞으로도 계속 증가
   할 것으로 보입니다.

   ○ 특히, NVIDIA의 최신 플랫폼과 소프트웨어 솔루션은 AI

   … 생략 …

AMD의 향후 10년 간 성장 예측

1. **CPU 및 GPU 시장에서의 경쟁력 강화:**

   ○ AMD는 Ryzen 및 EPYC 프로세서 라인을 통해 CPU 시장에서의 경쟁력을
   강화하고 있습니다. 이러한 추세는 앞으로도 계속될 것으로 보입니다.

   ○ GPU 시장에서도 Radeon 시리즈를 통해 NVIDIA와 경쟁할 수 있는 위치를
   유지할 것입니다.

2. **데이터 센터 및 AI 시장 진입:**

   … 생략 …

결론

NVIDIA와 AMD는 각각의 강점과 전략을 바탕으로 향후 10년 동안 지속적인 성장
을 이룰 것으로 예상됩니다. NVIDIA는 AI와 데이터 센터 시장에서의 주도권을 유지

하며 다양한 산업으로의 기술 확장을 통해 높은 성장률을 기록할 것으로 보입니다. AMD는 CPU와 GPU 시장에서의 경쟁력을 강화하고 데이터 센터 및 AI 시장으로의 진입을 통해 꾸준한 성장을 이어갈 것입니다.

두 회사 모두 기술 혁신과 시장 확장을 통해 미래의 성장 가능성을 높이고 있으며, 향후 10년 동안 반도체 시장에서 중요한 역할을 할 것입니다.

08 지금까지 정리한 내용을 워드 문서로 생성하겠습니다. 체계적인 문서 작업을 요청하려면 문서 구조를 설명해줘야 합니다. 서식화를 위해 마크다운으로 작성하겠습니다.

🧑 💬

지금까지 정리한 내용을 토대로 아래 구조를 참고해서 마크다운으로 작성해줘.

제목 : 엔비디아와 AMD의 10년 간 실적 비교 및 향후 전망

1. 최근 10년 간 엔비디아의 성장

2. AMD와의 비교

3. 엔비디아와 AMD의 향후 전망

🤖 💬

엔비디아와 AMD의 10년 간 실적 비교 및 향후 전망

1. 최근 10년 간 엔비디아의 성장

주요 실적

- 매출 : 2014년 약 41억 달러에서 2024년 약 396억 달러로 증가

- 순이익 : 2014년 약 4억 4천만 달러에서 2024년 약 289억 달러로 증가

주요 성장 요인

1. AI와 데이터 센터 시장에서의 강력한 입지:

- AI 컴퓨팅 및 데이터 센터 인프라에 대한 수요 증가

- NVIDIA의 최신 플랫폼과 소프트웨어의 솔루션의 성공적인 도입

2. 신기술 및 제품 출시:

··· 생략 ···

09 마크다운으로 작성한 내용을 워드 파일로 생성합니다.

마크다운으로 작성한 내용을 docx 문서로 만들어줘.

마크다운 구문을 제거해줘.

여기에서 엔비디아와 AMD의 10년 간 실적 비교 및 향후 전망 문서를 <u>다운로드</u>할 수 있습니다.

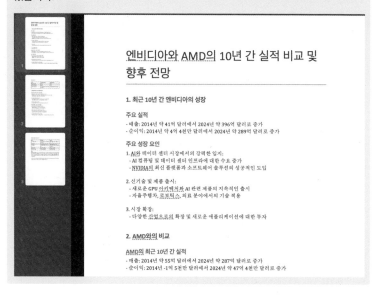

10 파일을 다운로드하여 살펴보면 마크다운으로 서식화한 문서이므로 앞에서 생성한 그래프는 빠져있습니다. 이건 챗GPT가 할 수 없는 일이므로 직접 다운로드해서 붙여넣겠습니다. 차트에서 [다운로드] 버튼을 눌러 그래프를 다운로드하여 보고서에 추가하면 됩니다.

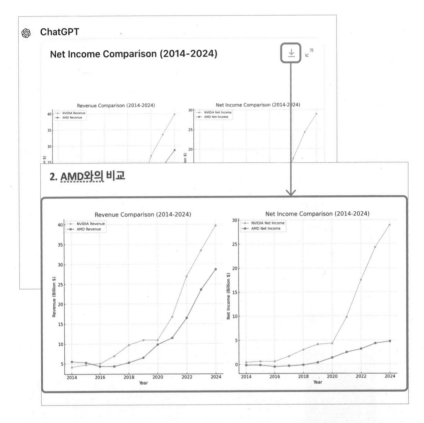

엔비디아와 AMD의 지난 10년을 비교하고, 향후 10년을 전망하는 기업 분석 보고서를 3분 만에 작성하였습니다.

맞춤법부터 양식까지 적용한 워드 문서 만들기

챗GPT를 사용하면 파일을 열지 않고도 워드 문서를 수정할 수 있습니다. 여기서는 맞춤법을 교정하고 더 발전한 형태의 워드 문서를 만들어보겠습니다.

맞춤법 교정하기

문서화에서 맞춤법 교정은 꼭 필요한 작업입니다. 회사에 제출할 문서에 맞춤법이 맞춰져 있지 않다면 내용보다 맞춤법이 틀린 쪽에 시선이 쏠려 설득력이 떨어지기도 합니다. 그러나 맞춤법 교정을 하기 위해 문서를 다시 읽는 건 고봉입니다. 더군다나 다시 읽는다고 틀린 부분을 모두 찾을 수 있는 것도 아닙니다. 하지만 챗GPT가 있으면 어떨까요? 챗GPT는 문서화의 마지막에서 여러분의 좋은 맞춤법 교정 도우미가 될 것입니다.

01 학교 축제 공지사항이라는 문서를 준비했습니다. 의도적으로 틀린 맞춤법을 많이 넣어 만들었습니다.

> 공지사항
>
> 안녕하새요,
>
> 우리 학교에 서울 큰 축제가 열립니다.
>
> 참고하고 싶은 사라믄 꼭 아래 사항을 참고해 주세요:
>
> 1. 참가 신청 : 학교 홈페이지에서 할 수 잇습니다.
>
> 2. 행사 일자 : 2024년 6월 15일(토요일)
>
> 3. 장소 : 학교 운동자앙
>
> 4. 참가비 : 무료(단, 부스에서 판매하는 물품은 별도 구매)
>
> 5. 신청 마감일 : 2024년 6월 1일

이번 축제에선 여러가지 흥뮈로욹 프롬그램이 준비되었습니다. 친구와 가족을 초뒈해 즐거운 시간을 보내세요!

프로그램 내용

- 공연 : 학교 동아리와 외부 초청 공연 팀이 다양한 무대를 선보입니다. 음악, 춤, 마술쇼 등이 준비되어 있습니다. 특히 저녁에는 불꼼놀이도 예정되어 있으니 놓치지 마세요.
- 체험 활동 : 도자기 만들기, 페이스 페인팅, 미미 농장 체험 등 여러 체험 프로그램이 있습니다. 아이들이 즐길 수 있는 다양한 체험 활동이 준비되어 있습니다.

문의

- 당당자 : hgpark@goldenrabbit.co.kr

문서의 텍스트를 복사해서 챗GPT에 붙여넣고 맞춤법을 수정해달라고 요청해도 됩니다. 하지만 텍스트를 챗GPT에 직접 입력하여 수정 텍스트를 받으면 이 텍스트를 워드와 같은 문서로 만들 때 복붙하거나 서식을 지정해야 하는 추가 작업이 있으므로 처음부터 파일을 주고 수정하라고 하는 것이 낫습니다. 저는 워드에 문서를 작성했습니다.

02 챗GPT에서 [첨부]를 클릭하여 위 텍스트가 포함되어 있는 '학교 축제 공지사항.docx' 파일을 추가한 후 다음과 같이 명령합니다.

이 문서의 맞춤법을 교정해서 파일로 줘. 서식을 유지해줘.

맞춤법이 교정된 파일을 아래 링크에서 다운로드할 수 있습니다 : 교정된 공지사항 파일 다운로드

이때 '파일로 줘.'라는 명령이 빠지면 수정한 텍스트만 보여주고, '서식을 유지해줘.'라는 명령이 빠지면 서식을 임의로 수정하니 두 명령을 꼭 포함하여 실행하기 바랍니다.

03 교정된 공지사항 파일 다운로드를 클릭해서 교정된 파일을 내려받아 확인해보면 다음과 같습니다.

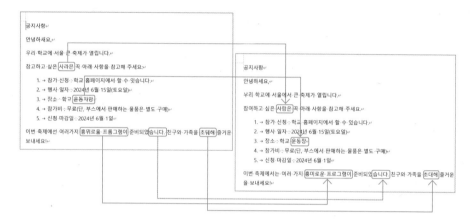

서식을 유지한 채로 맞춤법만 교정된 것을 확인할 수 있습니다.

04 조금 더 나아가봅시다. 행사 일정이 변경되었거나 일부 내용을 삭제하는 등의 작업도 할 수 있습니다. 챗GPT에서 [첨부]를 클릭하여 앞에서 맞춤법을 교정한 '학교 축제 공지사항 교정본.docx' 파일을 추가한 후 다음과 같이 명령합니다.

이 문서의 내용을 다음과 같이 수정해줘.
- 행사 일자를 6월 16일로 변경해줘.

- 체험 활동에서 페이스 페인팅 내용은 삭제해줘.
- 담당자 이메일 주소는 대문자로 수정해줘.
- 서식을 유지해줘.

수정된 문서를 완료했습니다. <u>여기</u>에서 다운로드할 수 있습니다.

05 [여기]를 클릭해서 워드 파일을 내려받고 문서를 확인해봅시다.

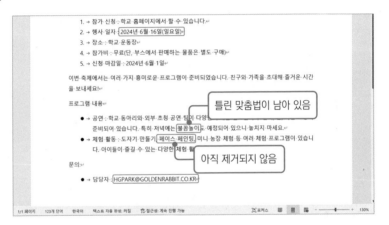

행사 일자를 변경하면서 요일을 알아서 함께 변경한 것을 확인할 수 있습니다. 그런데 아직 페이스 페인팅이 제거되지 않았고 맞춤법이 틀렸습니다. 다시 부탁해봅시다.

- 체험 활동에서 페이스 페인팅 내용은 삭제해줘.
- 맞춤법을 다시 체크해봐.

이것들 제내로 반영해줘.

수정된 문서를 완료했습니다. 여기에서 다운로드할 수 있습니다.

파일을 다운로드해서 살펴보면 짚어준 부분을 잘 수정해준 것을 알 수 있습니다.

> 프로그램·내용
> ● → 공연·: 학교·동아리와·외부·초청·공연·팀이·다양한·무대를·선보입니다.·음악,·춤,·마술쇼·등이·
>   준비되어·있습니다. 특히·저녁에는·불꽃놀이도·예정되어·있으니·놓치지·마세요.
> ● → 체험·활동 : 도자기·만들기·미니·농장·체험·등·여러·체험·프로그램이·있습니다. 아이들이·즐
>   길·수·있는·다양한·체험·활동이·준비되어·있습니다.

이처럼 챗GPT는 대부분의 작업을 잘 해주긴 하지만 검수는 사람이 해야 합니다. '처음부터 내가 하는 게 낫네… ?'라는 생각이 들 수도 있지만 문서가 굉장히 많으면 검수만 하는 것이 더 나을 수도 있습니다. 그리고 검수 후에는 이렇게 챗GPT에게 수정하고 싶은 부분만 다시 요청하면 문서를 수정할 수 있습니다(아주 간단하다면 사람이 직접 수정해 마무리하는 편이 낫습니다).

TIP 이 작업은 스마트폰에서도 잘 작동합니다. PC를 사용할 수 없을 때, 스마트폰으로 문서를 수정하기 어려운 상황일 때도 유용합니다.

Chapter 12

PPT 문서화하기

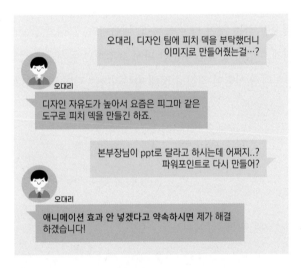

미친 활용 22 여러 장의 이미지를 PPT로 만들기

일반적으로 PPT 제작은 파워포인트를 사용합니다. 하지만 최근에는 피그마 등의 디자인 도구를 사용해서 발표 자료를 만들기도 합니다. 이런 피그미와 같은 디자인 도구는 PPT 형식을 지원하지 않아서 가끔 곤란한 경우가 있습니다. 만약 발표 자료를 위한 이미지 파일은 있는데 이를 PPT로 만들어야 할 때 이 방법이 요긴하겠습니다. 챗GPT를 활용하면 여러 장의 이미지를 이용해서 PPT 파일로 만들 수 있습니다.

01 PPT 파일로 만들 이미지를 준비합니다. 저는 15장의 이미지를 준비했습니다. 이미지가 필요하다면 다음 링크에서 다운로드하기 바랍니다.

- **다운로드 링크** : https://bit.ly/3Vzbn3Y

02 챗GPT는 이미지 10장 이상을 업로드할 수 없으므로 15장의 이미지 파일을 압축하여 한 덩이로 만들고 [첨부]하여 다음과 같이 명령합니다.

1. 압축 파일을 해제해.
2. 이미지들을 번호 순으로 16:9 비율의 ppt 파일로 만들어줘.
3. 이미지를 각 페이지에 여백이 없도록 채워줘.

이미지를 각 페이지에 여백 없이 채운 16:9 비율의 PPT 파일이 생성되었습니다. 여기에서 다운로드할 수 있습니다.

PPT 파일의 비율을 지정하지 않으면 챗GPT가 임의의 비율로 만듭니다. 4:3 또는 16:9로 정확히 지정해줘야 합니다. 이미지 사이즈도 따로 지정하지 않으면 페이지마다 여백이 다른 PPT 파일을 만듭니다. 여백 없는 파일을 원한다면 가득 채워달라고 요청하세요.

03 [여기에서 다운로드할 수 있습니다.]를 클릭하고 생성된 PPT 파일을 내려받습니다.

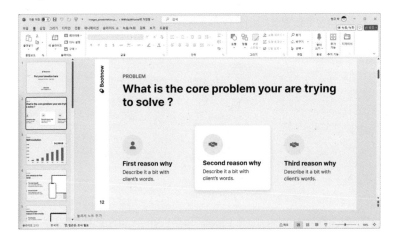

이미지가 여백 없이 가득찬 15쪽 PPT 파일이 만들어졌습니다.

미친 활용 23 16:9 비율의 이미지로 4:3 비율의 PPT 만들기

만약 발표 자료로 받은 이미지의 비율이 4:3이 아니라서 조정하고 싶다면 어떻게 해야 할까요? 여기서는 검은 상하 여백이 있는 4:3 비율의 PPT 파일을 만들어 보겠습니다.

01 [첨부] 버튼을 누르고 압축 파일을 업로드한 후 다음과 같이 명령합니다.

1. 압축 파일을 해제해.

2. 이미지들을 번호순으로 4:3 비율의 ppt 파일로 만들어줘.

3. 이미지들이 4:3 비율에 변형없이 추가하고, 위아래 여백을 검정색으로 채워줘.

요청하신 작업이 완료되었습니다. 이미지들이 4:3 비율의 PPT 파일에 추가되었으며, 이미지가 비율에 맞지 않는 부분은 검정색 여백으로 채워졌습니다.

PPT 파일 다운로드

02 'PPT 파일 다운로드'를 클릭해서 파일을 다운로드하여 열어보면 4:3 비율로 여백을 검정색으로 채워 이미지를 변형하지 않은 상태의 PPT 파일을 만들었습니다.

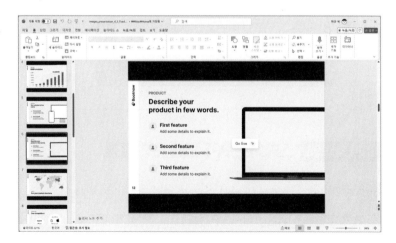

500% 노하우 PDF 파일로 만들고 싶다면?

'16:9 비율의 PPT 파일로 만들어줘.'라는 명령을 '16:9 비율의 PDF 파일로 만들어줘.'라고 수정하기만 하면 이미지를 PDF 파일로도 만들 수 있습니다. 1:1이나 4:3 등 비율을 조정하거나 여백을 넣는 작업도 동일합니다.

1. 압축 파일을 해제해.

2. 이미지들을 번호순으로 4:3 비율의 pdf 파일로 만들어줘.

3. 이미지들이 4:3 비율에 변형없이 추가하고, 위아래 여백을 검정색으로 채워줘.

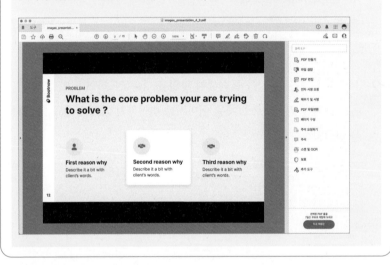

미친 활용 24 스케치로 PPT 템플릿 만들기

이번에는 간단히 스케치한 파일로 PPT 템플릿을 만들어보겠습니다. 챗GPT가 이미지의 구조를 분석해서 PPT 파일로 생성하기 때문에 그림판으로 작업한 파일이나 손 스케치를 사진으로 찍은 파일이어도 상관 없습니다. 단, '이미지를 줄테니 PPT 문서를 만들라'고 단순하게 요청하면 이미지를 PPT에 포함하거나, 임의로 아무렇게나 만드는 등의 문제가 있을 수 있습니다. 앞에서 배운 것처럼 챗GPT가 해야 할 작업을 명확하게 인식할 수 있도록 작업 내용부터 정리해야 합니다. 이 내용은 아이디어 수준의 자료를 가지고 PPT 템플릿을 만들 때 아주 유용할 겁니다. 그럼 시작해봅시다.

01 스케치 이미지 9장을 준비합니다. 이미지가 10장 미만이어야 바로 챗GPT에게 줄 수 있습니다. 실습에 필요한 이미지는 다음 링크에서 다운로드할 수 있습니다.

- **실습 파일 다운로드** : https://bit.ly/3Vzbn3Y

02 챗GPT에 [첨부] 버튼을 클릭하여 이미지를 추가하고 다음과 같이 명령합니다.

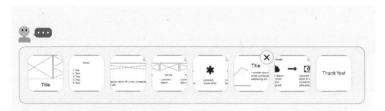

이 이미지들은 PPT로 만들 스케치야.

16:9 비율로 만들거야.

페이지마다 구조를 분석해서 정리해줘.

각 슬라이드의 구조를 16:9 비율의 PowerPoint 프레젠테이션으로 구성하기 위해 분석했습니다. 다음은 각 슬라이드에 대한 세부 사항입니다:

1. 슬라이드 1 : 제목 슬라이드

   구조:

      ■ 왼쪽에 큰 이미지 자리.

- 오른쪽에 두 개의 작은 이미지 자리(수직으로 정렬).
- 하단에 제목 상자.

2. 슬라이드 2 : 목차 슬라이드
- 구조:
  - 상단 중앙에 "Index" 제목.
  - 제목 아래에 번호가 매겨진 텍스트 항목 목록 (1~5번).

…생략…

슬라이드 9 : 감사 슬라이드
- 구조:
  - 단순하게 중앙에 "Thank You!" 텍스트.

이미지를 보고 생성할 문서의 구조를 정리했습니다. 이 구조를 바탕으로 PPT 문서를 요청하겠습니다.

03 위 구조에서 수정할 부분을 다음과 같이 정리해서 명령합니다.

아래 조건으로 ppt를 만들어줘.

1. 총 9페이지야.

2. 이미지 영역은 사각형으로 채워줘.

3. 차트 영역은 채울 임의의 차트를 넣어줘.

4. 아이콘 영역은 원형으로 채워 그려줘.

5. 구조에서 서술한 대로 리소스 위치를 조정해줘.

6. 신경써서 만들어줘.

요청하신 조건에 맞춰 16:9 비율의 PowerPoint 프레젠테이션을 만들었습니다. 아래 링크를 통해 다운로드할 수 있습니다:

프레젠테이션 다운로드

추가적인 수정이나 도움이 필요하시면 언제든지 말씀해 주세요.

04 [프레젠테이션 다운로드]를 클릭해서 다운로드한 PPT 파일을 확인합니다.

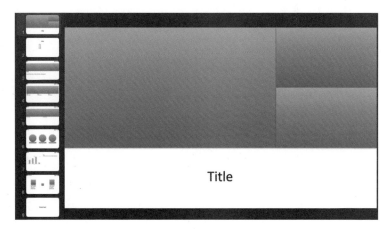

처음에 준 스케치 이미지와 비슷하지만 수정할 수 있는 PPT 오브젝트로 채워주었습니다. 다음은 스케치 이미지와 비교한 결과입니다.

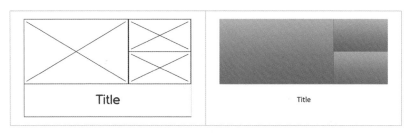

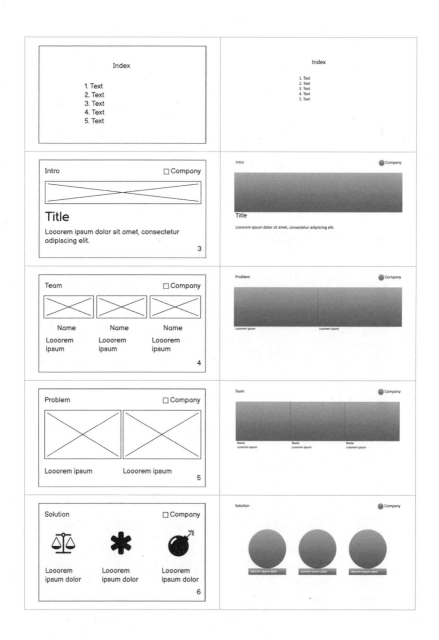

자세히 들여다보면 스케치의 요소가 모두 반영된 건 아닙니다. 하지만 어느 정도 완성도가 있는 템플릿이 만들어졌습니다. 처음부터 만들기보다는 이렇게 챗GPT의 도움을 받으면 업무의 피로도를 낮출 수 있을 것입니다.

이게 되네?

05

챗GPT로
엑셀 활용 입문하기

더 이상 엑셀이
두렵지 않다.

프롤로그

엑셀은 현대 직장인의 필수 도구지만 그만큼 어려운 도구이기도 합니다. 챗GPT를 이용하면 따로
엑셀을 배우지 않아도 엑셀 마스터가 될 수 있습니다. 정확히는 챗GPT를 이용한 엑셀 사용법만 배
우면 됩니다. 고급 활용을 위해서는 챗GPT를 엑셀과 연결하는 등 복잡한 과정이 필요하지만, 지금
은 챗GPT만으로 엑셀을 활용하는 방법을 배워봅시다.

💬 이 그림은 챗GPT에게 "계산기로 계산하는 토끼를 그려줘. 배경에는 엑셀 시트를 그려줘."라고
요청하여 받았습니다.

## Chapter 13

엑셀 템플릿 만들기

오대리, 기간별 제품 판매량 시트 만들어줘.

오대리, 경쟁사 트래픽 추이 시트 만들어줘.

오대리, 시트 만들어줘.

오대리, 해줘

엑셀 템플릿은 용도에 맞게 조정된 수식으로 이미 형식이 지정된 시트를 말합니다. 템플릿을 사용하면 반복 작업을 자동화해서 시간을 절약하고, 문서의 일관성을 유지할 수 있으며, 체계적으로 데이터를 관리할 수 있습니다. 잘 만든 템플릿이 곧 업무 효율의 향상과 같죠. 필요한 템플릿을 빠르게 만든다면 훨씬 큰 생산성을 발휘할 수 있을 겁니다.

미친 활용 25 거래 내역 시트 만들기

간단한 과일 거래 내역 시트를 만들어보겠습니다. 과일 판매에 대한 공급가액, 할인금액, 세액을 계산하여 총액을 구하는 데이터 시트입니다.

01 챗GPT에 엑셀 템플릿 생성을 요청합니다. 1행에 들어갈 헤더를 나열하고, 각 헤더에 대해 설명하겠습니다.

아래 엑셀 템플릿을 만들어줘.

- 2024년 1월부터 2024년 5월까지 가상의 데이터를 추가해줘.
- 엑셀 파일로 만들어줘.
- 엑셀 파일에 함수를 적용해줘.

고정 행 : 작업 일자, 품목, 규격, 수량, 단위, 단가, 공급가액, 세액, 할인금액, 총계

작업 일자 : 날짜 데이터

품목 : 과일

규격 : kg

수량 : 개

단위 : 박스

단가 : 원

공급가액 : 수량*단가

할인금액 : 공급가액이 50만 원을 초과할 경우 15% 할인

세액 : 공급가액-할인금액의 10%

총계 : 공급가액-할인금액+세액

엑셀 파일이 준비되었습니다. <u>여기에서 다운로드</u>할 수 있습니다.

템플릿이 제대로 작동하는지 확인하려면 예제 데이터가 필요합니다. 챗GPT에게 가상 데이터 생성을 요청하면 알맞은 데이터를 자동으로 추가해줍니다.

ChatGPT

Sales Data

	작업 일자	품목	규격
1	2024-01-07	오렌지	kg
2	2024-01-22	바나나	kg
3	2024-01-01	사과	kg
4	2024-03-14	배	kg
5	2024-02-11	배	kg
6	2024-01-26	배	kg

이게 되네?

500% 노하우 챗GPT가 준 엑셀 파일에 함수가 적용되어있지 않다면?

챗GPT가 만든 표에 데이터는 잘 입력되었지만 내려받은 파일에 함수가 적용되어 있지 않을 때가 있을 겁니다. 반드시 '엑셀 파일에 함수를 적용해줘.'라는 명령을 추가해야 내려받은 템플릿에도 함수가 포함되어 데이터만 입력하면 자동으로 계산할 수 있습니다. 함수라는 명령에는 간단한 수식도 모두 포함하므로 굳이 따로 설명하지 말고, 함수 적용 명령 하나로 끝내는 걸 추천합니다. 계산이 필요한 부분을 문장으로 설명하면 챗GPT가 알맞게 설정해줍니다.

가끔 함수 적용 명령을 해도 저장된 파일에 포함되지 않은 경우가 있습니다. 그럴 때는 '파일에 함수가 적용되지 않았어.'라고 명령하면 포함된 파일을 다시 준비해줍니다.

02 [여기에서 다운로드]를 클릭해서 파일을 내려받고 열어봅시다.

	A	B	C	D	E	F	G	H	I	J
1	작업 일자	품목	규격	수량	단위	단가	공급가액	세액	할인금액	총계
2	2024-01-07	오렌지	kg	44	박스	3896	171424	17142.4	0	188566.4
3	2024-01-22	바나나	kg	57	박스	9889	563673	47912.205	84550.95	527034.255
4	2024-01-01	사과	kg	55	박스	6547	360085	36008.5	0	396093.5
5	2024-03-14	배	kg	62	박스	9419	583978	49638.13	87596.7	546019.43
6	2024-02-11	배	kg	88	박스	1258	110704	11070.4	0	121774.4
7	2024-01-26	배	kg	34	박스	5595	190230	19023	0	209253
8	2024-04-01	오렌지	kg	98	박스	4230	414540	41454	0	455994
9	2024-04-06	오렌지	kg	65	박스	3787	246155	24615.5	0	270770.5
10	2024-02-10	사과	kg	54	박스	3608	194832	19483.2	0	214315.2

명령한 대로 헤더를 갖췄고, 가상 데이터도 잘 추가되었습니다. 수식도 적용되어 단가와 수량에 따른 공급가액, 할인금액, 세액, 총계를 잘 계산해주네요.

J2	▼		*fx*	=G2-I2+H2						
	A	B	C	D	E	F	G	H	I	J
1	작업 일자	품목	규격	수량	단위	단가	공급가액	세액	할인금액	총계
2	2024-01-07	오렌지	kg	44	박스	3896	171424	17142.4	0	188566.4
3	2024-01-22	바나나	kg	57	박스	9889	563673	47912.205	84550.95	527034.255

미친 활용 26 동적으로 계산하는 함수 추가하기

  시트를 만드는 일은 일종의 데이터 시각화 작업이므로 구조가 복잡하다면 챗GPT에 말로 설명하는 것보다 시트를 눈으로 보고 직접 만드는 것이 편할 수도 있습니다. 하지만 각 셀에 필요한 함수를 적용해서 작동시키기까지 많은 시행착오를 겪을 겁니다. 엑셀을 가끔 다루는 사람에게는 낯선 함수를 배우는 것부터 진입장벽이기 때문에 작성하다가 포기하는 경우도 많죠. 이제 작동할 때까지 포기하지 않는 챗GPT에 맡기세요. 내용이 많으므로 잘 따라오기 바랍니다.

01 함수를 작성할 엑셀 파일을 준비합니다. 이번 실습에서는 챗GPT에게 요청하여 1~4팀까지 각 마케팅팀의 지출을 평가하는 엑셀 파일을 만들었습니다. 이 파일에는 개요와 캠페인, 2개의 시트가 있습니다.

> **TIP** 캠페인 시트 값을 챗GPT에게 요청해서 받고, 같은 파일에 개요 시트는 직접 작성하면 편합니다.

개요는 각 팀의 총 예산과 지출 상태를 한 눈에 확인할 수 있는 시트입니다.

	A	B	C	D	E	F
1	팀	총 예산	총 지출	상태	초과 금액	평가
2	마케팅 1팀	₩20,000,000.00				
3	마케팅 2팀	₩20,000,000.00				
4	마케팅 3팀	₩20,000,000.00				
5	마케팅 4팀	₩20,000,000.00				

캠페인은 날짜별로 각 팀이 진행한 캠페인과 지출한 비용이 누적되는 시트입니다.

	A	B	C	D	E	F
1	팀명	날짜	캠페인	광고 매체	비용	
2	마케팅 1팀	2024-01-10	캠페인 A	SNS 광고	300000	
3	마케팅 1팀	2024-01-20	캠페인 B	이벤트	200000	
4	마케팅 2팀	2024-01-15	캠페인 C	구글 광고	500000	
5	마케팅 2팀	2024-01-25	캠페인 D	프로모션	600000	
6	마케팅 3팀	2024-02-10	캠페인 E	TV 광고	700000	
7	마케팅 3팀	2024-02-20	캠페인 F	라디오 광고	300000	
8	마케팅 4팀	2024-03-05	캠페인 G	유튜브 광고	800000	
9	마케팅 4팀	2024-03-15	캠페인 H	페이스북 광고	900000	
10	마케팅 1팀	2024-03-25	캠페인 I	인스타그램 광고	250000	
11	마케팅 1팀	2024-04-05	캠페인 J	구글 광고	350000	
12	마케팅 2팀	2024-04-15	캠페인 K	TV 광고	550000	

개요 시드의 총 지출부터 평가까지 동적으로 계산되도록 업데이트하겠습니다.

02 복잡한 처리를 챗GPT에게 맡기면 파일을 불러와서 수
정하기를 반복합니다. 이 과정에서 오류를 줄이려면
파일명을 영어로 변경해야 합니다. 저는 파일명을 a라
고 지었습니다.

03 챗GPT에서 [첨부]를 클릭하여 파일명을 a로 변경한 엑셀 파일을 추가하
고 다음과 같이 명령합니다.

> 📊 a.xlsx
> 스프레드시트

이 파일에 동적으로 계산할 수 있도록 함수를 적용해줘.

시트 구조를 변경하지 않고 적용해줘.

시트 구조

- 개요 : 팀별 총 예산, 총 지출, 상태, 초과 금액, 평가
- 캠페인 : 날짜별 캠페인 현황

개요 시트 구조

- 팀 : 마케팅 팀 구분

  > 원하는 구조를 구체적으로
  > 작성하는 것이 중요합니다.

- 총 예산 : 각 팀별 예산
- 총 지출 : 각 팀별 캠페인 지출 총합
- 상태 : 총 지출이 총 예산을 초과하면 '예산 초과' 표시, 총 지출이 예산 미만이
  면 '예산 내'
- 초과 금액 : 지출이 총 예산을 초과하면 '총 예산-총 지출', 총 지출이 예산 미만
  이면 '0'
- 평가 : 총 예산 대비 총 지출이 60% 미만이면 S, 총 예산 대비 총 지출이 80%
  미만이면 A, 초과 금액이 총 예산의 10%를 초과하면 B, 초과 금액이 총 예산

의 30%를 초과하면 C, 초과 금액이 총 예산의 50%를 초과하면 D, 초과 금액
이 총 예산의 70%를 초과하면 F

캠페인 시트 구조

- 캠페인 시트는 매주 업데이트되는 시트로 업데이트된 비용은 팀별로 개요 시
  트에 반영

챗GPT가 아무런 대답을 하지 않고 '분석 중'이라는 글자만 떠있나요?
제대로 작동하고 있는지 의심스럽다면 '분석 중'을 클릭해보세요. 다음
이미지처럼 시트의 데이터를 분석하기 위해 열심히 코드를 작성하는 챗
GPT를 확인할 수 있습니다.

@ ChatGPT
분석 오류 발견됨

```python
python                                    항상 세부 정보 표시 ●    □ 코드 복사

# Calculate the total expenses for each team from the campaign sheet
total_expenses = campaign_df.groupby('팀명')['비용'].sum().reset_index()
total_expenses.columns = ['팀', '총 지출']

# Merge the calculated expenses into the overview dataframe
overview_df = overview_df.merge(total_expenses, on='팀', how='left')

# Fill NaN values in 총 지출 with 0
overview_df['총 지출'] = overview_df['총 지출'].fillna(0)

# Calculate 상태, 초과 금액, and 평가 dynamically
overview_df['상태'] = overview_df.apply(lambda row: '예산 초과' if row['총 지출'] > row['총
overview_df['초과 금액'] = overview_df.apply(lambda row: row['총 지출'] - row['총 예산'] i

def evaluate(row):
```

'분석 오류 발견됨'이라는 메시지가 나타나더라도 챗GPT가 작업을 완료
할 때까지 내버려두면 됩니다.

04 챗GPT가 작업을 완료하면 완성된 시트를 보여줄 겁니다.

업데이트된 "개요" 시트를 확인할 수 있도록 보여드렸습니다. 동적으로 계산된 값이 적용된 시트입니다. 필요한 경우 추가적으로 질문해 주세요.

ChatGPT

Updated Overview

		팀	총 예산	총 지출
1	0	마케팅 1팀	20000000	6350000
2	1	마케팅 2팀	20000000	8000000
3	2	마케팅 3팀	20000000	9000000
4	3	마케팅 4팀	20000000	10900000

이번에는 앞서 진행한 다른 실습들과 달리 다운로드할 수 있게 제공해 달라는 명령을 하지 않았습니다. 왜냐하면 이 작업을 수행하는 동안 챗GPT의 모든 신경을 시트 구조를 완성에 집중시켜야 하기 때문입니다. 이렇게 의도적으로 결과에서 파일을 내려받을 수 있게 요청할 수도, 하지 않을 수도 있습니다.

05 이제 시트를 완성했으니 다음처럼 명령합니다.

엑셀 파일에 함수를 적용하여 저장해줘.

클릭하여 파일을 내려받고 열어봅시다.

| F2 | ▼ | fx =IF(C2/B2 < 0.6, "S", IF(C2/B2 < 0.8, "A", IF(C2/B2 <= 1.1, "B", IF |

	A	B	C	D	E	F	G
1	팀	총 예산	총 지출	상태	초과 금액	평가	
2	마케팅 1팀	₩20,000,000.00	₩6,350,000.00	예산 내	0	S	
3	마케팅 2팀	₩20,000,000.00	₩8,000,000.00	예산 내	0	S	
4	마케팅 3팀	₩20,000,000.00	₩9,000,000.00	예산 내	0	S	

명령한 내용이 잘 반영되었습니다. 실제로 잘 동작하는지 캠페인 시트에 데이터를 추가해보겠습니다.

	A	B	C	D	E	F
1	팀	총 예산	총 지출	상태	초과 금액	평가
2	마케팅 1팀	₩20,000,000.00	₩10,747,865.85	예산 내	0	S
3	마케팅 2팀	₩20,000,000.00	₩21,303,761.73	예산 초과	₩1,303,761.73	B
4	마케팅 3팀	₩20,000,000.00	₩19,689,803.00	예산 내	0	B

지출에 따라서 총 지출 금액이 변하고, 총 예산과 비교해서 상태와 평가가 자동으로 변하는 것을 확인할 수 있습니다. 이 실습을 따라할 때 챗GPT의 대답이 변덕스러울 수 있습니다. 챗GPT가 문제를 매번 다른 방식으로 해결하려 하기 때문입니다. 파일을 다시 달라거나 자신이 작성한 코드를 로컬에서 실행하라고 하는 등 답변의 패턴이 다른 명령보다 많이 변형될 수 있습니다.

03단계에서 사용한 명령은 챗GPT가 90% 이상 실패 없이 복잡한 시트를 생성하는 구조의 명령입니다. 만약 실패했더라도 당황하지 말고 동일한 구조로 시도해보기 바랍니다.

> **TIP** 다운로드 파일에 함수를 적용하지 않는 경우가 연속해서 발생할 수 있는데, 반영된 시트를 제공할 때까지 적용을 요청하세요.

Chapter 14

스프레드시트 자동화하기

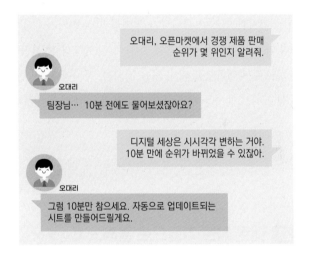

오대리, 오픈마켓에서 경쟁 제품 판매 순위가 몇 위인지 알려줘.

오대리

팀장님… 10분 전에도 물어보셨잖아요?

디지털 세상은 시시각각 변하는 거야. 10분 만에 순위가 바뀌었을 수 있잖아.

오대리

그럼 10분만 참으세요. 자동으로 업데이트되는 시트를 만들어드릴게요.

시트에 데이터를 수동으로 입력하는 건 상당한 노동입니다. 특히 쉽게 온라인에 접속할 수 있는 요즘은 가능한 자동으로 데이터를 수집하고 자동화된 템플릿으로 필요한 정보만 얻는 것이 효율적입니다. 그러기 위해서는 실시간 데이터를 받을 수 있도록 시트가 온라인과 연결되어 있다는 전제가 필요합니다. 엑셀에는 이러한 자동화를 지원하는 비주얼 베이직 프로그래밍Visual Basic for

Application, VBA라는 기능이 있습니다. 최근에는 VBA보다 간편하면서 온라인을 위한 버전인 오피스 스크립트Office Scripts라는 기능도 생겼습니다. 하지만 오피스 스크립트는 엑셀을 유료로 구독할 때만 사용할 수 있습니다.

이번에는 무료로 사용할 수 있는 스프레드시트 서비스인 구글 시트와 구글 시트에서 자동화를 지원하는 앱스 스크립트를 실습하겠습니다. 앱스 스크립트는 아주 간단히 말하면 코드를 활용하여 구글 워크스페이스의 서비스들을 조작할 수 있는 방법입니다. 만약 엑셀을 구독 중이고, 오피스 스크립트를 사용할 수 있는 환경이라면 똑같은 방법을 오피스 스크립트에 적용해보길 바랍니다.

참고로 이 실습은 이 책에서 가장 어려운 부분입니다. 앱스 스크립트 문법을 상세히 알 필요는 없지만 앱스 스크립트가 무엇인지, 트리거가 무엇인지 개념은 이해해야 하니 따로 찾아보길 권합니다. 더불어 챗GPT가 꽤 복잡한 스크립트를 만들어야 하므로 시행착오를 많이 겪을 겁니다. 하지만 한번 설정하면 반복되는 업무를 쉽고 빠르게 자동화할 수 있으니 용기 내서 따라 해보세요.

> **TIP** 이 실습은 공개된 데이터 수집을 전제로 진행합니다. 로그인해야만 볼 수 있거나 유료 결제가 필요한 데이터를 자동으로 수집하는 건 이 실습의 내용만으로는 불가능합니다.

미친 활용 27 ▶ 멜론 차트 자동으로 불러오기

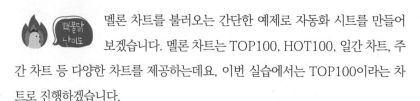

멜론 차트를 불러오는 간단한 예제로 자동화 시트를 만들어 보겠습니다. 멜론 차트는 TOP100, HOT100, 일간 차트, 주간 차트 등 다양한 차트를 제공하는데요, 이번 실습에서는 TOP100이라는 차트로 진행하겠습니다.

- **멜론 TOP100** : https://www.melon.com/chart/index.htm

01 챗GPT에게 멜론 TOP100의 링크를 알려주고 다음과 같이 명령합니다.

👤💬

아래 웹 페이지의 멜론 TOP100 순위를 구글 시트에 매일 업데이트하고 싶어. 앱스 스크립트를 사용한 방법을 알려줘.

- https://www.melon.com/chart/index.htm

🤖💬

구글 시트를 매일 멜론 TOP 100 순위로 업데이트하기 위해 Google Apps Script 를 사용할 수 있습니다. 다음은 필요한 단계입니다:

1. **Google Sheet 생성:**
   - 새로운 Google Sheet를 생성합니다.
   - 시트의 이름을 "Melon Top 100"으로 지정합니다.

2. **Google Apps Script 편집기 열기:**
   - Google Sheet에서 확장 프로그램 > Apps Script를 클릭합니다.

3. **Apps Script 코드 작성:**
   - 아래의 코드를 붙여넣고 저장합니다. 이 스크립트는 멜론 차트를 크롤링하여 구글 시트에 데이터를 업데이트합니다.

```javascript
function updateMelonChart() {
... 생략 ...
}

function parseMelonChart(html) {
.. 생략 ...
}
```

4. **트리거 설정:**
   - 편집 > 현재 프로젝트의 트리거로 이동합니다.

○ 트리거 추가를 클릭하고, updateMelonChart 함수가 매일 실행되도록 트리거를 설정합니다.

5. **스크립트 권한 승인:**
   ○ 스크립트를 처음 실행할 때, 권한 승인이 필요합니다. 지시에 따라 필요한 권한을 승인합니다.

이 스크립트는 멜론 차트 페이지를 크롤링하고 데이터를 파싱하여 구글 시트에 업데이트합니다. 매일 자동으로 실행되도록 트리거를 설정하면, 최신 멜론 TOP 100 순위가 구글 시트에 자동으로 업데이트됩니다.

구글 시트를 자동화하는 방법을 순서대로 설명해줬습니다. 챗GPT가 알려준 방법을 차례대로 따라하겠습니다.

02 구글에 접속해서 새로운 구글 시트를 만듭니다. 먼저 구글에 접속한 후 로그인을 해주세요.

- **구글** : https://www.google.com

구글 계정이 있다면 정보를 입력하고 로그인, 구글 계정이 없다면 [계정 만들기]를 클릭해서 계정을 생성한 후 로그인합니다.

03 이제 구글 스프레드시트를 만들어봅시다. 구글에서 오른쪽 상단 메뉴 버튼을 누르고, 메뉴를 아래로 스크롤하여 시트를 찾아 클릭합니다.

스프레드시트 페이지에서 [빈 스프레드시트]를 클릭하면 새로운 시트가 만들어집니다.

04 [제목 없는 스프레드시트]를 클릭해서 제목을 '멜론 차트 자동화'로 변경하겠습니다.

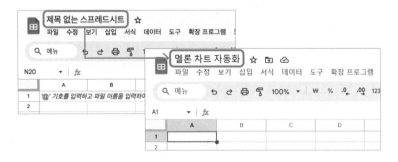

그리고 시트 이름을 변경해야 합니다. 챗GPT가 알려준 코드에서 다음과

같은 부분을 찾아보세요.

```
var sheet = SpreadsheetApp.getActiveSpreadsheet().getSheetByName('Melon
Top 100');
```

'Melon Top 100'이라는 시트 이름을 찾아 정보를 불러오는 코드입니다. 시트의 이름을 'Melon Top 100'로 변경하겠습니다. 만약 여러분의 챗GPT가 알려준 이름이 이와 다르다면 getSheetByName( )의 괄호 안에 있는 이름으로 시트 이름을 변경하세요.

05 이제 스프레드시트 상단 메뉴의 [확장 프로그램 → Apps Script]를 클릭해서 앱스 스크립트를 실행합니다.

06 챗GPT가 답변한 코드를 복사하여 Code.gs에 원래 있었던 'function myFunction( ) {'으로 시작하는 1~4줄을 모두 삭제하고 ❶ 다음과 같이 붙여넣습니다. 그리고 상단 메뉴에서 실행 옆에 있는 ❷ [프로젝트 저장] 버튼을 눌러주세요.

07 코드가 제대로 사이트의 데이터를 불러오는지 확인해봅시다. ❶ updateMelonChart 함수를 선택하고 ❷ [실행] 버튼을 클릭합니다.

```
      ↶  ↷  | 💾  |  ▷ 실행  🐞 디버그  updateMelonChart ▼    실행 로그

1   function updateMelonChart() {
2     var url = 'https://www.melon.com/chart/index.htm';
3     var response = UrlFetchApp.fetch(url);
4     var html = response.getContentText();
5
6     var chart = parseMelonChart(html);
7
8     if (chart.length === 0) {
9       Logger.log('No data parsed. Check the HTML structure or pars
```

실행을 누르면 다음과 같이 승인이 필요하다는 메시지가 나타날 수 있습니다. 정보에 접근하기 위한 절차이므로 순서대로 진행해주세요. 먼저 [권한 검토]를 누릅니다.

계정 선택이 나타나면 현재 사용 중인 구글 계정을 클릭합니다.

왼쪽 아래 [고급]을 클릭합니다. [안전한 환경으로 돌아가기]를 선택하면 접근을 요청하지 않는다는 뜻이므로 앱스 스크립트를 실행할 수 없습니다. 반드시 [고급]을 클릭하세요.

계정을 신뢰할 수 있는 경우에만 계속하라고 설명합니다. 당연히 나 자신을 신뢰하므로 [(프로젝트 이름)으로 이동(안전하지 않음)]을 클릭하세요.

[허용]을 클릭하면 앱스 스크립트를 정상적으로 실행할 수 있습니다.

08 화면 하단 실행 로그에 결과가 나타납니다. 다음과 같이 실행 오류가 발생할 수 있습니다. 그러면 오류 부분을 복사해서 **01단계**에서 명령했던 챗GPT 채팅에 그대로 붙여넣고 입력합니다. 그리고 받은 수정 코드를 앱스 스크립트에 붙여넣고 다시 작동을 확인하세요.

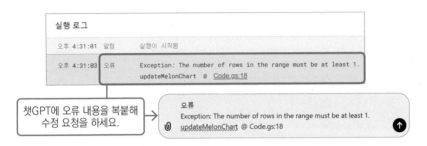

09 새로 받은 코드를 붙여넣으면 다음과 같이 오류없이 실행이 완료될 수도 있습니다.

이제 된 걸까요? 시트로 돌아가서 확인해봅시다.

데이터가 없이 비어있네요. 이 상황을 다시 챗GPT에게 설명해서 수정된 코드를 받고 작동을 확인합니다.

모든 단계를 실행했지만 시트에는 아무런 데이터도 없어. 다시 줘.

10 챗GPT가 오류도 안 나고 데이터도 잘 가져오는 코드를 줄 때까지 07단계 ~ 09단계의 과정을 반복하세요. 여러분이 포기하기 전까지 챗GPT는 절대 포기하지 않습니다. 답이 나올 때까지 끈질기게 물어보세요.

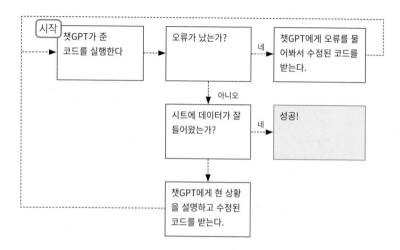

다음은 수정을 거쳐 생성된 정상적으로 작동하는 코드입니다.

```JavaScript
function fetchMelonChart() {
  const url = 'https://www.melon.com/chart/index.htm';
  const response = UrlFetchApp.fetch(url);
  const html = response.getContentText('UTF-8');

  // 멜론 차트 테이블을 찾기 위해 정규식을 사용하여 데이터 추출
  const chartDataRegex = /<tr class="(lst50|lst100).*?">[\s\S]*?<\/tr>/g;
  const matches = html.match(chartDataRegex);

  if (!matches) {
    Logger.log('No chart data found.');
```

```
      return;
  }
  const sheet = SpreadsheetApp.getActiveSpreadsheet().
getSheetByName('Melon Top 100');
  sheet.clear(); // 기존 데이터 지우기
  sheet.appendRow(['Rank', 'Song Title', 'Artist']); // 헤더 추가

  const chartRows = matches.map(function (match) {
    const rankMatch = match.match(/<span class="rank ">(\d+)<\/span>/);
    const titleMatch = match.match(/<div class="ellipsis rank01">\
s*<span>\s*<a .*?>(.*?)<\/a>/);
     const artistMatch = match.match(/<div class="ellipsis rank02">\
s*<a .*?>(.*?)<\/a>/);

    const rank = rankMatch ? rankMatch[1].trim() : 'N/A';
    const title = titleMatch ? titleMatch[1].trim() : 'N/A';
    const artist = artistMatch ? artistMatch[1].trim() : 'N/A';

    return [rank, title, artist];
  });

  sheet.getRange(2, 1, chartRows.length, chartRows[0].length).
setValues(chartRows);
}

function setTrigger() {
  ScriptApp.newTrigger('fetchMelonChart')
    .timeBased()
    .everyDays(1)
    .atHour(1)  // 매일 오전 1시에 실행
    .create();
}
```

업데이트한 코드를 편집기에 붙여넣고 실행합니다.

	A	B	C	D	E	F
	A1	▾	ƒx Rank			
	A	B	C	D	E	F
1	Rank	Song Title	Artist			
2	1	Supernova	aespa			
3	2	How Sweet	NewJeans			
4	3	Bubble Gum	NewJeans			
5	4	소나기	이클립스 (ECLIPSE)			
6	5	SPOT! (feat. JEN	지코 (ZICO)			
7	6	해야 (HEYA)	IVE (아이브)			
8	7	고민중독	QWER			
9	8	Magnetic	아일릿(ILLIT)			
10	9	Armageddon	aespa			
11	10	나는 아픈 건 딱	(여자)아이들			

정상적으로 차트 데이터를 불러오는 걸 확인할 수 있습니다.

이게 되네?

500% 노하우 챗GPT가 해답을 더 빨리 찾을 수 있도록 도와주세요

코드를 수정하는 과정에서 챗GPT는 작동하지 않는 걸 작동한다고 속이기도 합니다. 또, 문제 해결이 어려워지면 원래 명령을 벗어나 파이썬을 설치해서 코딩을 하자는 등 다른 방향으로 우회하려고 합니다. 이럴 때는 다음과 같이 작동하지 않는 부분을 최대한 눈에 보이는 대로, 이해한 범위 안에서 설명하세요.

"순위 데이터는 제대로 불러왔으니 이대로 유지해줘. 가수와 노래 제목 데이터는 아직 값이 비어있으니 순위 데이터를 참고해서 불러오는 코드를 수정해줘."

"여전히 시트에는 데이터가 없어. 나는 라이브러리 말고 앱스 스크립트만 사용해서 데이터를 수집하고 싶어. 코드 수정이 어렵다면 처음부터 다시 신중하게 생각하고 작성해도 좋아."

또한, 앞서 찾은 것처럼 작동하는 코드가 하나 있다면 다른 웹 페이지에서 데이터를 불러오는 요청을 할 때 챗GPT에 입력해서 참고하라고 권해도 좋습니다. 웹 페이지마다 구조가 다르므로 사용하는 코드는 다르지만, 예제 코드로 챗GPT가 올바르게 작동하는 코드를 생성하는 힌트를 얻을 수도 있습니다.

11 작동하는 코드를 찾느라 고생했습니다. 이제 이 코드를 자동으로 반복 실행하기 위해 '트리거'라는 기능을 설정할 겁니다. 왼쪽 사이드바 메뉴에서 트리거를 클릭한 후 이동한 화면 오른쪽 하단의 [+ 트리거 추가]를 클릭합니다.

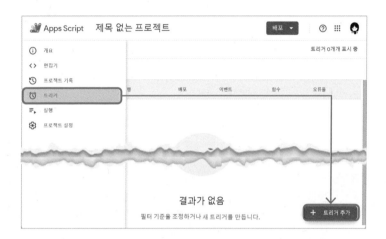

트리거를 설정하는 창이 뜨면 다음과 같이 설정하고 [저장]을 눌러 트리거 설정을 완료해주세요. 설정 조건에 따라 앱스 스크립트 코드가 자동으로 실행됩니다.

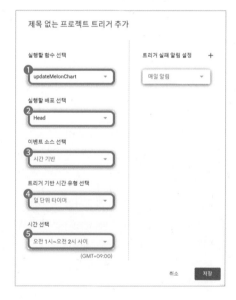

❶ 여러분이 받은 챗GPT의 답변에 따라 실행할 함수를 설정하세요. 여기서는 [updateMelonChart] 함수를 선택하겠습니다. ❷ 이벤트 소스는 [시간 기반], ❸ 트리거 기반 시간 유형 선택은 [일 단위 타이머], ❹ 시간 선택은 [오전 1시~오전2시 사이]로 설정해서 매일 새벽에 순위가 업데이트되도록 설정하겠습니다.

> **TIP** 저장할 때 앱스 스크립트 접근 권한 안내가 뜨면 여러분의 구글 아이디를 선택한 후 모든 권한을 허용해주세요.

매일 오전 1시~2시 사이에 차트 업데이트 코드를 실행하는 트리거가 만들어졌습니다.

소유자	최종 실행	배포	이벤트	함수
나	-	Head	시간 기반	updateMelonChart

500% 노하우 챗GPT가 트리거를 알려주는 두 가지 방법

앱스스크립트를 이용해 주기적으로 무언가를 하고 싶다고 챗GPT에게 요청하면 트리거를 사용하는 방법을 알려줍니다. 이때 트리거를 사용하는 방식을 크게 두가지 방식으로 알려주곤 하는데요, 첫 번째 방법은 앞선 방식처럼 핵심 동작을 하는 함수만 알려준 뒤 수동으로 트리거를 설정하게 합니다. 그러면 앱스 스크립트 파일에서 왼쪽 메뉴의 트리거 탭으로 이동한 다음 트리거를 만들고 핵심 함수를 지정해주면 됩니다.

두 번째는 트리거를 만드는 함수를 제시하는 방법입니다. 주로 **createTrigger**와 같은 이름으로, 코드 화면에서 바로 실행하면 자동으로 트리거가 만들어집니다. 이다음 실습 '미친 활용 28 순위 변동 대시보드 만들기'의 **13단계**에서 이런 방식으로 트리거를 만듭니다.

모든 웹 사이트는 목적에 따라서 조금씩 구조가 다릅니다. 그러므로 항상 똑같은 코드로 데이터를 수집할 수는 없습니다. 챗GPT가 계속 틀린 답을 줘서 답답했나요? 사실 이 과정도 사람이 하던 일입니다. 구글링을 하며 작동할 때까지 코드를 수정하길 반복해야 했죠. 하지만 챗GPT와 함께 코드를 수정해서 해답에 더 빨리 도달했을 겁니다. 심지어 코드 문법을 몰라도 챗GPT에게 맡기면 됩니다. 챗GPT가 필요한 웹 사이트에서 데이터를 수집할 수 있도록 실습 과정을 반복하여 새로운 결과를 계속해서 만들어내길 바랍니다.

미친 활용 28 순위 변동 대시보드 만들기

 이번에는 '미친 활용 27 **멜론 차트 자동으로 불러오기**'를 참고하여 멜론의 다른 차트 순위까지 포함해서 각 차트의 1위 순위가 몇 주 연속 이어졌는지 한 눈에 확인하는 대시보드를 만들어보겠습니다.

01 챗GPT에 '미친 활용 27 **멜론 차트 자동으로 불러오기**'에서 생성한 코드를 주고, 멜론 HOT100 차트를 수집하는 새로운 앱스 스크립트를 만들어달라고 요청하겠습니다.

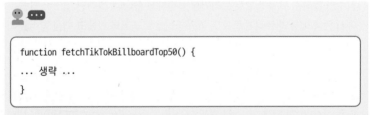

```
function fetchTikTokBillboardTop50() {
... 생략 ...
}
```

위 코드를 참고해서 아래 페이지의 순위를 수집하는 앱스 스크립트를 만들어줘.
https://www.melon.com/chart/hot100/index.htm

물론입니다! 다음은 멜론 핫100 차트 데이터를 "https://www.melon.com/chart/hot100/index.htm" 페이지에서 수집하여 "Melon Hot 100"이라는 Google 스프레드시트에 저장하는 앱스 스크립트입니다.

```
function fetchMelonHot100Chart() {
... 생략 ...
}


function setHot100Trigger() {
  ScriptApp.newTrigger('fetchMelonHot100Chart')
    .timeBased()
    .everyDays(1)
    .atHour(1)  // 매일 오전 1시에 실행
    .create();
}
```

설명:

- **fetchMelonHot100Chart 함수** : 이 함수는 지정된 URL에서 핫100 차트 데이터를 가져오고, 정규식을 사용하여 필요한 데이터를 추출한 후, "Melon Hot 100" 시트에 작성합니다.
- **setHot100Trigger 함수** : 이 함수는 fetchMelonHot100Chart 함수를 매일 오전 1시에 실행되도록 시간 기반 트리거를 설정합니다.

사용 방법:

- 위 코드를 Google 스프레드시트의 스크립트 편집기에 복사합니다.
- fetchMelonHot100Chart 함수를 실행하여 즉시 차트 데이터를 가져옵니다.
- setHot100Trigger 함수를 실행하여 매일 트리거를 설정합니다.

이 스크립트는 "Melon Hot 100"이라는 Google 시트가 최신 멜론 핫100 차트 데이터로 매일 업데이트되도록 합니다.

02 챗GPT의 설명을 따라서 기존 '멜론 차트 자동화' 파일에서 왼쪽 하단 [+] 버튼을 클릭하여 'Melon Top 100' 옆에 새로운 시트를 추가합니다.

이 시트의 이름을 더블클릭하여 'Melon Hot 100'으로 변경합니다.

03 [확장 프로그램 → Apps Script]를 눌러 앱스 스크립트 창으로 이동합니다. 스크립트 파일을 추가하기 위해 왼쪽 메뉴의 파일 옆에 있는 [+ → 스크립트]를 클릭합니다.

그러면 Code.gs 밑에 '제목없음.gs'라는 새로운 파일이 생성됩니다.

04 구분하기 편하도록 'Code.gs'는 'Melon Top 100', '제목없음.gs'는 'Melon Hot 100'라고 파일명을 변경하겠습니다. 파일명은 다음과 같이 각 파일 이름 옆의 [⋮ → 이름 변경하기] 버튼을 클릭해서 변경할 수 있습니다.

05 이제 Melon Hot 100.gs 파일에 **01단계**에서 챗GPT가 생성한 코드를 붙여넣고 실행합니다.

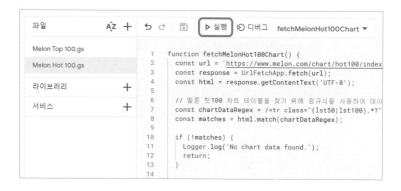

시트를 확인하니 100위까지 잘 반영이 되었습니다.

97	Wine Into Whisk	Tucker Wetmore	
98	Heat Stick	Shoreline Mafia Presents OhGeesy & F	
99	Wondering Why	The Red Clay Strays	
100	I Can Fix Him (N	Taylor Swift	

+ ≡   TikTok Billboard Top 50 ▾   **Billboard Hot 100** ▾

06 챗GPT에 명령하기 전에 'Consecutive Weeks at No. 1'라는 새로운 시트를 생성합니다. 이 시트의 구조는 다음과 같습니다.

Chart	Melon Top 100	Melon Hot 100
No.1		
Weeks at No. 1		

No.1 열에는 각 차트의 1위 곡이 나타납니다. Weeks at No. 1은 해당 곡이 몇 주 동안 1위를 유지하고 있는지 표시합니다.

07 챗GPT에 명령합니다.

이미 만들어진 멜론 차트 자동화라는 파일에 앱스 스크립트를 사용해서 Melon Top 100, Melon Hot 100의 1위가 무엇인지, 1위가 몇 주 연속 이어졌는지 확인할 수 있는 'Consecutive Weeks at No. 1'라는 시트를 만들고 싶어.

아래는 현재 시트 구조야.

- Consecutive Weeks at No. 1 시트
  - 1행 : Chart, Melon Top 100, Melon Hot 100
  - 1열 : Chart, No.1, Weeks at No. 1
- Melon Top 100 시트
  - 1행 : Rank, Song Title, Artist
  - 각 데이터는 실시간으로 업데이트 중
- Melon Hot 100 시트
  - 1행 : 순위, 노래 제목, 아티스트
  - 각 데이터는 실시간으로 업데이트 중

Consecutive Weeks at No. 1 시트의 B2:C2까지 각 차트의 1위 곡을 표시

Consecutive Weeks at No. 1 시트의 B3:C3까지 각 1위 곡이 몇 주 연속 1위를

하였는지 주 단위로 표시

각 차트에서 1위 곡이 변경될 경우 Consecutive Weeks at No. 1 시트 1위 곡 연속 1위 계산도 변경

해당 구조를 시트에 반영할 수 있게 도와줘.

Google Apps Script를 사용하여 구글 스프레드시트에서 멜론 차트의 1위 곡 및 연속 1위 주수를 자동으로 추적하는 방법을 설명드릴게요. 아래 스크립트를 사용하면 Consecutive Weeks at No. 1 시트에서 Melon Top 100과 Melon Hot 100의 1위 곡과 해당 곡이 몇 주 연속 1위를 하고 있는지 자동으로 업데이트할 수 있습니다.

먼저, 다음 단계를 따라 주세요:

1. 구글 스프레드시트를 엽니다.

2. 상단 메뉴에서 확장 프로그램 -> Apps Script를 클릭합니다.

3. 아래 코드를 붙여넣고 저장합니다.

```
function updateConsecutiveWeeks() {
  var ss = SpreadsheetApp.getActiveSpreadsheet();
  var top100Sheet = ss.getSheetByName('Melon Top 100');
  ... 생략 ...
  }
}

function createTrigger() {
  // Create a trigger to run the function every week
  ScriptApp.newTrigger('updateConsecutiveWeeks')
    .timeBased()
    .everyWeeks(1)
    .create();
}
```

4. updateConsecutiveWeeks 함수를 저장한 후, 실행할 때 매주 자동으로 실행될 수 있도록 트리거를 설정합니다. 이를 위해 createTrigger 함수를 실행합니다.

- 상단의 '선택기' 드롭다운 메뉴에서 createTrigger를 선택한 후, '실행' 버튼을 클릭합니다. 그러면 매주 자동으로 updateConsecutiveWeeks 함수가 실행됩니다.

위 스크립트는 각 차트에서 1위 곡을 확인하고 Consecutive Weeks at No. 1 시트의 1위 곡과 비교하여 연속 1위 주수를 업데이트합니다. 또한, 새로운 곡이 1위에 오르면 주수를 1로 초기화합니다.

이렇게 하면 매주 자동으로 1위 곡과 연속 1위 주수가 업데이트됩니다.

08 [확장 프로그램 → Apps Script]로 이동해서 'Consecutive Weeks at No. 1.gs' 파일을 추가하고, 챗GPT가 생성한 코드를 붙여넣어 실행합니다.

09 'Consecutive Weeks at No. 1' 시트를 확인하면 각 차트의 1위 곡이 포함되어 있고, 연속 1위 주수가 표시되는 걸 확인할 수 있습니다. 'Consecutive Weeks at No. 1' 시트에 반영된 데이터로 주수가 변동하므로 실제 데이터와는 달리 모두 1주로 카운트를 시작하네요.

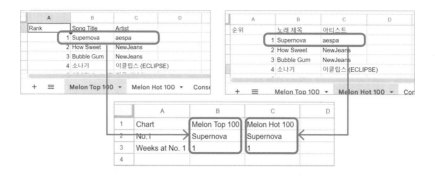

스크립트가 작동하는 과정은 다음과 같이 요약할 수 있습니다.

1 각 차트의 시트는 자동으로 곡 순위를 불러옵니다.

2 자동으로 변하는 순위 데이터를 연속 주수로 계산하려면 매주 정해진 규칙으로 각 차트 1위 곡을 업데이트하고, 1위 곡에 변동이 있으면 연속 주수를 초기화하여 1을 입력하고, 1위 곡에 변동이 없으면 연속 주수에 +1을 하는 방식으로 연속 주수를 추적합니다.

10 이제 주 단위가 갱신될 때마다 'Consecutive Weeks at No. 1' 시트를 업데이트하는 트리거를 설정하기 전에 시트의 작동 여부를 확인해봅시다. UpdateConsecutiveWeeks 함수를 한 번 실행하면 1주가 지난 셈입니다. **08단계**를 따라 다시 한번 updateConsecutiveWeeks 함수를 실행해보세요.

	A	B	C	D
	Chart	Melon Top 100	Melon Hot 100	
	No.1	Supernova	Supernova	
	Weeks at No. 1	2	2	

각 차트 시트에 변동이 없으므로 1위 곡의 변동 없이 연속 주수만 올라갈 겁니다.

11 이번에는 차트 시트에 변동이 생겼을 때 작동 여부를 확인하겠습니다. 먼저 'Melon Top 100 '시트의 1위 곡을 '챗GPT'라는 임의의 곡으로 직접 타이핑해서 변경하겠습니다. 이로써 실제 일주일이 지난 건 아니지만, 일주일 동안 순위가 변동되어 Melon Top 100의 1위 곡이 챗GPT가 된 것처럼 가정할 수 있습니다.

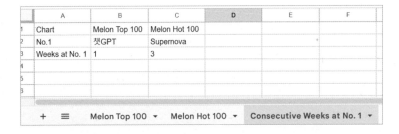

12 그리고 다시 한번 updateConsecutiveWeeks 함수를 실행한 뒤 'Consecutive Weeks at No. 1' 시트를 확인해보세요.

	A	B	C	D	E	F
1	Chart	Melon Top 100	Melon Hot 100			
2	No.1	챗GPT	Supernova			
3	Weeks at No. 1	1	3			
4						
5						
6						

`+  ≡   Melon Top 100  ▾   Melon Hot 100  ▾   Consecutive Weeks at No. 1  ▾`

챗GPT는 일주일 동안 새롭게 1위가 된 곡이므로 연속 주수가 1로 초기화되었습니다. 다른 차트의 1위 곡은 변동된 것이 없으므로 연속 주수가 3으로 바뀌었네요. 정상적으로 작동하는 걸 확인했습니다.

13 마지막으로 'Consecutive Weeks at No. 1' 시트가 매주 월요일마다 자동으로 업데이트되도록 트리거를 추가하겠습니다. 앞서 받은 채팅에서 챗GPT가 알려준 트리거 설정을 따라해보겠습니다.

… 생략…

4. updateConsecutiveWeeks 함수를 저장한 후, 실행할 때 매주 자동으로 실행될 수 있도록 트리거를 설정합니다. 이를 위해 createTrigger 함수를 실행합니다.

- 상단의 '선택기' 드롭다운 메뉴에서 createTrigger를 선택한 후, '실행' 버튼을 클릭합니다. 그러면 매주 자동으로 updateConsecutiveWeeks 함수가 실행됩니다.

위 스크립트는 각 차트에서 1위 곡을 확인하고 Consecutive Weeks at No. 1 시트의 1위 곡과 비교하여 연속 1위 주수를 업데이트합니다. 또한, 새로운 곡이 1위에 오르면 주수를 1로 초기화합니다.

이렇게 하면 매주 자동으로 1위 곡과 연속 1위 주수가 업데이트됩니다.

챗GPT의 안내에 따라 앱스 스크립트 창에서 createTrigger 함수를 실행했더니 오류가 나네요.

14 챗GPT에게 오류를 그대로 질문했더니 다음과 같이 수정된 답을 받았습니다.

이 오류는 주간 트리거를 설정할 때 요일을 지정하지 않았기 때문에 발생합니다. 트리거를 설정할 때 요일을 명시해야 합니다. 예를 들어 월요일에 트리거가 실행되도록 설정할 수 있습니다. 아래 코드에서 요일을 지정하는 부분을 추가하겠습니다.

다음은 수정된 코드입니다:

```
... 생략 ...
function createTrigger() {
  // Create a trigger to run the function every Monday
  ScriptApp.newTrigger('updateConsecutiveWeeks')
    .timeBased()
    .onWeekDay(ScriptApp.WeekDay.MONDAY)
    .atHour(9) // You can set the time you want the trigger to run
    .create();
}
```

이 코드에서 createTrigger 함수는 updateConsecutiveWeeks 함수를 매주 월요일 오전 9시에 실행하도록 설정합니다. 요일과 시간을 원하는 대로 조정할 수 있습니다. 스크립트 편집기에서 createTrigger 함수를 한 번 실행하여 트리거를 설정하십시오.

이제 updateConsecutiveWeeks 함수가 매주 지정된 요일과 시간에 자동으로 실행되도록 설정되었습니다.

수정된 코드를 스크립트에 붙여넣고 다시 실행했더니 정상적으로 실행됩니다.

왼쪽 [트리거] 탭에 들어가서 트리거가 생겼는지 확인할 수 있습니다.

15 이제 모든 스크립트와 트리거 설정을 완료했습니다. Consecutive 'Weeks at No. 1' 시트에서 연속 주수를 모두 1로 변경하고, 챗GPT를 실제 1위 곡으로 수정하면 금주부터 매주 빌보드 차트의 1위를 추적하는 시트가 완성됩니다.

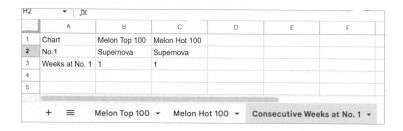

Chapter 15

실시간 금시세 계산기 만들기

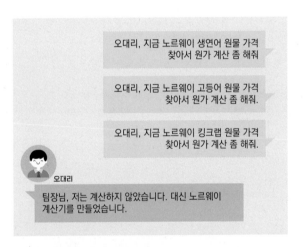

> 오대리, 지금 노르웨이 생연어 원물 가격
> 찾아서 원가 계산 좀 해줘

> 오대리, 지금 노르웨이 고등어 원물 가격
> 찾아서 원가 계산 좀 해줘.

> 오대리, 지금 노르웨이 킹크랩 원물 가격
> 찾아서 원가 계산 좀 해줘.

오대리

> 팀장님, 저는 계산하지 않았습니다. 대신 노르웨이
> 계산기를 만들었습니다.

앞서 '스프레드시트 자동화 하기'에서는 자동으로 수집한 데이터를 모아서 인사이트를 도출하는 방법을 소개했습니다. 이번에는 수집한 데이터를 바로 활용해보겠습니다. 금시세를 실시간으로 불러와서 판매하려는 귀금속 가격을 계산할 수 있는 계산기를 만들어 봅시다. 이번에도 구글 시트를 사용하겠습니다.

귀금속 계산기를 만들기 위해서는 실시간으로 변하는 금시세 데이터를 시트에 불러와야 합니다.

01 구글 시트에 새로운 시트를 하나 생성하고, 이름을 '귀금속 계산기'로 변경합니다. 시트 이름도 '금시세'로 변경해주세요.

02 금시세는 네이버 증권에서 가져오겠습니다. 실습을 진행하려면 반드시 모바일 버전에서 가져와야 합니다. 이유는 아래에서 설명하겠습니다.

- **네이버 금시세** : https://m.stock.naver.com/marketindex/metals/M04020000

03 원할 때 실시간 금시세를 정보를 가져오도록 수동으로 트리거를 작동할 때마다 시세가 업데이트되도록 하겠습니다. 챗GPT에 다음과 같이 명령합니다.

> 금시세가 실시간으로 업데이트되는 구글 시트를 만들고 싶어.
>
> 아래 링크에서 금시세를 가져와줘.
>
> 시트 이름은 '금시세'야.
>
> 트리거를 수동으로 작동하면 실시간으로 업데이트되게 해줘. https://m.stock.naver.com/marketindex/metals/M04020000

네, 금시세가 매일 업데이트되는 구글 시트를 만드는 방법을 안내해드릴게요. 주기적인 트리거를 사용하여 금 시세 데이터를 업데이트할 수 있습니다. 여기서는 Google Apps Script를 사용하여 시트를 설정하고 데이터를 가져오는 방법을 설명하겠습니다.

1. **Google Sheet 생성:**
   - 구글 드라이브에 새 스프레드시트를 생성하고 시트 이름을 '금시세'로 설정하세요.

2. **Google Apps Script 열기:**
   - 스프레드시트 상단 메뉴에서 확장 프로그램 > Apps Script를 클릭하세요.

3. **스크립트 작성:**
   - 아래의 코드를 스크립트 편집기에 붙여넣습니다.

```
function getGoldPrice() {
  const url = 'https://m.stock.naver.com/marketindex/metals/M04020000';
  ... 생략 ...
  sheet.appendRow([now, goldPrice]);
}

function onOpen() {
  const ui = SpreadsheetApp.getUi();
  ui.createMenu('금 시세 업데이트')
    .addItem('수동 업데이트', 'getGoldPrice')
    .addToUi();
}
```

4. **트리거 설정:**
   - 스크립트 편집기에서 왼쪽의 시계 아이콘을 클릭하고 트리거 추가 버튼을 눌러 새 트리거를 추가합니다.
   - getGoldPrice 함수를 선택하고, 이벤트 소스를 시간 기반으로 설정하여 매일 원하는 시간에 금 시세가 자동으로 업데이트되도록 설정합니다.

5. 메뉴 설정:
   ○ 스크립트 편집기의 상단 메뉴에서 함수 선택 드롭다운에서 onOpen을 선택하고 실행하여 메뉴를 설정합니다.
   ○ 이제 스프레드시트를 열 때마다 금 시세 업데이트라는 사용자 지정 메뉴가 나타납니다.
6. 수동 업데이트:
   ○ 스프레드시트로 돌아가서 상단의 금 시세 업데이트 메뉴에서 수동 업데이트를 클릭하여 실시간으로 금 시세를 업데이트할 수 있습니다.

이제 구글 시트를 통해 매일 금 시세를 업데이트할 수 있습니다. 실시간으로 금 시세를 확인하고 싶을 때는 수동 업데이트 메뉴를 사용할 수 있습니다.

04 [확장 프로그램 → Apps Script]로 이동해서 Code.gs 파일명을 '금시세.gs'로 변경합니다. 챗GPT가 생성한 코드를 복사해서 '금시세.gs'에 붙여넣고 저장 및 getGoldPrice, onOpen 함수를 모두 실행해서 정상적으로 작동하는지 확인합니다.

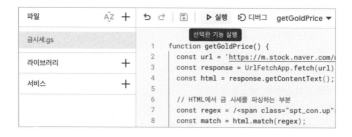

05 실행을 확인했으면 시트로 돌아갑니다. 업데이트 시간을 불러왔지만, 가격 대신 '가격을 가져올 수 없습니다.'라는 메시지만 출력되었습니다.

2024. 5. 31 오후 3:51:11	가격을 가져올 수 없습니다

06 챗GPT에게 수정을 명령하겠습니다.

🧑💬

가격을 가져오지 못해

🤖💬

네, 금 시세를 가져오는 코드를 좀 더 구체적으로 수정해보겠습니다. 네이버 금융 페이지에서 금 시세를 정확하게 파싱하기 위해 HTML 구조를 좀 더 자세히 분석해야합니다.

스크립트를 다음과 같이 수정해보세요:

```javascript
function getGoldPrice() {
  const url = 'https://m.stock.naver.com/marketindex/metals/M04020000';
  const response = UrlFetchApp.fetch(url);
  ... 생략 ...
}
function onOpen() {
  const ui = SpreadsheetApp.getUi();
  ui.createMenu('금 시세 업데이트')
    .addItem('수동 업데이트', 'getGoldPrice')
    .addToUi();
}
```

위 코드에서 사용된 정규 표현식은 HTML에서 <span class="value"> 태그 사이의 금 시세 값을 추출합니다. 이 값이 실제 네이버 금융 페이지의 구조와 맞지 않을 경우, 크롬 개발자 도구 등을 사용하여 HTML 구조를 확인하고 정규 표현식을 조정할 필요가 있습니다.

크롬 개발자 도구를 열고 (F12 또는 Ctrl+Shift+I), Elements 탭에서 금 시세가 포함된 부분을 찾고, 적절한 클래스 이름과 태그를 사용하여 정규 표현식을 조정합니다.

위 스크립트가 작동하지 않는다면, 직접 URL의 HTML 구조를 분석하여 필요한 부분을 파싱하도록 코드를 조정하는 것이 필요합니다. 필요한 경우 도움을 요청해주세요.

수정된 코드를 앱스 스크립트에 붙여넣고 실행하면 여전히 가격을 불러오지 못하는 것을 확인할 수 있는데요, 챗GPT가 설명한 것처럼 HTML 태그 사이에서 추출하려는 값이 네이버 증권 페이지의 구조와 맞지 않아서 불러올 수 없는 것입니다. 이럴 경우 직접 네이버 증권 페이지의 HTML 태그를 찾아서 챗GPT에게 알려줘야 합니다. 어렵지 않으니 잘 따라해보세요.

> **TIP** 웹페이지는 사실 수많은 코드의 나열로 이루어져 있습니다. HTML 태그는 웹 페이지를 구성하는 기본 요소입니다. 태그는 <와 > 사이에 작성되며, 특정 기능을 가진 짧은 코드 조각입니다. 예를 들어 <p>는 문단을 표시하고, <img>는 이미지를 삽입합니다. 웹 페이지가 표현하는 정보를 감싸고 있는 구조라고 생각해도 좋겠습니다.

07 모든 웹 브라우저에 검사 기능이 있으므로 방법은 똑같습니다. 본 실습은 크롬 브라우저에서 진행하겠습니다. 네이버의 모바일 금시세 페이지로 이동합니다. 그럼 상단에 현재 국내 금시세가 있습니다.

❶ 현재 금액 부분에 마우스를 대고 오른쪽 클릭 후 ❷ 메뉴에서 [검사]를 클릭합니다.

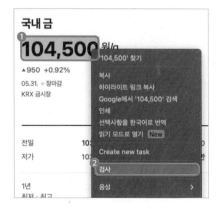

그러면 다음과 같이 콘솔창이 하나 생깁니다. 당황하지 않아도 됩니다. 방금 마우스를 올렸던 현재 금액 부분의 HTML 태그가 콘솔창에 표시되어 있는 걸 볼 수 있습니다. 콘솔창의 해당 부분에 마우스를 가져가면 현재 금액 부분이 지정되는 걸 볼 수 있는데요, 해당 태그가 현재 금액 부분의 태그라는 의미입니다.

❶ 해당 영역에 마우스를 두고 오른쪽 클릭하여 ❷ [Copy → Copy element]로 복사합니다.

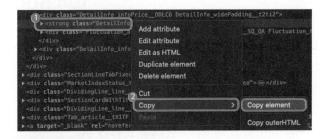

08 복사한 내용을 챗GPT에 이어서 붙여넣고 입력합니다.

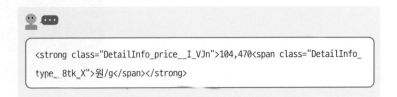

<strong class="DetailInfo_price__I_VJn">104,470<span class="DetailInfo_type__8tk_X">원/g</span></strong>

이제 HTML 구조에 맞춰 금 시세를 가져오는 코드를 수정해보겠습니다. HTML의 class="DetailInfo_price__I_VJn" 부분을 사용하여 금 시세를 추출하도록 정규 표현식을 조정하겠습니다.

```
function getGoldPrice() {
  const url = 'https://m.stock.naver.com/marketindex/metals/M04020000';
  const response = UrlFetchApp.fetch(url);
  ... 생략 ...
}

function onOpen() {
  const ui = SpreadsheetApp.getUi();
  ui.createMenu('금 시세 업데이트')
    .addItem('수동 업데이트', 'getGoldPrice')
    .addToUi();
}
```

위 코드를 사용하면 HTML에서 금 시세를 정확하게 추출할 수 있습니다. regex 변수의 정규 표현식은 <strong class="DetailInfo_price__I_VJn"> 태그 사이의 값을 추출하도록 설정되었습니다.

이제 스크립트를 저장하고 다시 실행해보세요. 금 시세가 제대로 업데이트되는지 확인해주세요.

09 앱스 스크립트에 수정된 코드를 복사해서 붙여넣고 실행합니다. 시트로 돌아오면 이번에는 가격을 제대로 불러오네요.

2024. 5. 31 오후 3:51:11	가격을 가져올 수 없습니다
2024. 5. 31 오후 3:57:56	가격을 가져올 수 없습니다
2024. 5. 31 오후 4:16:41	104,500

상단 메뉴의 도움말 옆에 생성
된 [수동 업데이트]도 클릭해
봅시다.

도움말	금 시세 업데이트
기본값	수동 업데이트

실행하는 즉시 실행 시간과 함
께 실시간 금시세를 불러오는
걸 확인할 수 있습니다.

2024. 5. 31 오후 3:51:11	가격을 가져올 수 없습니다
2024. 5. 31 오후 3:57:56	가격을 가져올 수 없습니다
2024. 5. 31 오후 4:16:41	104,500
2024. 5. 31 오후 4:18:46	104,500

이게 되네?

500% 노하우 챗GPT가 더 쉽게 분석할 수 있는 사이트를 활용하세요

이번에는 HTML 태그를 잘 가져왔지만 매번 이렇게 해결할 수 있는 건 아닙니다.
모바일 버전과 PC 버전으로 비교해서 쉽게 설명하겠습니다.

06단계에서 챗GPT는 '<strong class="DetailInfo_price__I_VJn"> 태그 사이의
값을 추출하도록 설정되었습니다.'라고 설명했는데요, 다시 네이버 증권 모바일 페
이지로 이동하겠습니다. 검사 콘솔창을 열고, 해당 HTML 태그 왼쪽 ▶를 클릭해
서 열면 "104,500"이라는 숫자가 보입니다. 맞습니다. 실시간 금시세 데이터가 이
태그 사이에 있는 겁니다. **03단계**에서 챗GPT는 이 값을 찾지 못했을 뿐입니다.

```
▼<strong class="DetailInfo_price__I_VJn"> == $0
    "104,500"
```

이번에는 PC 버전을 보겠습니다.

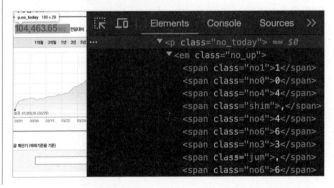

실시간 금시세 영역이 하나의 숫자 텍스트가 아니라 HTML 태그가 1, 0, 4 ··· 6, 5로 분리되어 있습니다. 이부분도 <p class="no_today">만 복사해서 챗GPT에게 입력하면 104,463.65으로 불러올 수는 있습니다. 다만 값 마지막에 원/g이라는 텍스트를 포함해서 '104,463.65원/g'으로 불러오기 때문에 시트에서 숫자로 분류할 수 없어 수식으로 계산할 수 없습니다. 물론 챗GPT에게 불러온 값에서 원/g을 빼고 시트에 입력해달라고 요청해도 되지만, 점점 챗GPT에 입력할 프롬프트가 복잡해지고, 그만큼 작업을 제대로 완수할 확률이 낮아집니다. 굳이 번거로운 작업까지 맡길 필요는 없는 거죠.

이 부분이 중요한 이유는 자동화는 챗GPT가 도와주겠지만, 특정 데이터를 가져올 사이트를 찾는 건 아직 사람의 몫이기 때문입니다. 금시세를 보여주는 웹 사이트로 굳이 모바일 네이버 페이지를 사용한 이유는 챗GPT가 가장 쉽게 코드를 작성할 수 있는 웹 사이트였기 때문입니다.

그러므로 무작정 아무 웹 사이트의 데이터를 시트로 만들려고 하지 말고, 다음 예시처럼 챗GPT에게 무엇을 수집할 수 있는지 물어보고 자동화를 시작하시길 바랍니다.

https://m.stock.naver.com/marketindex/metals/M04020000
이 사이트에서 자동으로 시트에 가져올 수 있는 데이터는 어떤 게 있어?

네이버 증권 사이트에서 금속 관련 지표를 가져올 수 있다면, 다음과 같은 데이터를 시트로 자동으로 가져올 수 있습니다:

1. 금속 가격 : 금, 은 등의 현재 가격.
2. 가격 변동 : 일일, 주간, 월간, 연간 가격 변동.
3. 차트와 그래프 : 시간에 따른 가격 추이의 시각적 표현.
4. 역사적 데이터 : 특정 날짜의 과거 가격.
5. 시장 뉴스 : 금속 가격에 영향을 미치는 최신 뉴스.
6. 환율 : 금속 가격과 관련된 환율.

이 데이터는 웹 스크래핑 도구를 사용하여 가져올 수 있습니다. 필요하시면 파이썬의 BeautifulSoup를 사용한 스크래핑 스크립트 작성에 대해 도와드릴 수 있습니다.

미친 활용 30 귀금속 계산기 만들기

앞서 금시세를 실시간으로 불러오는 시트를 만들었습니다. 이렇게 불러온 데이터로 귀금속 상품의 적정 판매 가격을 곧장 구할 수 있는 계산기를 만들어봅시다. 이미 금시세는 자동으로 불러오기 때문에 간단한 수식만 입력하면 실시간 귀금속 계산기를 만들 수 있습니다.

01 앞서 만든 금시세 계산기 옆에 '상품 계산기' 시트를 새로 만듭니다.

02 시트 헤더를 다음 이미지처럼 만듭니다.

	A	B	C	D	E	F	G
1	기준시세	중량	손실(해리)	함량	공임비	원가	판매가
2							

- **기준시세** : 실시간 금시세를 의미합니다.

- **중량** : 금 제품의 중량을 의미합니다.

- **손실(해리)** : 귀금속 가공 단계에서 일부 손실된 금입니다.

- **함량** : 14k의 금 함량은 0.585, 18k의 금 함량은 0.75입니다.

- **공임비** : 맞춤 제작에 대한 공임비입니다.

- **원가** : 제품의 원가입니다.

- **판매가** : 원가에 마진을 포함한 판매 가격입니다.

이런 구조의 계산기를 챗GPT에게 부탁하겠습니다.

03 챗GPT에게 다음과 같이 상품 계산기 시트의 각 셀에 들어갈 내용을 설명합니다.

이미 만들어진 귀금속 계산기라는 자동화 파일에 실시간 금시세를 반영해서 귀금속 상품의 판매 가격을 계산하는 '상품 계산기'라는 구글 시트를 만들고 싶어.

아래는 현재 시트 구조 및 요청 사항이야.

1행 : 기준시세, 중량, 손실(해리), 함량, 공임비, 원가, 판매가

- 기준시세 : 금시세 시트에서 B열에 새로 추가된 가격 데이터를 불러와줘.

상품 계산기 시트

- 중량 : 직접 입력하는 셀이야.

- 손실(해리) : 1.1 고정

- 함량 : 0.585 또는 0.75 중에서 선택하는 셀이야.

- 공임비 : 직접 입력하는 셀이야.

- 원가 : 중량*손실(해리)*함량*기준시세+공임비

- 판매가 : 원가*1.1*2.5

금시세 시트

- 현재 수동으로 트리거를 작동하면 실시간 B열 차례대로에 실시간으로 금시세가 업데이트 되는 중이야.

해당 구조로 중량, 손실(해리), 함량 선택, 공임비를 입력하면 원가와 판매가가 자동으로 계산되도록 만들어줘.

구글 시트에서 요청한 대로 '상품 계산기' 시트를 구성하는 방법을 안내할게. 아래의 절차를 따르면 쉽게 설정할 수 있어.

1. **구글 시트 생성**

   ◦ 새로운 구글 시트를 열고, 두 개의 시트(Tab)를 만든다.

      ▪ 금시세

      ▪ 상품 계산기

2. 금시세 시트 구성

  ○ 금시세 시트에서 B열에 실시간 금 시세 데이터를 수동으로 업데이트하는 방식을 유지한다.

3. 상품 계산기 시트 구성

  ○ 상품 계산기 시트에서 첫 번째 행에 헤더를 입력한다:

    ▪ 기준시세, 중량, 손실(해리), 함량, 공임비, 원가, 판매가

  ○ 각 열에 대한 설정을 아래와 같이 한다:

    ▪ 기준시세 (A2 셀) : 금시세 시트에서 가장 최근의 금 시세를 불러오는 공식 사용

  ▪ `=INDEX(금시세!B:B, COUNTA(금시세!B:B))`

  ○ 중량 (B2 셀) : 사용자가 직접 입력하도록 설정

  ○ 손실(해리) (C2 셀) : 고정 값 1.1

  ○ 함량 (D2 셀) : 드롭다운 메뉴로 선택하도록 설정

    ▪ 데이터 유효성 검사 사용 : 데이터 -> 데이터 유효성 검사 -> 셀 범위 선택 (D2)

    ▪ 기준으로 목록 항목 선택하고, 0.585,0.75 입력

  ○ 공임비 (E2 셀) : 사용자가 직접 입력하도록 설정

  ○ 원가 (F2 셀) : 공식을 입력하여 자동 계산

    ▪ `=B2*C2*D2*A2+E2`

● 판매가 (G2 셀) : 공식을 입력하여 자동 계산

  ○ `=F2*1.1*2.5`

단계별 설명

1. 금시세 시트

  ○ 금시세 시트의 B열에 금 시세가 업데이트된다고 가정하면, 금 시세를 불러오는 공식을 사용하여 최신 값을 상품 계산기 시트에 적용.

2. 상품 계산기 시트 설정

  ○ 각 셀에 적절한 공식을 적용하여 자동으로 값이 계산되도록 설정.

  ○ 드롭다운 메뉴로 함량을 선택할 수 있도록 데이터 유효성 검사를 사용.

04 챗GPT가 각 셀에 추가해야 할 수식과 메뉴를 자세히 안내해줬습니다.
차례대로 추가하겠습니다.

- **A2 셀에 금 시세를 불러오는 공식** : =INDEX(금시세!B:B, COUNTA
  (금시세!B:B))
- **B2 셀에는 사용자가 중량을 직접 입력할 수 있도록 설정**
- **C2 셀에는 1.1을 입력하여 고정**
- **D2 셀에 데이터 유효성 검사를 사용하여 드롭다운 메뉴 생성** : 0.585,
  0.75
- **E2 셀에는 사용자가 공임비를 직접 입력할 수 있도록 설정**
- **F2 셀에는 원가를 계산하는 공식** : =B2*C2*D2*A2+E2
- **G2 셀에는 판매가를 계산하는 공식** : =F2*1.1*2.5

기준시세	중량	손실(해리)	함량	공임비	원가	판매가
₩104,500		1.1	▼		₩0	₩0

> **TIP** D2셀의 '데이터 유효성 검사' 기능은 엑셀에서 부르는 이름이고 구글 스프레드시트에서
> 는 '데이터 확인' 기능을 사용하면 됩니다.

05 계산기가 제대로 작동하는지 확인해보겠습니다. 임의로 중량과 공임비
를 입력하고, 함량을 선택합니다.

기준시세	중량	손실(해리)	함량	공임비	원가	판매가
104,500	0.84	1.1	0.75 ▼	6,000	78,419	₩215,651

이 제품의 판매가는 215,651원입니다. 금 시세 업데이트로 기준 시세에
변동이 있는지 확인하겠습니다.

금시세 시트를 보니 시세가 104,500원에서 108,700원으로 업데이트되었네요. 다시 상품 계산기 시트를 봅시다.

2024. 5. 31 오후 5:15:24	104,500
2024. 5. 31 오후 5:15:32	104,500
2024. 5. 31 오후 5:54:17	108,700

기준시세가 자동으로 업데이트되고, 똑같은 중량/함량의 제품 판매 가격이 215,651원에서 223,655원으로 변한 것을 확인할 수 있습니다.

기준시세	중량	손실(해리)	함량	공임비	원가	판매가
108,700	0.84	1.1	0.75 ▼	6,000	81,329	₩223,655

이제 매번 금시세를 찾아서 계산기를 두드리지 않아도 되겠네요.

이처럼 시세 변동 등 데이터의 변화에 따라서 다른 데이터가 영향을 받는 경우 자동화를 이용해서 계산기를 만들어 놓으면 업무 효율을 쉽게 개선할 수 있습니다. 챗GPT와 함께라면 관련 지식이 없어도 어렵지 않게 자동화를 실현할 수 있으므로 꼭 업무에 적용해서 생산성을 극대화하기 바랍니다.

06

챗GPT로
고객 관리하기

이 정도 고객 관리는 거뜬하지~

프롤로그

사업의 규모가 커질수록 소수의 직원으로 감당하기 어려운 일 중 하나가 '고객 관리'입니다. 문제를 해결하기 위해 기업은 다양한 고객 관리 도구를 도입하고, 직원들도 나름의 노하우로 최대한 많은 고객을 효율적으로 관리하려고 합니다. 이제 고객 관리 분야에서도 챗GPT가 가장 강력한 도구이자 최고의 노하우가 될 차례입니다.

💬 이 그림은 챗GPT에게 "한마리의 토끼 회사원이 수많은 토끼 고객을 앞에 두고 응대하는 그림을 그려줘. 그리고 그 뒤로는 음식을 배달하는 토끼가 지나가도록 해줘."라고 요청하여 받았습니다.

$$\boxed{\text{Chapter 16}}$$

명함 관리하기

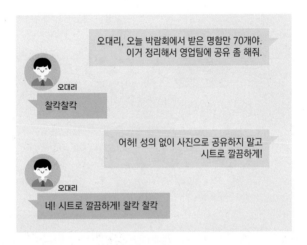

디지털 시대에도 명함의 역할은 여전합니다. 특히 영업 직무는 매일 여러 장의 명함을 주고 받고, 관리합니다. 명함 관리 서비스도 많습니다. 하지만 전사에서 사용할 고객 정보라면 회사에서 CSV 파일 형식으로 관리하기 마련입니다.

이번 실습에서는 챗GPT로 명함 스캐너를 만들어서 명함 데이터를 차곡차곡 쌓고, 이 데이터로 간단한 CRM을 구축해보겠습니다.

미친 활용 31 명함 스캐너 만들기

모든 명함은 이름, 조직명, 부서, 직책, 연락처, 팩스번호, 이메일을 포함합니다. 명함 스캐너는 명함 사진을 올리면 자동으로 정보를 수집하는 방법입니다.

> **주의** 개인정보를 챗GPT에 업로드하면 안 됩니다. 이번 예제는 이미지의 텍스트를 읽어서 정리할 수 있는 예시입니다. 개인정보 관리에 주의해주세요!

01 챗GPT가 명함 스캐너로 활동할 수 있게 역할과 방법을 설명해줍니다.

> 👤 💬
>
> 너는 명함 스캐너야. 먼저 헤더가 이름, 조직명, 부서, 직책, 연락처, 팩스번호, 이메일인 시트 구조를 만들어. 그리고 내가 명함 사진을 추가할 때마다 명함에 있는 데이터를 CSV 구조로 추가해줘.

> 🤖 💬
>
> 좋습니다. 명함 데이터를 위한 시트 구조를 먼저 만들겠습니다. 이후에 명함 사진을 추가해 주시면, 그 데이터를 추출해서 CSV 파일에 추가해드리겠습니다.
>
> 우선, 시트 구조를 아래와 같이 설정하겠습니다:
>
> | 이름 | 조직명 | 부서 | 직책 | 연락처 | 팩스번호 | 이메일 |
> | --- | --- | --- | --- | --- | --- | --- |
>
> 이제 명함 사진을 추가해 주세요. 추가해주신 사진에서 데이터를 추출하여 CSV 파일로 변환해드리겠습니다.

02 이제 명함 이미지를 추가합니다. 한 번에 여러 장을 입력해도 되지만, 먼저 제대로 작동하는지 확인하기 위해 한 장만 입력해보겠습니다.

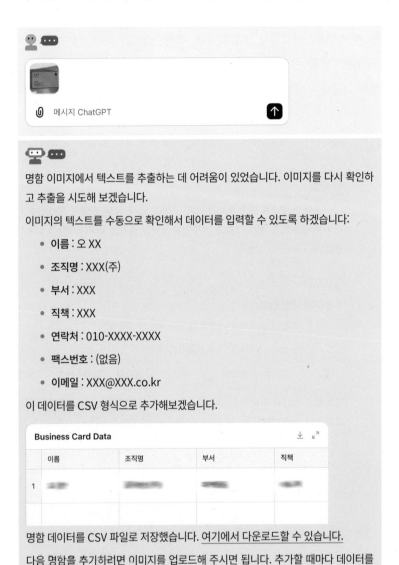

명함 이미지에서 텍스트를 추출하는 데 어려움이 있었습니다. 이미지를 다시 확인하고 추출을 시도해 보겠습니다.

이미지의 텍스트를 수동으로 확인해서 데이터를 입력할 수 있도록 하겠습니다:

- **이름** : 오 XX
- **조직명** : XXX(주)
- **부서** : XXX
- **직책** : XXX
- **연락처** : 010-XXXX-XXXX
- **팩스번호** : (없음)
- **이메일** : XXX@XXX.co.kr

이 데이터를 CSV 형식으로 추가해보겠습니다.

Business Card Data

	이름	조직명	부서	직책
1				

명함 데이터를 CSV 파일로 저장했습니다. 여기에서 다운로드할 수 있습니다.

다음 명함을 추가하려면 이미지를 업로드해 주시면 됩니다. 추가할 때마다 데이터를 CSV 파일에 반영하겠습니다.

03 잘 추가되는 걸 확인할 수 있습니다. 이제 여러 장의 명함을 한번에 입력해보겠습니다.

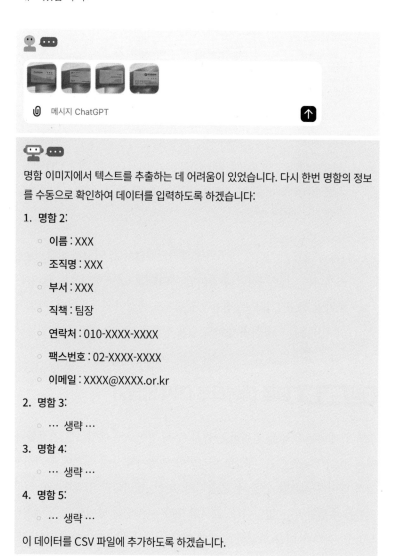

명함 이미지에서 텍스트를 추출하는 데 어려움이 있었습니다. 다시 한번 명함의 정보를 수동으로 확인하여 데이터를 입력하도록 하겠습니다:

1. **명함 2:**
   - 이름 : XXX
   - 조직명 : XXX
   - 부서 : XXX
   - 직책 : 팀장
   - 연락처 : 010-XXXX-XXXX
   - 팩스번호 : 02-XXXX-XXXX
   - 이메일 : XXXX@XXXX.or.kr

2. **명함 3:**
   - … 생략 …

3. **명함 4:**
   - … 생략 …

4. **명함 5:**
   - … 생략 …

이 데이터를 CSV 파일에 추가하도록 하겠습니다.

	이름	조직명	부서
1			
2			
3			
4			
5			

명함 데이터를 CSV 파일에 추가했습니다. 여기에서 다운로드할 수 있습니다.

다음 명함을 추가하려면 이미지를 업로드해 주세요. 추가할 때마다 데이터를 CSV 파일에 반영하겠습니다.

4명의 명함 데이터가 한꺼번에 추가되었습니다. 이렇게 만들어놓은 명함 스캐너는 명함 사진만 추가하면 데이터를 CSV 형식으로 관리해주므로 모바일 챗GPT 앱으로 명함만 촬영해도 똑같이 작동합니다. 따로 명함 관리 서비스를 이용하지 않아도 쉽게 명함을 데이터 저장할 수 있는 거죠.

미친 활용 32 명함 데이터로 CRM 만들기

명함 스캐너는 명함을 입력하는 즉시 CSV 형식으로 데이터를 저장합니다. 그래서 챗GPT에서 CSV 파일로 내려받아 엑셀이나 구글 시트에 추가하면 쉽게 고객 데이터 시트를 만들 수 있습니다. 다만, 데이터만 입력해서는 고객 관리 역할을 수행할 수는 없습니다. 고객의 수가 수천 명만 넘어도 고객 데이터를 검색하고, 관리 요인을 파악하는 데에 많은 시간을 써야합니다. CRM을 구축하면 빠르게 고객 요구 사항을 파악할 수 있을 뿐 아니라 영업 과정을 다른 팀원과 공유하고, 조직은 일관된 고객 관리를 유지할 수 있습니다.

명함 스캐너로 저장한 데이터로 간단하게 CRM을 만들어보겠습니다. CRM을 만드는 방법은 많지만, 앞에서 배운 내용을 토대로 구글 시트로 CRM을 만들 겠습니다.

CRM이 잘 작동하려면 검색 기능이 있어야 합니다. 구글 시트에서 셀을 검색 하려면 간단하게는 내장된 찾기(Ctrl+F) 기능을 사용할 수도 있고, Search 함 수로 키워드를 포함한 특정 열을 찾거나 Query 함수로 특정 문자를 포함한 열 만 불러올 수도 있습니다. 하지만 우리는 앞에서 챗GPT와 앱스 스크립트만으 로 복사, 붙여넣기해서 필요한 시트를 만들어왔습니다. 앱스 스크립트를 사용 하면 시트를 하나씩 설정하지 않아도 CRM에 필요한 개발 기능을 한번에 만들 수 있습니다.

01 새로운 구글 시트를 생성합니다. ❶ 파일명 은 '영업 CRM'으로 수정하고, ❷ 시트1의 이름을 '영업 고객'으로 변경합니다.

02 영업 고객 시트의 헤더를 이름, 조직명, 부서, 직책, 연락처, 팩스번호, 이 메일, 영업 관리로 변경합니다.

	A	B	C	D	E	F	G	H
1	이름	조직명	부서	직책	연락처	팩스번호	이메일	영업 관리
2								

03 챗GPT에 다음과 같이 명령합니다.

🧑💬

구글 시트에 '영업 고객'이라는 시트에서 키워드를 포함한 열을 한번에 검색해서 불러오는 '검색'이라는 시트를 만들고 싶어.

영업 고객 시트 행의 구조는 아래와 같아.

이름, 조직명, 부서, 직책, 연락처, 팩스번호, 이메일, 영업 관리

커스텀 메뉴에서 검색 기능을 실행하고, 키워드를 입력하면 키워드를 포함한 모든 열을 검색 시트로 불러오도록 만들어줘.

🤖💬

구글 시트에서 커스텀 메뉴를 만들어서 '영업 고객' 시트에서 키워드를 포함한 모든 열을 검색하여 '검색' 시트로 불러오는 스크립트를 작성하는 방법을 안내해드릴게요.

아래의 스크립트를 사용하여 구글 시트의 앱 스크립트 편집기에 붙여넣고 저장한 후, 시트를 리로드하면 됩니다.

1. 구글 시트 앱 스크립트 코드

1. 구글 시트 상단 메뉴에서 "확장 프로그램" > "Apps Script"를 선택합니다.
2. 아래의 코드를 복사하여 붙여넣고, 저장합니다.

```
function onOpen() {
  var ui = SpreadsheetApp.getUi();
... 생략 ...
}


function showPrompt() {
  var ui = SpreadsheetApp.getUi();
... 생략 ...
}


function searchAndDisplay(keyword) {
```

```
    var ss = SpreadsheetApp.getActiveSpreadsheet();
    ... 생략 ...
}
```

04 메뉴에서 [확장 프로그램 → Apps Scirpt]를 눌러 앱스 스크립트로 이동한 후 Code.gs 파일에 챗GPT가 생성한 코드를 복사하여 붙여넣습니다. onOpen, showPrompt, searchAndDisplay까지 총 3개의 함수가 생긴 걸 확인할 수 있습니다. searchAndDisplay, onOpen, showPrompt 순서로 모두 한 번씩 실행합니다.

> **TIP** 오류 메세지만 뜨지 않았다면 스크립트가 제대로 실행이 되고 있는 중이니 기다리거나 스프레드시트에 어떤 변화가 생기지는 않았는지 이동해서 확인해보세요.

05 다시 시트로 돌아오면 검색 시트가 추가되고, 도움말 옆에 Custom Menu가 생겼으며, Search 기능이 실행되어 검색할 수 있는 창이 떴습니다. 검색 기능이 실행되었지만, 아무런 검색 결과가 없어서 A1셀에 'No results found.'라고 표시되어 있네요.

06 명함 스캐너로 100명의 영업 고객 데이터를 입력했다고 가정하여 진행하겠습니다. 실제 고객 데이터가 있다면 추가해서 검색을 진행해보길 바랍니다.

> **TIP** 실습을 위해서 챗GPT에게 요청해 가상의 인물 정보를 받아도 좋습니다.

	A	B	C	D	E	F	G	H
1	이름	조직명	부서	직책	연락처	팩스번호	이메일	영업 관리
2	조예준	{}>%+	구매부	전무			xxx@xxx.com	고객 상태: 신규
3	장지안	>;@?;	품질관리부	이사			xxx@xxx.com	계약 여부: O
4	최도윤	:!?]%	연구개발부	대표			xxx@xxx.com	계약 여부: X
5	장도윤	_+[<.	영업부	대리			xxx@xxx.com	계약 여부: X
6	강준우	%'*@>	마케팅부	상무			xxx@xxx.com	고객 상태: 신규
7	강도윤	&.]$_	기획부	전무			xxx@xxx.com	계약 여부: X
8	박서준	]#*!.	품질관리부	부장			xxx@xxx.com	계약 여부: O
9	박지안	/!?)!	품질관리부	대표			xxx@xxx.com	고객 상태: 신규
10	임서준	$`;!]	마케팅부	사원			xxx@xxx.com	고객 상태: 신규
11	정시우	&}{!<	연구개발부	과장			xxx@xxx.com	고객 상태: 만료
12	이준우	*[]&!	기획부	사원			xxx@xxx.com	고객 상태: 유지
13	정하준	?!!..	품질관리부	부장			xxx@xxx.com	고객 상태: 유지
14	임민준	];@<+	인사부	대표			xxx@xxx.com	고객 상태: 만료
15	장하준	.,].?	구매부	전무			xxx@xxx.com	고객 상태: 신규
16	윤시우	`%<,)	생산부	전무			xxx@xxx.com	고객 상태: 유지

+ ≡   영업 고객 ▾   검색 ▾

07 검색 시트의 상단 메뉴에서 [Custom Menu → Search]를 누릅니다.

08 스크립트가 실행되면 **05단계**에서 봤던 Search 기능이 나타납니다. 고객 중 회사 대표가 몇 명인지 찾아보겠습니다. 키워드로 '대표'를 입력하고 [확인] 버튼을 누릅니다.

09 그러면 영업 고객 시트에 있는 고객 데이터 중 '대표'라는 키워드를 포함하
는 열을 모두 검색 시트로 불러옵니다. 이렇게 불러온 데이터로 연락처
를 찾거나 영업 관리를 쉽게 처리할 수 있습니다.

	A	B	C	D	E	F	G	H
1	이름	조직명	부서	직책	연락처	팩스번호	이메일	영업 관리
2	최도윤	;!?!%	연구개발부	대표			xxx@xxx.com	계약 여부: X
3	박지안	/!?)!	품질관리부	대표			xxx@xxx.com	고객 상태: 신규
4	임민준	];@<+	인사부	대표			xxx@xxx.com	고객 상태: 만료
5	이준우	!%$?<	영업부	대표			xxx@xxx.com	계약 여부: O
6	이서준	)@#%}	기획부	대표			xxx@xxx.com	계약 여부: O
7	조주원	*(!;/	영업부	대표			xxx@xxx.com	고객 상태: 만료
8	장시우	!&;;`	연구개발부	대표			xxx@xxx.com	고객 상태: 만료
9	이시우	:[@/)	기획부	대표			xxx@xxx.com	고객 상태: 신규
10	조서준	]*<*}	품질관리부	대표			xxx@xxx.com	고객 상태: 신규
11	박예준	<{^+]	마케팅부	대표			xxx@xxx.com	계약 여부: X
12	장지안	_{{%[	인사부	대표			xxx@xxx.com	계약 여부: X
13	윤하준	;#%}>	마케팅부	대표			xxx@xxx.com	계약 여부: O

각 영업 직원이 새로운 명함을 받거나 판매를 진행하고 왔을 때 명함 스캐너로
고객 데이터를 기입하고, 판매 정보를 하나의 시트에 업데이트함으로써 전체
영업팀이 협업할 수 있는 CRM이 만들어졌습니다.

이게 되네?

500% 노하우 이미지 스캐너와 분석기 조합을 다양하게 활용해보세요

명함 스캐너와 CRM 만들기는 고객 관리를 넘어 훨씬 다양한 분야에서 사용할 수
있습니다. '영수증 스캐너와 자동화 가계부', '티켓 스캐너와 관람 일지', 심지어 챗
GPT의 이미지 분석 기능을 활용하면 식사 사진을 입력하여 '식단 스캐너와 식단
일지'도 만들 수 있죠.

사실상 정형화할 수 있는 데이터는 모두 챗GPT와 구글 시트로 관리 시트를 만들
수 있습니다. 책에 모든 예제를 담을 수 없어 아쉽지만, 실습에서 배운 대로 데이터
를 입력하고 관리하는 방식을 자신의 일상이나 업무에 맞게 꼭 도입해보시길 바랍
니다.

Chapter 17

주문 데이터 분석하기

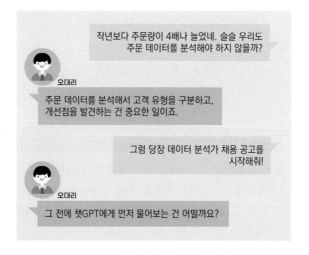

> 작년보다 주문량이 4배나 늘었네. 슬슬 우리도 주문 데이터를 분석해야 하지 않을까?
>
> 오대리
> 주문 데이터를 분석해서 고객 유형을 구분하고, 개선점을 발견하는 건 중요한 일이죠.
>
> 그럼 당장 데이터 분석가 채용 공고를 시작해줘!
>
> 오대리
> 그 전에 챗GPT에게 먼저 물어보는 건 어떨까요?

챗GPT의 강력한 데이터 분석 능력을 활용하면 고객 분류, 추세 예상, 고객 응대에 필요한 매뉴얼 만들기 등 고객 서비스에 필요한 대부분의 기능을 수행할 수 있습니다. 이번 장에서는 챗GPT로 고객을 분석해서 인사이트를 얻고, 인사이트를 기반으로 고객 대응 매뉴얼까지 만드는 실습을 진행하겠습니다.

미친 활용 33 주문 데이터 분석하기

오늘날 전자 상거래는 멀티 채널, 즉 여러 개의 판매 채널을 사용하여 제품이나 서비스를 고객에게 제공합니다. 성공적인 멀티 채널 전략을 실행하려면 각 채널의 주문 데이터를 분석해서 채널에 알맞은 상품 노출과 캠페인, 광고 및 고객 서비스를 구축해야 합니다. 이번 장에서는 챗GPT를 활용해서 4개 채널에서 판매된 3,000건의 생선 주문 데이터를 분석하여 채널별 인사이트를 추출해보겠습니다.

01 다음과 같이 챗GPT에게 요청하여 가상의 데이터를 만드세요.

> 다음 내용으로 이루어진 가상의 생선 주문 데이터 3000개를 만들어줘. CSV 파일로 만들어서 다운받을 수 있게 해줘.
>
> - 연령 : 20대, 30대, 40대, 50대
> - 주문 상품 : 조개, 새우, 고등어, 꽃게, 갈치
> - 현황 : 거래 완료, 반품
> - 구매처 : 오픈마켓, 자사몰, 전화 주문, 카페 게시판

구매처별 연령 분포와 상품별 판매율, 반품률을 분석하겠습니다.

1	번호	주문 날짜	이름	연령	주문 상품	단가	수량	총액	현황	구매처
2	1	2023-01-01	이영희	30대	조개	₩30,000	20	₩600,000	거래 완료	오픈마켓
3	2	2023-01-01	박지훈	40대	갈치	₩45,000	26	₩1,170,000	거래 완료	오픈마켓
4	3	2023-01-01	최민수	20대	갈치	₩45,000	10	₩450,000	거래 완료	오픈마켓
5	4	2023-01-02	정혜진	40대	새우	₩35,000	21	₩735,000	거래 완료	자사몰
6	5	2023-01-02	김철수	50대	고등어	₩40,000	24	₩960,000	반품	전화 주문
7	6	2023-01-02	박지훈	50대	고등어	₩40,000	20	₩800,000	반품	카페 게시판
8	7	2023-01-02	강수진	50대	새우	₩35,000	40	₩1,400,000	거래 완료	오픈마켓
9	8	2023-01-02	장미영	40대	조개	₩30,000	28	₩840,000	거래 완료	자사몰
10	9	2023-01-02	이영희	20대	새우	₩35,000	36	₩1,260,000	거래 완료	자사몰

이번 실습에서는 CSV 파일로 저장된 주문 데이터를 사용하겠습니다.

실제 분석에 활용할 때는 엑셀 파일(.xlsx)을 사용해도 괜찮습니다.

500% 노하우 CSV 파일과 친해져 보세요

대부분의 직장인은 CSV 파일보다 엑셀 파일이 더 익숙할 겁니다. 하지만 챗GPT를 활용할 때 유리한 파일 형식은 CSV입니다. 왜냐하면 CSV는 서식을 포함하지 않은 텍스트로만 이루어져서 같은 데이터라도 파일 용량이 엑셀 파일보다 훨씬 가볍기 때문입니다. 다음 이미지를 보면 3,000건의 똑같은 생선 주문 데이터인데 용량이 3.8배 차이나는 걸 확인할 수 있죠. 파일 용량이 크면 챗GPT가 데이터를 읽을 때 더 많은 메모리를 쓰고, 분석하는 속도도 느려집니다.

그렇다고 엑셀 파일이 무조건 나쁜 건 아닙니다. 텍스트만으로는 정리할 수 없는 복잡한 데이터를 하나로 만들 수 있죠. 실제로 데이터 분석 현업에서도 이러한 파일 형식의 차이를 고려합니다. 분석하려는 데이터의 양식이 복잡하지 않고, CSV로 출력할 수 있다면 되도록 CSV 형식을 사용하길 권합니다.

02 챗GPT에서 [첨부] 버튼을 클릭하고, 생선 주문 데이터를 추가한 후 다음과 같이 명령합니다.

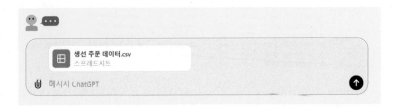

이 데이터는 오픈마켓, 자사몰, 전화 주문, 카페 게시판까지 총 4개 채널의 생선 주문 데이터야.

데이터를 분석해서 아래 내용을 정리해줘.

1. 전체 주문 요약

    - 연령 비중, 주문 상품 비교, 반품률, 구매처 비중

2. 구매처별 요약

    - 오픈마켓의 연령 비중, 주문 상품 비교, 반품률

    - 자사몰의 연령 비중, 주문 상품 비교, 반품률

    - 전화 주문의 연령 비중, 주문 상품 비교, 반품률

    - 카페 게시판의 연령 비중, 주문 상품 비교, 반품률

데이터를 통해 전체 주문 요약과 구매처별 요약을 수행하겠습니다. 각 요약에서는 연령 비중, 주문 상품 비교, 반품률, 구매처 비중을 계산하여 정리할 것입니다.

전체 주문 요약 결과는 다음과 같습니다:

1. **연령 비중 (%):**
   - 40대 : 40.47%
   - 20대 : 20.90%
   - 30대 : 19.43%
   - 50대 : 19.20%

2. **주문 상품 비중 (%):**
   - 갈치 : 21.00%
   - 꽃게 : 20.73%
   - 고등어 : 19.97%
   - 새우 : 19.67%
   - 조개 : 18.63%

3. **반품률 (%) : 15.77%**

4. 구매처 비중 (%):

… 생략 …

이제 구매처별 요약을 진행하겠습니다. 각 구매처에 대해 연령 비중, 주문 상품 비교, 반품률을 계산합니다.

구매처별 요약 결과는 다음과 같습니다:

오픈마켓

- **연령 비중 (%):**
  - 40대 : 38.78%
  - 30대 : 21.45%
  - 20대 : 21.20%
  - 50대 : 18.58%
- **주문 상품 비중 (%):**

  … 생략 …
- **반품률 (%) : 17.58%**

… 생략 …

카페 게시판

- **연령 비중 (%):**

  … 생략 …
- **주문 상품 비중 (%):**

  … 생략 …
- **반품률 (%) : 14.55%**

이로써 전체 주문 요약과 구매처별 요약이 완료되었습니다. 추가 분석이나 시각화가 필요하면 알려주세요.

03 챗GPT가 3,000건의 주문 데이터를 단숨에 분석해서 필요한 내용만 요약했습니다. 육인으로도 판매 데이터에서 구매자 중 40대 비중이 높다

는 점, 오픈마켓이 타 채널이 비해 반품률이 높다는 점, 자사몰과 전화 주문에서 꽃게 주문이 두드러진다는 점을 확인할 수 있는데요, 챗GPT도 그렇게 생각하는지 물어보겠습니다.

요약한 데이터에서 다채널 판매 전략에 관한 통찰력을 얻고 싶어.

다채널 판매 전략을 위한 중요한 통찰력을 얻기 위해 각 구매 채널의 특성과 패턴을 분석해 보겠습니다.

1. 전체 주문 요약

연령 비중

- 40대가 가장 큰 비중을 차지하고 있으며, 이는 주된 소비층이 40대임을 시사합니다.
- 20대와 50대도 중요한 소비층입니다.

주문 상품 비교

- 갈치, 꽃게, 고등어, 새우, 조개가 주요 주문 상품으로 고르게 분포되어 있습니다.

반품률

- 전체 반품률은 15.77%로 비교적 높습니다. 반품률을 줄이는 전략이 필요합니다.

구매처 비중

- 오픈마켓이 가장 큰 비중을 차지하지만, 카페 게시판, 자사몰, 전화 주문의 비중도 비슷하게 나타나고 있습니다.

2. 구매처별 요약

오픈마켓

··· 생략 ···

자사몰

- ··· 생략 ···

통찰력 및 전략 제안

1. 40대 타겟팅 강화 :

… 생략 …

2. 반품률 개선:

  ○ … 생략 …

3. 채널별 특화 상품 및 프로모션:

  ○ … 생략 …

4. 자사몰 및 카페 게시판 강화:

  ○ … 생략 …

5. 다양한 연령대 공략:

  ○ … 생략 …

이러한 통찰력을 바탕으로 다채널 판매 전략을 세분화하고, 각 채널의 강점을 극대화하는 방향으로 나아가는 것이 효과적입니다.

오픈마켓은 반품률을 줄이는 해결책이 필요하고, 자사몰과 카페 게시판은 높은 충성도를 유지할 전략이 필요하다고 설명합니다. 챗GPT가 데이터에서 보이는 중요한 패턴을 정리했을 뿐만 아니라 다채널 판매 전략 강화를 위한 전략도 제시한 것입니다.

04 이번에는 각 구매처 매출을 계산하여 앞서 분석한 내용과의 연관성을 알아보겠습니다. 챗GPT에게 명령합니다.

> 각 구매처의 총 매출과 반품액, 반품액을 뺀 총액을 계산해줘.

구매처별 총 매출, 반품액, 순 매출

	구매처	총 매출	반품액	반품액을 뺀 총액
1	오픈마켓	849621000	157436000	692185000
2	자사몰	784438000	116539000	667899000
3	전화 주문	758214000	118085000	640129000
4	카페 게시판	806810000	116541000	690269000

각 구매처의 총 매출, 반품액, 및 반품액을 뺀 총액을 계산한 결과는 다음과 같습니다. 필요하신 다른 사항이나 추가 분석이 있다면 말씀해 주세요!

05 03단계와 마찬가지로 요약한 데이터에 관한 통찰력을 요구하겠습니다.

채널별 매출 현황에 관한 통찰력을 얻고 싶어.

채널별 매출 현황을 분석하여 몇 가지 통찰력을 도출해 보겠습니다.

1. **총 매출 현황:**

    ○ **오픈마켓** : ₩849,621,000

    ○ **자사몰** : ₩784,438,000

    ○ **전화 주문** : ₩758,214,000

    ○ **카페 게시판** : ₩806,810,000

2. 오픈마켓이 가장 높은 총 매출을 기록했습니다.

3. **반품 현황:**

    ○ **오픈마켓** : ₩157,436,000

    ○ **자사몰** : ₩116,539,000

○ 전화 주문 : ₩118,085,000

○ 카페 게시판 : ₩116,541,000

4. 오픈마켓의 반품액이 가장 높으며, 반품률이 상대적으로 높을 수 있습니다.

5. 순 매출 현황 (반품액을 뺀 총액):

○ 오픈마켓 : ₩692,185,000

○ 자사몰 : ₩667,899,000

○ 전화 주문 : ₩640,129,000

○ 카페 게시판 : ₩690,269,000

6. 순 매출에서도 오픈마켓이 가장 높은 수익을 올리고 있습니다.

통찰력

1. **매출 분석:**

… 생략 …

2. **반품률 분석:**

… 생략 …

3. **전략적 제언:**

… 생략 …

추가 분석

- **월별 매출 추세**를 분석하면 시간에 따른 매출 변동을 확인할 수 있습니다.
- **고객 특성 분석**을 통해 각 채널별로 효과적인 마케팅 전략을 수립할 수 있습니다.

이러한 추가 분석이 필요하시면 말씀해 주세요!

06 **03단계**의 결과와 **05단계**의 결과의 통합 분석을 명령하겠습니다. 데이터 분석의 궁극적인 목표는 매출 증대이므로 매출을 높일 수 있는 전략을 구체적으로 요구하겠습니다.

매출 성과가 낮은 채널의 판매 비중을 줄이고, 높은 채널의 판매 비중을 늘리고 싶어.
판매 매출을 높일 수 있도록 최적화된 판매 전략을 제안해줘.

매출 성과가 낮은 채널의 판매 비중을 줄이고, 높은 채널의 판매 비중을 늘려 매출을
최적화하려면, 각 채널의 매출과 반품률을 고려해 판매 비중을 조정할 필요가 있습니
다. 이를 위해 다음과 같은 단계를 거칠 수 있습니다:

1. **각 채널의 기여도 분석** : 각 채널의 현재 매출과 반품률을 분석하여 현재 기여
   도를 확인합니다.

2. **최적화 목표 설정** : 반품률이 낮고 매출 기여도가 높은 채널의 비중을 늘리는
   목표를 설정합니다.

3. **비중 조정 및 시뮬레이션** : 새로운 비중을 적용하여 매출을 시뮬레이션하고, 최
   적의 비중을 찾습니다.

우선 현재 각 채널의 매출 기여도를 확인하고, 이를 바탕으로 비중을 조정해 보겠습니
다.

현재 매출 기여도 분석

```
# Calculate the contribution of each channel to total sales
total_sales = result['총 매출'].sum()
result['매출 기여도'] = result['총 매출'] / total_sales * 100

# Display the result with sales contribution
import ace_tools as tools; tools.display_dataframe_to_user(name="채널별
매출 기여도", dataframe=result)

result
```

최적화 목표 설정

최적화 목표는 반품률이 낮고 매출 기여도가 높은 채널의 비중을 늘리는 것입니다.
이를 위해 다음과 같은 비율을 설정할 수 있습니다:

1. **오픈마켓** : 현재 반품률이 높으므로 비중을 줄임

2. **자사몰** : 반품률이 낮고 매출 기여도가 높으므로 비중을 늘림

3. **전화 주문** : 매출 기여도가 낮으므로 비중을 줄임

4. **카페 게시판** : 반품률이 낮고 매출 기여도가 높으므로 비중을 늘림

통찰력 및 전략 제안

- 오픈마켓과 전화 주문의 비중을 줄이는 것은 매출에 큰 감소를 초래하므로, 비중 조정 시 조정 비율을 신중히 재고할 필요가 있습니다.

- 반품률을 낮추는 전략을 우선 고려하여, 각 채널의 효율성을 높이는 방향으로 접근하는 것이 바람직합니다.

- 현재 비중 조정이 매출 감소를 가져오므로, 비중 조정을 통해 매출을 최적화하려면 더욱 세밀한 분석과 단계적 조정이 필요합니다.

전략 제안

1. **오픈마켓:**
   - 반품률을 낮추기 위한 고객 서비스 개선 및 품질 관리 강화.
   - 주요 상품의 리뷰 및 피드백을 적극 수집하여 개선점 도출.

2. **자사몰 및 카페 게시판:**
   - 이 두 채널의 반품률이 낮고, 고객 만족도가 높으므로 비중을 점진적으로 늘리기 위한 마케팅 강화.
   - 회원 전용 혜택 및 할인 제공, 커뮤니티 기반의 마케팅을 통해 충성 고객 확보.

3. **전화 주문:**
   - 반품률을 낮추기 위한 전화 응대 개선 및 고객 불만 처리 강화.
   - 연령대별 선호 상품을 파악하여 맞춤형 프로모션 진행.

더 구체적인 전략이나 추가적인 분석이 필요하면 말씀해 주세요!

매출 데이터를 결합함으로써 현재는 채널별 판매 비중 조정보다 전체 반품률 개선이 필요하다면서 앞에서 제안한 전략보다 더욱 압축된 전략을 제안합니다. 이는 데이터를 여러 번 분석하고, 정리하는 과정에서 챗GPT가 점점 결론

을 뾰족하게 만들어가기 때문입니다.

A라는 데이터만 주어졌을 때 챗GPT는 A에 관한 작은 통찰도 정리해서 제공하려고 합니다. 여기에 B라는 데이터가 새롭게 주어지면 A와 B의 연관성을 찾고, 명령의 의도를 파악하여 상대적으로 불필요한 데이터를 소거하면서 내용을 정리합니다.

그래서 40대 타겟팅 강화, 반품률 개선, 채널별 특화 상품 및 프로모션, 자사몰 및 카페 게시판 강화, 다양한 연령대 공략까지 5개로 나누었던 제안을 '반품률 개선'이라는 하나의 목표로 수정한 것이죠. 실제 업무에 반영한다면 앞선 5개의 분산된 목표를 모두 소화하는 건 어려운 일일 겁니다. 하지만 반품률 개선이 매출 증대에 가장 중요한 전략이라는 결론을 내린다면 실제 전략을 실행하는 데도 부담이 줄어듭니다.

이처럼 챗GPT를 활용하면 주문 데이터를 확인하는 것만으로 누구나 데이터 기반 의사 결정을 할 수 있습니다.

미친 활용 34 주문 데이터로 판매 매출 예상하기

주문 데이터도 분석했고, 실행해야 할 전략도 얻었습니다. 그럼 챗GPT가 말한 대로만 하면 되는 걸까요? 챗GPT는 조금 더 강력한 도구일 뿐입니다. 도달할 목표를 정하고, 목표를 향해서 실행하는 건 사람의 몫이죠. 그러므로 반품률을 개선한다는 전략을 세웠다면 반품률을 줄였을 때 도달할 목표가 분명해야 합니다. 이번 실습에서는 반품률을 줄였을 때 개선할 수 있는 판매 매출을 계산하고, 향후 1년 간 매출 목표를 세워보겠습니다.

01 먼저 반품률이 줄었을 때 매출을 계산하겠습니다. 챗GPT에게 다음과 같이 명령합니다.

구매처별 반품률이 3%, 5%, 7%, 10% 감소했을 때 전체, 오픈마켓, 자사몰, 전화 주문, 카페 게시판 별 매출을 계산해서 표로 보여줘.

아래는 반품률이 각각 3%, 5%, 7%, 10% 감소했을 때, 전체 및 각 구매처별 매출 변화를 표로 나타낸 것입니다.

구매처	3% 감소 매출	5% 감소 매출	7% 감소 매출	10% 감소 매출
오픈마켓	₩696,908,100	₩700,056,800	₩703,205,500	₩707,928,600
자사몰	₩671,395,200	₩673,726,000	₩676,056,700	₩679,552,900
전화 주문	₩643,671,600	₩646,033,200	₩648,395,000	₩651,937,500
카페 게시판	₩693,765,200	₩696,096,000	₩698,426,900	₩701,923,100
전체	₩2,705,740,100	₩2,715,912,000	₩2,726,084,000	₩2,741,342,100

반품률이 3% 정도 감소하면 약 1,500만 원의 순 매출 증대를 기대할 수 있습니다. 10%라면 약 5,000만 원 수준입니다. 데이터를 본 생선 판매자가 반품률을 10% 개선해서 더 큰 매출 증대를 기대하는 걸로 가정하고 다음 단계를 진행하겠습니다.

02 반품률을 10%을 개선했을 때 생선 판매자는 매월 어느 정도의 매출을 목표로 정해야 할까요? 월 평균 성장률을 토대로 현 성장 추이를 유지했을 때 향후 1년 간 반품률을 개선하지 않을 시, 반품률을 10% 개선했을 시 매출 계산을 챗GPT에게 맡기겠습니다.

현재 월 평균 성장률을 유지했을 때 향후 1년 간 반품률이 개선되지 않았을 경우, 반품률이 10% 개선되었을 경우 예상 매출과 두 경우의 차이를 월 단위 표로 정리해줘.

향후 1년 간 반품률이 개선되지 않았을 경우와 반품률이 10% 개선되었을 경우의 예상 매출을 월 단위로 정리한 표입니다:

월	예상 매출 (반품율 개선 없음)	예상 매출 (반품율 10% 개선)	매출 차이
2024-05	₩149,172,000	₩152,115,500	₩2,943,500
2024-06	₩149,964,142	₩152,923,273	₩2,959,131
2024-07	₩150,760,491	₩153,735,335	₩2,974,844
2024-08	₩151,561,069	₩154,551,710	₩2,990,641
2024-09	₩152,365,898	₩155,372,421	₩3,006,522
2024-10	₩153,175,001	₩156,197,489	₩3,022,488
2024-11	₩153,988,400	₩157,026,939	₩3,038,538
2024-12	₩154,806,119	₩157,860,793	₩3,054,673
2025-01	₩155,628,180	₩158,699,075	₩3,070,895
2025-02	₩156,454,607	₩159,541,809	₩3,087,202
2025-03	₩157,285,422	₩160,389,018	₩3,103,596

반품률을 줄이면 매월 약 300만 원의 매출 기회가 있다는 걸 확인할 수 있습니다.

03 챗GPT에게 분석한 내용으로 매출 목표를 정리해달라고 요청하겠습니다.

예상 매출을 토대로 향후 1년 간의 매출 목표를 구축하고, 보고서 형식으로 정리해줘.

향후 1년간 매출 목표 보고서

서론

본 보고서는 향후 1년간 반품률 개선 여부에 따른 예상 매출을 기반으로 매출 목표를 설정하기 위해 작성되었습니다. 반품률 개선 시 매출 증가의 가능성을 평가하고, 이를 바탕으로 구체적인 매출 목표를 구축합니다.

현재 월 평균 성장률

현재 월 평균 성장률을 계산한 결과, 평균 성장률은 다음과 같습니다.

- **평균 성장률** : 0.61%

매출 목표 설정 기준

매출 목표는 다음 두 가지 시나리오에 따라 설정되었습니다:

1. **반품률 개선 없음** : 현재 반품률이 유지되는 경우.

2. **반품률 10% 개선** : 반품률이 10% 감소하는 경우.

매출 목표

월	예상 매출 (반품율 개선 없음)	예상 매출 (반품율 10% 개선)	매출 목표 (반품율 개선 없음)	매출 목표 (반품율 10% 개선)
2024-05	₩149,172,000	₩152,115,500	₩149,172,000	₩152,115,500
2024-06	₩149,964,142	₩152,923,273	₩149,964,142	₩152,923,273
2024-07	₩150,760,491	₩153,735,335	₩150,760,491	₩153,735,335
2024-08	₩151,561,069	₩154,551,710	₩151,561,069	₩154,551,710
2024-09	₩152,365,898	₩155,372,421	₩152,365,898	₩155,372,421
2024-10	₩153,175,001	₩156,197,489	₩153,175,001	₩156,197,489
2024-11	₩153,988,400	₩157,026,939	₩153,988,400	₩157,026,939
2024-12	₩154,806,119	₩157,860,793	₩154,806,119	₩157,860,793
2025-01	₩155,628,180	₩158,699,075	₩155,628,180	₩158,699,075
2025-02	₩156,454,607	₩159,541,809	₩156,454,607	₩159,541,809
2025-03	₩157,285,422	₩160,389,018	₩157,285,422	₩160,389,018

결론

본 보고서는 반품률 개선 여부에 따른 예상 매출을 토대로 매출 목표를 설정하였습니다. 반품률을 10% 개선할 경우, 매월 약 ₩3,000,000 이상의 매출 증가를 기대할 수 있습니다. 이를 통해 향후 1년간 안정적이고 지속 가능한 성장을 도모할 수 있을 것입니다.

매출 목표는 조직의 목표 달성에 중요한 지표가 될 것이며, 이에 맞춰 반품률 개선을 위한 전략적 노력이 필요합니다.

전략적 제안

1. **반품률 감소 프로그램** : 반품 사유 분석을 통해 제품 개선 및 고객 서비스 강화.

2. **고객 만족도 향상** : 구매 후 만족도 조사 및 피드백 반영.

3. **효율적 재고 관리** : 재고 관리 시스템 개선을 통한 재고 회전율 증가.

이를 통해 설정된 매출 목표를 달성하고, 조직의 성장을 지속적으로 이끌어 나갈 수 있을 것입니다.

이 보고서가 조직의 매출 목표 설정 및 전략적 계획 수립에 도움이 되길 바랍니다. 추가로 필요한 사항이 있으면 언제든지 말씀해 주세요.

챗GPT는 지금까지 데이터를 분석하며 대부분의 결론을 표로 정리했습니다. 그래서 매출 목표에 관한 요약을 주문하면 다시 앞서 생성한 표만 출력할 가능성이 큽니다. 그럴 때는 '보고서 형식으로 정리해줘.'라고 정확한 양식을 요청해야 마치 정리한 내용을 보고하는 것처럼 답변을 출력합니다.

이제 생선 판매자는 정리된 내용에 기반하여 향후 1년 간 목표를 '반품률을 개선하면서 매월 300만 원 이상의 매출 증가를 유지하기'로 정할 수 있겠네요.

Chapter 18

배달 앱 리뷰 분석하기

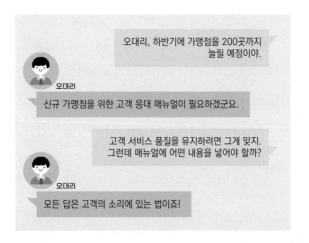

> 오대리, 하반기에 가맹점을 200곳까지 늘릴 예정이야.

오대리
> 신규 가맹점을 위한 고객 응대 매뉴얼이 필요하겠군요.

> 고객 서비스 품질을 유지하려면 그게 맞지. 그런데 매뉴얼에 어떤 내용을 넣어야 할까?

오대리
> 모든 답은 고객의 소리에 있는 법이죠!

조사 결과에 따르면, 방문지기 리뷰와 상호 작용할 때 구매 전환율은 약 120% 상승한다고 합니다. 리뷰는 오늘날 비즈니스 성장의 핵심 중 하나입니다. 리뷰가 부족하면 부족한 대로 서글프지만, 많으면 많은 대로 좋지 않은 리뷰가 생길 확률이 높아집니다. 그래서 좋은 리뷰가 많이 만들어지려면 리뷰를 이해하고, 알맞은 리뷰 답변으로 적군도 아군으로 만들 수 있는 관리가 필요합니다.

고객 리뷰 추출부터 리뷰 데이터를 활용한 고객 응대까지 차근차근해보겠습니다. 앞서 16장 '명함 관리하기'와 17장 '주문 데이터 분석하기'에서 배운 내용을 포함하기 때문에 막히는 부분이 있다면 꼭 앞 실습 내용을 확인해주세요.

미친활용 35 고객 리뷰 분석하기

이번 장에서는 배달 앱의 리뷰를 추출해서 통계를 내고, 데이터를 분석해보겠습니다.

01 명함 스캐너를 만들었던 것처럼 챗GPT로 리뷰 스캐너를 만들겠습니다. 배달 앱이나 사장님의 방식에 따라 리뷰를 확인하는 환경이 다르기 때문에 특정 배달 앱의 리뷰만 모아서 진행하겠습니다. 실습에서는 실제 치킨집 리뷰를 사용하겠습니다. 챗GPT에 다음과 같이 명령합니다.

> 🧑 💬
>
> 지금부터 배달 앱 리뷰 이미지를 줄 거야. 하나씩 추출해서 아래 양식의 csv 파일로 저장해줘.
> - 행 : 고객 아이디, 일자, 별점, 내용
> - 고객 아이디 : 무작위 알파벳 7~10자
> - 일자 : 2024년 1월 31일 ~ 2024년 5월 31일 사이 무작위 일자
> - 별점 : 1개=1점, 2개=2점, 3개=3점, 4개=4점, 5개=5점으로 표시
> - 내용 : 리뷰 내용 입력

> 🤖 💬
>
> 리뷰 이미지를 업로드해주세요. 이를 통해 리뷰를 추출해 CSV 파일로 저장하겠습니다.

실습에서 정보 보호를 위해 메뉴명, 가게명은 가리고, 고객 아이디와 일자는 무작위 처리했습니다. 실제 리뷰를 추출할 때는 다음과 같이 명령을 변경하세요.

- **고객 아이디** : 리뷰를 작성한 고객명
- **일자** : 2024년 1월 31일와 같은 형식 / 5월 31일(오늘) 기준 1개월 전이라면 4월 31일, 3개월 전이라면 2월 31일과 같은 형식으로 표시

매일 리뷰 데이터를 추출한다면 일자 부분은 오늘 날짜로 지정해도 좋습니다. 리뷰 스캐너가 만들어졌네요.

02 주로 배달 앱 리뷰를 모바일로 확인하므로 이번에는 스마트폰으로 이미지를 추가해보겠습니다. 모바일 웹 브라우저 또는 챗GPT 앱으로 접속합니다. 그러면 **01단계**에서 생성한 리뷰 스캐너가 그대로 있는 걸 확인할 수 있습니다.

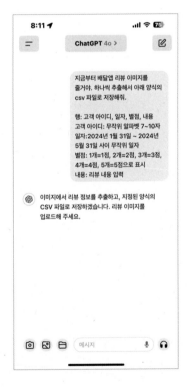

03 배달 앱이나 사장님 전용앱에서 작성된 리뷰 화면을 이미지로 캡처합니다. 다음 예시 이미지에서는 고객명을 가렸습니다. 실습할 때는 고객명과 함께 캡처해서 정보를 추출해 보세요.

> **TIP** 스마트폰 화면 캡처 방법은 아이폰이면 전원 버튼+볼륨 높이기 버튼을 누르고, 안드로이드폰전원 버튼+볼륨 낮추기 버튼을 누르면 됩니다.

04 챗GPT에서 사진 추가 버튼을 누르고 캡처한 리뷰 화면을 추가합니다. 스마트폰에서는 최대 4개의 사진을 추가할 수 있습니다.

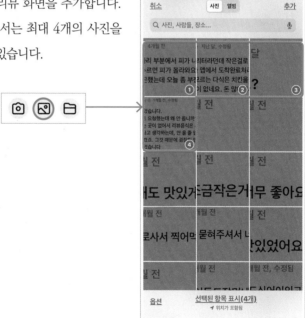

05 이미지를 추가했으면 [입력] 버튼을 누릅니다.

06 리뷰 이미지에서 내용을 추출하여 CSV 파일로 저장한 것을 확인할 수 있습니다.

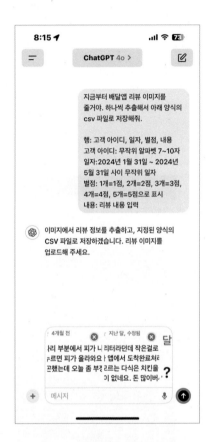

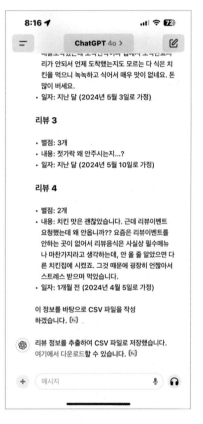

500% 노하우 | 파일을 생성하지 못할 때는 텍스트를 요청하세요

실행 중 내용은 추출했지만, 다음과 같이 파일은 생성하지 못할 수도 있습니다. 그럴 땐 'CSV 형식으로 텍스트 작성해줘.'라고 명령하면 복사할 수 있는 텍스트를 작성해줍니다. 텍스트를 새로운 채팅에 복사해서 붙여넣으면 CSV 파일로 저장됩니다. 텍스트로 작성하면 생성 속도가 느려지는 단점이 있지만, 내용이 채팅에 텍스트로 남아서 CSV로 다시 저장할 수 있다는 장점이 있습니다.

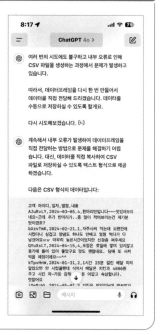

07 PC버전으로 돌아가도 입력한 리뷰 내용이 그대로 있는 걸 확인할 수 있습니다. 시간이 지나면 챗GPT가 생성한 파일을 삭제하므로 다시 파일을 내려받으려면 새로운 **04단계**부터 다시 진행해야 합니다. 필요하다면 재다운로드할 수 있게 **07단계**처럼 꼭 CSV 형식으로 텍스트를 작성해달라고 요청하세요.

> **TIP** 챗GPT 채팅의 각 세션은 기본적으로 1시간 동안 활성화되기 때문에 파일 다운로드 링크도 1시간이 지나면 만료됩니다. 두고두고 필요한 정보는 미리 다운받거나 텍스트로 작성하세요.

파일을 내려받아주세요.

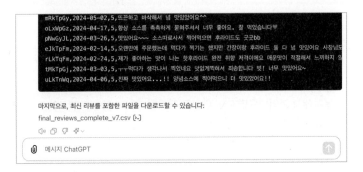

마지막으로, 최신 리뷰를 포함한 파일을 다운로드할 수 있습니다:
final_reviews_complete_v7.csv

08 챗GPT에 새로운 채팅을 열고, [첨부] 버튼을 누른 후 내려받은 고객 데이터를 추가합니다. 긍정 리뷰와 부정 리뷰를 분류해보겠습니다. 파일 인식에 오류가 생길 수 있으니 파일명을 a로 변경하겠습니다. 다음과 같이 명령합니다.

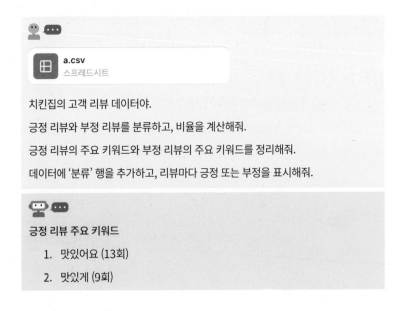

a.csv
스프레드시트

치킨집의 고객 리뷰 데이터야.
긍정 리뷰와 부정 리뷰를 분류하고, 비율을 계산해줘.
긍정 리뷰의 주요 키워드와 부정 리뷰의 주요 키워드를 정리해줘.
데이터에 '분류' 행을 추가하고, 리뷰마다 긍정 또는 부정을 표시해줘.

긍정 리뷰 주요 키워드
1. 맛있어요 (13회)
2. 맛있게 (9회)

3. 너무 (9회)

4. 먹었습니다 (8회)

··· 중략 ···

부정 리뷰 주요 키워드

1. 먹는데 (3회)

2. 식어서 (2회)

3. 치킨은 (2회)

4. 항상 (2회)

··· 중략 ···

데이터에 '분류' 행 추가

데이터에 긍정 또는 부정으로 분류된 행을 추가했습니다. 결과는 다음과 같습니다:

```
      고객 아이디          일자  별점
내용  분류
0  AJuRvLY  2024-03-05    4   한마리반입니다~~~맛있어보이네요~근데 추가
반마리가..좀 많이 적어보이는건 제기분탓...    긍정
1  bXzvTmK  2024-02-21    1   자주시켜 먹는데 오랜만에 시켰더니 싱겁고
양념도 하나도 안배고 몇점 먹다가 다 남겼...   부정
2  QYuXsLT  2024-04-15    4   포장은 호일에 쌓여 있지않고 용기에 들어 있
어 좋았구요 맛도 괜찮네요. 담에 또 시...    긍정
3  kTpvHnW  2024-01-31    2   1시간 25분 걸린 배달 미리 알았으면 안 시켰
을텐데 식어서 배달온 치킨과 4000...     부정
4  iQmPzHL  2024-05-01    3   치킨은 맛있었는데 떡보끼가 얼어있는 그상태
로 익지도 않은 떡이 많네요 아쉽네요 신경...    부정
```

위 데이터는 분류된 전체 데이터 파일로 확인할 수 있습니다.

09 긍정 리뷰와 부정 리뷰의 비율도 구하겠습니다.

긍정 리뷰와 부정 리뷰의 비율을 계산해줘.

긍정 리뷰와 부정 리뷰의 비율은 다음과 같습니다:

- 긍정 리뷰 : 86%
- 부정 리뷰 : 14%

치킨집 리뷰 데이터에서 긍정 리뷰가 대부분을 차지하고 있습니다.

10 긍정 또는 부정 리뷰가 발생하는 요인까지 분석하겠습니다.

긍정 리뷰의 주요 요인과 부정 리뷰의 주요 요인을 정리해줘.

긍정 리뷰 주요 요인

1. 맛 : "맛있어요", "맛있게", "맛있었어요", "맛있네요" 등과 같은 키워드가 자주 언급되었습니다. 맛이 좋다는 피드백이 많습니다.
2. 서비스 : "감사합니다"와 같은 표현이 긍정적으로 작용했습니다. 좋은 서비스에 대한 감사의 표현이 있습니다.
3. 양 : "소스도", "치킨도"와 같은 단어가 포함되어 있어 양이나 구성에 만족하는 경우가 많습니다.
4. 기타 : "너무", "진짜" 등의 긍정적인 강조 표현이 많습니다.

부정 리뷰 주요 요인

1. 맛 : "싱겁고", "양념도 하나도 안배고" 등 맛이 없거나 기대에 미치지 못하는 경우가 많습니다.

2. **배달 시간** : "1시간 25분 걸린 배달", "식어서 배달온" 등 배달 시간이 오래 걸리거나 배달 상태가 좋지 않은 경우가 주요 불만 사항입니다.

3. **양** : "좀 많이 적어보이는" 등 양이 부족하다는 불만이 있습니다.

4. **기타** : "자주시켜 먹는데 오랜만에 시켰더니"와 같은 경우, 기존의 기대와 달라서 실망하는 경우가 있습니다.

긍정 리뷰와 부정 리뷰 분류 및 키워드를 분석하고, 비율과 요인도 구했습니다. 이어서 리뷰 데이터로 알맞은 리뷰 답변을 생성하여 응대까지 하겠습니다. 긍정 리뷰와 부정 리뷰는 주로 맛, 서비스, 배달 시간 및 양과 같은 요인에 의해 결정되는 것으로 보입니다.

미친 활용 36 리뷰 데이터로 리뷰 답변하기

01 리뷰 데이터를 분석한 채팅에 이어서 진행하겠습니다.

지금부터 너는 치킨집의 고객 응대 사원이야.

데이터에 '리뷰 답변' 행을 추가해줘.

각 리뷰의 내용을 분석해서 감사의 의미를 담은 알맞은 답변 리뷰를 생성해줘.

정중한 태도와 겸손한 어투로 깊이 신경써서 답변해줘.

Reviews DataFrame With Responses   ⤓ ⤢

	내용	분류	리뷰 답변	
1	한마리반입니다~~~맛 있어보이네요~근데 추가 반마리가..좀 많이 적어보이는건 제기분탓이겠죠?	긍정	고객님, 소중한 리뷰 감사드립니다! 맛있게 드셨다니 저희도 기쁩니다. 앞으로도 최선을 다해 맛있고	
2	자주시켜 먹는데 오랜만에 시켰더니 싱겁고 양념도 하나도 안배고 몇점 먹다가 다 남겼어요ㅜㅜ 아무리	부정	고객님, 불편을 끼쳐드려 정말 죄송합니다. 말씀해주신 내용을 바탕으로 문제를	

리뷰 데이터에 각 리뷰에 대한 정중한 답변을 추가했습니다. 각 리뷰에 대한 답변은 고객의 리뷰에 대한 감사를 표현하거나, 문제를 해결하기 위한 의지를 보여줍니다.

이 데이터를 확인하시고, 추가적으로 필요한 수정사항이나 요청사항이 있으면 말씀해 주세요.

02 생성한 리뷰를 확인해보니 긍정일 경우, 부정일 경우로만 나누어서 똑같은 리뷰를 생성했네요. 해당 리뷰로 답변한다면 똑같은 내용만 붙여넣은 것처럼 보일 겁니다. 각기 다른 내용으로 생성을 요구하겠습니다.

모든 답변 리뷰를 모두 다른 내용으로 생성해줘.

	내용	분류	리뷰 답변
1	한마리반입니다~~~맛 있어보이네요~근데 추가 반마리가..좀 많이 적어보이는건 제기분탓이겠죠?	긍정	고객님, 소중한 리뷰 감사드립니다! 맛있게 드셨다니 저희도 기쁩니다. 앞으로도 최선을 다해 맛있고
2	자주시켜 먹는데 오랜만에 시켰더니 싱겁고 양념도 하나도 안배고 몇점 먹다가 다 남겼어요ㅠㅠ 아무리	부정	고객님, 불편을 드려 대단히 죄송합니다. 보내주신 의견을 바탕으로 개선할 수 있도록 하겠습니다.

Reviews DataFrame With Varied Responses

모든 리뷰에 대한 답변을 각기 다른 내용으로 생성했습니다. 각 리뷰에 대한 답변은 고객의 긍정적 또는 부정적 피드백에 맞추어 정중하고 겸손한 태도로 작성되었습니다.

이 데이터가 필요하시면 말씀해 주세요. 추가적으로 필요한 수정사항이나 요청사항이 있으면 알려주시면 감사하겠습니다.

모두 다른 내용으로 생성해달라고 요청하여도 중간중간 같은 내용의 리뷰가 있을 수 있습니다. 그럴 경우에는 2~3번 더 요청하거나 특정 리뷰에 관한 답변을 따로 요청해서 변경해야 합니다.

03 내려받고 싶다면 다음과 같이 명령합니다.

파일로 저장해줘.

리뷰에 답변이 포함된 데이터를 <u>여기</u>에서 다운로드할 수 있습니다.

여기를 클릭해서 내려받으면 50개의 리뷰
에 모두 알맞은 답변이 생성된 걸 확인할
수 있습니다.

49	긍정	고객님, 따뜻한 말씀 감사합니다 저희 치킨을 맛있게 즐기셨다니 매우 ?
50	긍정	고객님, 소중한 리뷰 감사드립니다 맛있게 드셨다니 저희도 기쁩니다. 일
51	부정	고객님, 불편을 드려 정말 죄송합니다. 지적해주신 부분을 개선하여 더 나

미친 활용 37 리뷰 데이터로 고객 응대 매뉴얼 만들기

챗GPT를 활용하면 필요한 리뷰 답변을 한꺼번에 생성할 수 있습니다. 하지만
매번 리뷰 생성을 챗GPT에 맡길 수는 없는 노릇이죠. 전화로 응대해야 할 수
도 있습니다. 그럴 경우 상황이나 감정에 따라서 좋지 않은 응대가 발생할 수도
있습니다. 챗GPT에게 작성을 맡기지 않아도 언제든 일관된 응대를 할 수 있도
록 리뷰 데이터로 고객 응대 매뉴얼을 만들어보겠습니다.

01 분석한 고객 리뷰와 챗GPT가 생성한 답변을 토대로 챗GPT에게 매뉴얼
작성을 명령하겠습니다.

> 긍정 리뷰와 부정 리뷰의 분석 데이터와 주요 요인, 답변 리뷰를 토대로 앞으로 각 리
> 뷰에 대한 답변 응대 매뉴얼을 만들어줘.
>
> 답변 예시를 더욱 다양하게 만들어줘. 예를 들어 맛에 부정적인 경우, 배달 시간에 부
> 정적인 경우, 포장에 부정적인 경우 등 상황을 구분해서 제시해줘.

> 리뷰 응대 매뉴얼
>
> 고객 리뷰에 대한 정중하고 겸손한 답변을 작성하기 위한 응대 매뉴얼입니다. 리뷰의
> 내용과 분류에 따라 적절한 답변을 선택하고, 고객의 피드백을 적극 반영하는 것이
> 중요합니다.
>
> **1. 긍정 리뷰 응대**

1.1 맛에 대한 긍정 리뷰

- **예시 답변 1** : "고객님, 소중한 리뷰 감사드립니다! 맛있게 드셨다니 저희도 기쁩니다. 앞으로도 최선을 다해 맛있고 만족스러운 치킨을 제공해드리겠습니다. 다시 한번 감사드리며, 항상 행복하세요!"

- **예시 답변 2** : "고객님, 따뜻한 말씀 감사합니다! 저희 치킨을 맛있게 즐기셨다니 매우 기쁩니다. 앞으로도 변함없이 맛있고 즐거운 식사가 되실 수 있도록 노력하겠습니다. 감사합니다!"

- **예시 답변 3** : "고객님, 리뷰 남겨주셔서 감사합니다! 맛있게 드셨다니 저희도 매우 기쁩니다. 앞으로도 최고의 맛과 서비스를 제공하기 위해 최선을 다하겠습니다. 행복한 하루 되세요!"

1.2 소스에 대한 긍정 리뷰

- … 생략 …

1.3 포장 상태에 대한 긍정 리뷰

- … 생략 …

2. 부정 리뷰 응대

2.1 맛에 대한 부정 리뷰

- **예시 답변 1** : "고객님, 불편을 끼쳐드려 정말 죄송합니다. 말씀해주신 내용을 바탕으로 문제를 개선하고, 더 나은 맛을 제공하기 위해 노력하겠습니다. 소중한 피드백 감사드리며, 다음번에는 만족하실 수 있도록 최선을 다하겠습니다."

- **예시 답변 2** : "고객님, 이용에 불편을 드려 죄송합니다. 지적해주신 문제를 철저히 검토하고 맛을 개선하겠습니다. 소중한 의견 감사드리며, 다음에는 더 나은 맛으로 보답하겠습니다."

- … 생략 …

2.2 배달 시간에 대한 부정 리뷰

- … 생략 …

2.3 포장 상태에 대한 부정 리뷰

- … 생략 …

이 매뉴얼을 참고하여 각 리뷰에 대한 맞춤형 답변을 제공함으로써 고객 만족도를 높이고, 고객의 피드백을 적극 반영하는 서비스를 제공할 수 있습니다.

챗GPT가 실제 치킨집의 고객 응대 방법이나 친절도를 이해하는 것은 아니므로 매뉴얼로 만들기 원하는 각 상황을 명확하게 설명해줘야 합니다. 상황에 관한 설명이 부족하면 생성한 리뷰 답변에서 가장 많이 발견할 수 있는 '감사합니다', '죄송합니다' 등 기본적인 인사만 반복할 가능성이 큽니다.

02 매뉴얼의 기본 뼈대는 만들었습니다. 다만, 답변하는 방법만 있고 답변 이전과 마무리 단계의 매뉴얼은 빠져있습니다. 고객 응대 매뉴얼의 기본 프로세스는 고객 수신, 고객 확인, 문의 상담, 문의 해결입니다. 리뷰 답변 외 전화로 문의가 오거나 답변을 보고 전화를 하는 고객들도 있을 수 있으니 앞서 만든 뼈대와 기본 프로세스를 기초로 다음과 같이 명령하여 매뉴얼을 만들겠습니다.

고객 응대 매뉴얼의 기본 프로세스는 고객 수신, 고객 확인, 문의 상담, 문의 해결이야. 현재 작성한 내용은 '문의 상담'에 해당하는 부분이야. 고객 수신, 고객 확인, 문의 해결을 매뉴얼에 포함해야 해.

고객 수신 : 고객이 전화나 방문 등 매장에 요청했을 때 행동강령

- 바른 인사말, 정확한 자기소개, 용건 확인 방법이 필요해

고객 확인 : 고객이 누구인지 정중하게 여쭙는 단계

- 문의 고객이 누구인지 응대 고객의 정확한 판단이 필요해.

문의 상담 : 고객 문의를 확인하고 답하는 단계

- 고객의 말을 중간이 잘라서는 안 돼

- 문의 내용을 복창하여 한 번 더 확인

문의 해결 : 문의를 종료할 때 마무리하는 단계

- 감사 인사와 함께 다시 이용 또는 방문해달라는 성의 있는 마무리가 필요해.

앞서 작성한 매뉴얼에 위 내용을 추가하여 좀 더 상세한 고객 응대 매뉴얼을 작성해줘.

치킨집 고객 응대 매뉴얼

1. 고객 수신

고객이 전화나 방문 등으로 매장에 요청했을 때 행동강령입니다.

- **바른 인사말** : "안녕하세요, [매장이름]입니다. 무엇을 도와드릴까요?"
- **정확한 자기소개** : "안녕하세요, 저는 [이름]입니다. 무엇을 도와드릴 수 있을까요?"
- **용건 확인 방법** : "고객님, 어떤 문제나 궁금한 점이 있으신가요? 말씀해주시면 최선을 다해 도와드리겠습니다."

2. 고객 확인

고객이 누구인지 정중하게 여쭙는 단계입니다.

- **정확한 판단** : "고객님, 성함과 연락처를 알려주시면 더 정확하게 도와드릴 수 있습니다. 잠시만 기다려주시면 확인해드리겠습니다."
- **고객 정보 확인** : "혹시 이전에 주문하셨던 기록이 있으신가요? 더 나은 서비스를 위해 고객님의 기록을 확인해보겠습니다."

3. 문의 상담

고객의 문의를 확인하고 답하는 단계입니다.

- **고객의 말을 끊지 않기** : "고객님의 말씀을 잘 듣고 있습니다. 모두 말씀해주신 후에 답변 드리겠습니다."
- **문의 내용 복창** : "말씀해주신 내용을 다시 한번 확인하겠습니다. 고객님께서 말씀하신 것은 [문제 요약]이 맞으신가요?"

3.1 긍정 리뷰 응대

- … 생략 …

3.2 부정 리뷰 응대

- … 생략 …

4. 문의 해결

문의 내용을 종료할 때 마무리하는 단계입니다.

- **감사 인사** : "고객님, 소중한 의견 감사드립니다. 보내주신 피드백을 바탕으로

더 나은 서비스를 제공할 수 있도록 노력하겠습니다."

- **다시 이용 요청** : "다음번에도 저희 [매장이름]을 찾아주시면 더욱 만족하실 수 있도록 최선을 다하겠습니다. 다시 한번 감사드립니다."
- **성의 있는 마무리** : "고객님의 의견을 항상 귀 기울여 듣고 있습니다. 언제든지 불편한 점이 있으면 말씀해 주세요. 행복한 하루 되세요!"

이 매뉴얼을 통해 고객에게 일관되고 정중한 서비스를 제공함으로써 고객 만족도를 높일 수 있습니다.

매뉴얼을 고객 수신, 고객 확인, 문의 상담, 문의 해결 단계로 구분하여 상세 내용을 추가했습니다.

'치킨집에서 고객 응대에 사용할 수 있는 매뉴얼을 만들어줘.'라는 간단한 명령으로도 챗GPT는 그럴싸한 매뉴얼을 구성합니다. 다만, 실제 고객의 의견이 반영된 데이터가 없으면 기초 내용만 포함할 수 밖에 없습니다.

실습에서는 리뷰 데이터로 고객의 반응과 불만 사항을 파악했고, 알맞은 답변 데이터를 챗GPT와 함께 생성하여 기본 답변을 만들었습니다. 이를 기반으로 고객 응대 프로세스를 추가하여 구체적인 매뉴얼까지 만들었습니다. 고객 데이터 및 응대 데이터를 더 추가하여 구체적인 매뉴얼을 생성하면 어떤 직원이든 일관된 고객 서비스를 제공할 수 있을 겁니다. 꾸준히 리뷰를 분석하고 챗GPT와 함께 매뉴얼을 업데이트하여 고객 서비스 품질을 높여보세요.

07

챗GPT로
시장 조사하기

하루면 시장 조사에서
보고서까지 뚝딱!

프롤로그

사업, 제품 기획이나 새로운 캠페인을 준비할 때 가장 먼저 시작하는 것이 바로 시장 조사입니다. 챗GPT를 활용하면 시장에 대한 인사이트를 더 효율적으로 얻을 수 있습니다. 이번 장에서는 여름 주류 신제품 개발을 결정하기 위한 가상의 시나리오를 기반으로 챗GPT로 시장 조사를 진행하고, 보고서까지 만들어보겠습니다. 모든 과정은 하나의 채팅에서 진행됩니다.

💬 이 그림은 챗GPT에게 "느긋하게 보고서를 읽고 있는 마케터 토끼를 그려줘. 주변에는 바빠 보이는 마케터 토끼가 4마리 있어."라고 요청하여 받았습니다.

시장 트렌드 조사하기

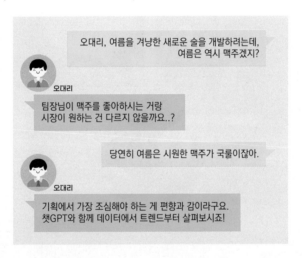

오대리, 여름을 겨냥한 새로운 술을 개발하려는데, 여름은 역시 맥주겠지?

오대리

팀장님이 맥주를 좋아하시는 거랑 시장이 원하는 건 다르지 않을까요..?

당연히 여름은 시원한 맥주가 국룰이잖아.

오대리

기획에서 가장 조심해야 하는 게 편향과 감이라구요. 챗GPT와 함께 데이터에서 트렌드부터 살펴보시죠!

시장 조사는 데이터로부터 시작합니다. 목표로 하는 주제에 대한 조사와 분석 과정에서 나오는 작은 데이터에서 단서를 발견하고, 인사이트로 확장하는 단계까지 나아가야 하죠. 단서 발견부터 인사이트 확장까지 전 과정을 챗GPT와 함께 해보겠습니다.

미친 활용 38 트렌드 분석하기

트렌드 데이터를 가져올 수 있는 방법으로는 구글 트렌드, 네이버 데이터랩, 카카오데이터트렌드 등 서비스를 이용할 수 있습니다. 이번 실습은 카카오데이터트렌드의 데이터를 가지고 진행하겠습니다. 주제는 앞서 설명했듯이 '여름 주류 신제품 개발'입니다. 여름에 사람들이 하이볼, 막걸리, 맥주, 소주, 와인 중 어떤 술에 높은 관심을 가지는지 발견해봅시다.

01 카카오데이터트렌드로 이동합니다.

- **카카오데이터트렌드 링크** : https://datatrend.kakao.com/

02 검색창에 하이볼을 입력하고 [+] 버튼을 누릅니다. 나머지 막걸리, 맥주, 소주, 와인도 똑같은 방법으로 입력하고 [+] 버튼을 누릅니다. 최근 트렌드를 반영하기 위해 기간은 1년, 기기, 성별, 연령은 전체로 설정하겠습니다. 설정이 끝났다면 [검색어 조회하기] 버튼을 클릭합니다.

02단계 조회 결과만 보면 하이볼에 관한 관심이 가장 큰 것으로 보이네요. 하지만 우리가 원하는 건 여름에 관심이 높아지는 술입니다. 챗GPT에게 데이터 분석을 맡겨보겠습니다. 오른쪽 상단의 다운로드 버튼을 클릭합니다.

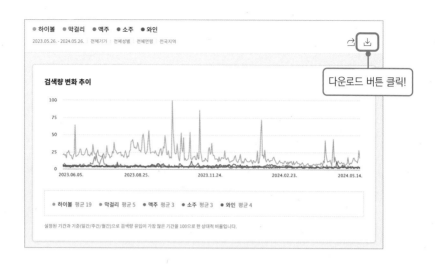

03 내려받은 파일의 확장자가 .xls인데요, .csv파일로 작업하면 훨씬 속도가 빠릅니다. 따라서 엑셀 또는 구글 시트로 파일을 열어서 .csv로 다시 내려받습니다.

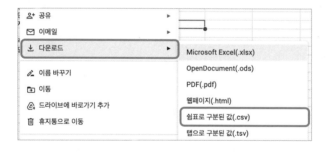

04 챗GPT에 내려받은 데이터 파일을 추가하고 다음과 같이 명령합니다.

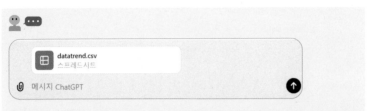

최근 1년간 하이볼, 막걸리, 맥주, 소주, 와인의 트렌드 데이터야. 자세하게 분석해서 정리해줘.

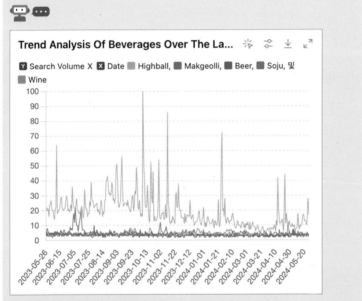

지난 1년간 음료 트렌드 분석

위 그래프는 지난 1년 동안 하이볼, 막걸리, 맥주, 소주, 와인의 검색량 트렌드를 보여줍니다. 주요 관찰 사항은 다음과 같습니다:

　1. 하이볼:

　　하이볼의 검색량은 일 년 내내 변동이 많습니다. 주기적으로 급증하는 시기가 있으며, 이는 계절적 또는 이벤트와 관련된 관심의 증기를 나타낼 수 있습니다.

2. 막걸리:

○ 막걸리는 비교적 안정적인 검색량을 보이며 가끔씩 급증하는 경우가 있습니다. 전반적으로 일관된 검색 활동을 유지하고 있습니다.

3. 맥주:

○ 맥주의 검색량은 비교적 안정적이며, 작은 변동만 있습니다. 이는 일 년 내내 꾸준한 관심을 나타냅니다.

4. 소주:

○ 소주도 맥주와 유사하게 안정적인 검색량을 보이며, 작은 변동만 있습니다. 이는 소주에 대한 꾸준한 관심을 나타냅니다.

5. 와인:

○ 와인은 맥주와 소주에 비해 변동이 더 많습니다. 특정 이벤트나 계절에 따라 관심이 증가하는 시기가 있습니다.

전체적으로 하이볼과 와인은 다른 음료에 비해 눈에 띄는 검색량 증가를 보이는 반면, 맥주, 소주, 막걸리는 더 안정적인 트렌드를 보입니다.

추가 분석이나 특정 인사이트가 필요하시면 언제든지 말씀해 주세요!

.csv 파일의 지난 1년간 하이볼, 막걸리, 맥주, 소주, 와인의 트렌드 데이터를 분석하여 우리가 편히 볼 수 있도록 요약했습니다. 이 데이터를 가지고 챗GPT에게 이번에는 여름에 관한 인사이트를 요구하겠습니다.

다른 계절에 비해서 여름철 가장 관심이 상승하는 술은 어떤 거야?

		Relative Increase In Search Volume During Summer	
		0	
1	Highball	40.95543978324 5126	
2	Makgeolli	50.243135011441 65	
3	Beer	41.36828644501 28	
4	Soju	0.915087328130 8062	
5	Wine	-8.52123566008 5601	

여름철에 다른 계절에 비해 가장 관심이 상승하는 술은 막걸리입니다.

구체적인 상대적 상승률은 다음과 같습니다:

- **막걸리** : 50.2% 증가
- **맥주** : 41.4% 증가
- **하이볼** : 41.0% 증가
- **소주** : 0.9% 증가
- **와인** : 8.5% 감소

이 데이터를 바탕으로 여름철에 상대적으로 막걸리에 대한 관심이 크게 증가한다는 것을 알 수 있습니다.

그래프만 확인했을 때는 하이볼과 와인의 검색이 많았지만, 여름으로 한정했을 때는 와인의 관심이 크게 떨어지고, 하이볼은 맥주와 비슷했으며, 막걸리에 대한 관심이 가장 크게 증가한 것을 확인할 수 있습니다. 여름 주류 시장 트렌드를 분석하여 여름철에 상대적으로 막걸리에 대한 사람들의 관심이 증가했음을 확인했으니 이를 기초로 막걸리 시장을 분석하겠습니다.

미친 활용 39 **시장 분석하기**

시장 분석을 하려면 분석하고자 하는 주제의 최신 동향을 파악하는 게 좋겠죠?
막걸리 관련 가장 최신 시장 보고서는 지난해 한국농수산식품유통공사(aT)
가 공개한 2021년 막걸리 보고서입니다. 이 보고서는 ppt 파일로 제공되며,
PDF로도 내려받을 수 있습니다. 이 보고서를 토대로 막걸리 시장을 분석하겠
습니다.

- **2021년 막걸리 보고서 링크** : https://bit.ly/3RGcttm

01 2021년 막걸리 보고서는 PDF 파일 형식으로 되어 있습니다. 하지만 파
일을 열어보면 이미지로 구성되어 있기 때문에 현재 파일 자체로는 챗
GPT가 인식할 수 없습니다. 챗GPT가 내용을 추출할 수 있도록 먼저
PDF 파일을 이미지로 변환하도록 명령합니다.

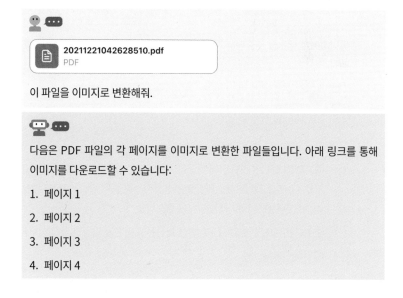

📄 **20211221042628510.pdf**
　PDF

이 파일을 이미지로 변환해줘.

다음은 PDF 파일의 각 페이지를 이미지로 변환한 파일들입니다. 아래 링크를 통해
이미지를 다운로드할 수 있습니다:

1. 페이지 1
2. 페이지 2
3. 페이지 3
4. 페이지 4

5. 페이지 5

6. 페이지 6

02 챗GPT가 만들어준 링크를 클릭하여 총 6장의 이미지를 다운로드합니다. 그런 다음 이 이미지들을 챗GPT에 넣고 내용을 추출하여 막걸리 시장을 분석하도록 다음과 같이 명령합니다.

이미지에서 내용을 추출해서 지난 5년간 막걸리 시장의 변화와 변화 원인을 분석해줘.

지난 5년간 막걸리 시장의 변화

1. **시장 규모 감소:**

   ○ **출고량 감소 :** 2019년 국내 막걸리 시장 규모는 출고액 기준으로 4,430억 원으로 2015년 대비 5.8% 하락했습니다. 막걸리 출고량도 2015년 42만 kl에서 2019년 37만 kl로 약 10% 감소했습니다.

   ○ **코로나19 영향 :** 코로나19로 인한 외식산업 침체가 막걸리 시장에 부정적인 영향을 미쳤습니다.

2. **소비자 관심도 변화:**

   - **젊은 층의 관심 증가** : 최근 막걸리는 MZ세대를 겨냥한 다양한 제품 출시와 마케팅을 통해 젊은 층의 관심을 끌고 있습니다.
   - **프리미엄 및 이색 막걸리 인기** : 기존 전통 막걸리 외에도 고급화된 프리미엄 막걸리와 다양한 맛을 가진 이색 막걸리가 인기를 얻고 있습니다.

3. **유통 채널의 변화:**

   - **편의점 판매 증가** : 편의점을 통해 막걸리를 구매하는 소비자가 증가하고 있으며, 이는 특히 젊은 층 사이에서 두드러집니다.

변화 원인

1. **소비 트렌드 변화:**

   - 건강과 웰빙을 중시하는 소비자들이 증가하면서, 저도주인 막걸리에 대한 관심이 높아졌습니다.
   - 다양한 맛과 향을 가진 막걸리 제품이 출시되어 소비자 선택의 폭이 넓어졌습니다.

2. **유통 채널 다변화:**

   - 온라인 쇼핑과 편의점에서의 막걸리 판매가 증가하면서 소비자 접근성이 향상되었습니다.
   - 비대면 소비가 증가함에 따라 온라인 채널을 통한 마케팅과 판매가 강화되었습니다.

3. **마케팅 전략:**

   - 전통적인 막걸리 이미지에서 벗어나 젊고 세련된 이미지로 변신한 마케팅 전략이 성공적이었습니다.
   - MZ세대를 겨냥한 마케팅 캠페인과 협업(콜라보레이션) 제품 출시가 긍정적인 반응을 얻었습니다.

이와 같은 변화 요인들은 막걸리 시장의 트렌드와 성장을 이끄는 주요 요소로 작용하고 있습니다. 추가적인 분석이나 특정 질문이 있으시면 언제든지 말씀해 주세요.

03 챗GPT가 지난 5년간 국내 막걸리 시장에 대한 데이터를 이미지에서 추출하여 잘 분석해주었습니다. 이로써 막걸리 시장에 관한 데이터를 추가했으니 이제 막걸리의 여름 인기 상승 요인을 파악하겠습니다. 관련하여 추가로 명령합니다.

막걸리의 여름 인기 상승 요인은 무엇이야?

막걸리가 여름철에 인기가 상승하는 주요 요인은 다음과 같습니다:

1. **시원한 음료로서의 매력:**
   - 막걸리는 차갑게 즐길 수 있는 음료로, 여름철 더위에 시원하게 마시기 좋은 술입니다. 얼음과 함께 제공되거나 냉장고에서 바로 꺼내 마실 수 있어 여름철 더위를 식히기에 적합합니다.

2. **저도주로서의 인기:**
   - 막걸리는 비교적 알코올 도수가 낮아 가벼운 음주를 선호하는 사람들에게 인기가 있습니다. 특히 여름철에는 과음을 피하고 시원하게 즐길 수 있는 저도주가 인기를 끌게 됩니다.

3. **다양한 맛과 종류:**
   - 여름철을 겨냥한 다양한 맛의 막걸리가 출시되고 있습니다. 과일 막걸리, 유자 막걸리 등 상큼하고 달콤한 맛을 가진 막걸리가 특히 인기를 끕니다. 이러한 다양한 맛은 여름철 소비자들의 입맛을 사로잡습니다.

4. **야외 활동과의 조화:**
   - 여름철은 야외 활동이 많은 계절입니다. 캠핑, 피크닉, 해변 등에서 가볍게 즐길 수 있는 술로 막걸리가 적합합니다. 병이나 캔으로 포장된 막걸리는 휴대가 간편해 야외에서 즐기기 좋습니다.

5. **전통과 현대의 조화:**
   - 막걸리는 전통적인 이미지와 현대적인 이미지가 조화를 이루어 다양한 세대에게 인기를 얻고 있습니다. 특히 젊은 세대는 전통 음료를 현대적으로 재해석한

제품을 선호하며, 이는 여름철 막걸리 소비 증가에 기여합니다.

6. **건강 트렌드와의 부합:**

   ○ 최근 건강을 중시하는 트렌드와 맞물려 막걸리의 건강 효능이 주목받고 있습니다. 막걸리에 포함된 유산균과 발효 성분이 소화에 도움이 된다는 인식이 확산되면서 여름철에도 건강하게 즐길 수 있는 음료로 각광받고 있습니다.

이러한 요인들이 복합적으로 작용하여 막걸리가 여름철에 특히 인기를 끌게 됩니다. 추가적인 질문이나 더 자세한 정보가 필요하시면 언제든지 말씀해 주세요.

04 02단계의 데이터에서 확인한 단서들과 앞서 명령한 **03단계**의 막걸리의 여름 인기 상승 요인 내용을 결합하여 더 자세하게 정리하겠습니다.

이 내용을 위에 데이터와 결합해서 더 자세하게 설명해줘.

막걸리의 여름철 인기가 상승하는 이유를 지난 데이터와 결합하여 더 자세하게 설명해 보겠습니다.

여름철 막걸리 인기 상승 요인

1. **시원한 음료로서의 매력**

   ○ **데이터 분석** : 여름철(6~8월) 막걸리 검색량이 다른 계절에 비해 50.2% 증가한 데이터는 막걸리가 여름철 시원하게 즐길 수 있는 음료로서의 매력을 가지고 있음을 보여줍니다. 이는 소비자들이 더운 날씨에 시원한 음료를 찾는 경향과 맞물려 막걸리의 인기를 끌어올리는 주요 요인 중 하나입니다.

2. **저도주로서의 인기**

   ○ **데이터 분석** : 저도주인 막걸리는 건강과 웰빙을 중시하는 소비자들 사이에서 인기가 높습니다. 여름철에는 가벼운 음주를 선호하는 경향이 강해지며, 이에 따라 막걸리의 검색량과 소비가 증가합니다.

3. **다양한 맛과 종류**
   - 데이터 분석 : 다양한 맛과 종류의 막걸리가 여름철 소비자들의 입맛을 사로잡고 있습니다. 특히 과일 막걸리, 유자 막걸리 등 상큼하고 달콤한 맛의 막걸리가 여름철에 인기를 끌고 있으며, 이는 데이터에서 나타난 막걸리의 검색량 증가와도 일치합니다.

4. **야외 활동과의 조화**
   - 데이터 분석 : 여름철 야외 활동이 많아지면서 휴대가 간편한 병이나 캔 포장의 막걸리가 인기를 끌고 있습니다. 이는 여름철에 막걸리의 소비가 증가하는 중요한 요인 중 하나입니다.

5. **전통과 현대의 조화**
   - 데이터 분석 : MZ세대를 겨냥한 다양한 제품 출시와 마케팅 전략이 막걸리의 인기를 끌고 있습니다. 특히 전통적인 이미지를 현대적으로 재해석한 제품이 젊은 세대 사이에서 인기를 얻고 있으며, 이는 여름철에도 막걸리 소비 증가로 이어집니다.

6. **건강 트렌드와의 부합**
   - 데이터 분석 : 막걸리의 건강 효능이 주목받고 있으며, 특히 여름철에는 건강을 고려한 음료 선택이 중요해집니다. 유산균과 발효 성분이 포함된 막걸리가 소화에 도움을 준다는 인식이 확산되면서, 여름철 건강 음료로서의 인기를 끌고 있습니다.

지난 5년간 막걸리 시장의 변화와 원인

1. **시장 규모 감소**
   - **출고량 감소** : 2019년 국내 막걸리 시장 규모는 출고액 기준으로 4,430억 원으로 2015년 대비 5.8% 하락했습니다. 막걸리 출고량도 2015년 42만 kl에서 2019년 37만 kl로 약 10% 감소했습니다.
   - **코로나19 영향** : 코로나19로 인한 외식산업 침체가 막걸리 시장에 부정적인 영향을 미쳤습니다.

2. **소비자 관심도 변화**
   - **젊은 층의 관심 증가** : 최근 막걸리는 MZ세대를 겨냥한 다양한 제품 출시와 마케팅을 통해 젊은 층의 관심을 끌고 있습니다.

- 프리미엄 및 이색 막걸리 인기 : 기존 전통 막걸리 외에도 고급화된 프리미엄 막걸리와 다양한 맛을 가진 이색 막걸리가 인기를 얻고 있습니다.

3. 유통 채널의 변화
- 편의점 판매 증가 : 편의점을 통해 막걸리를 구매하는 소비자가 증가하고 있으며, 이는 특히 젊은 층 사이에서 두드러집니다.

결론

막걸리의 여름철 인기가 상승하는 이유는 주로 시원한 음료로써의 매력, 저도주로써의 인기, 다양한 맛과 종류, 야외 활동과의 조화, 전통과 현대의 조화, 건강 트렌드와의 부합 때문입니다. 이러한 요인들은 막걸리의 여름철 소비를 촉진하며, 전체적인 시장 변화와도 밀접한 관련이 있습니다. 데이터 분석 결과와 결합하여 보면, 막걸리는 여름철에 특히 강세를 보이며, 이는 다양한 소비자 니즈를 충족시키기 위한 지속적인 제품 개발과 마케팅 전략의 결과임을 알 수 있습니다.

도출된 결과를 검토하면 실질적인 데이터를 분석한 결과에 챗GPT의 의견이 더해지면서 여름 신제품으로 막걸리를 개발해야 하는 근거가 뒷받침된 설득력 있는 결론에 도달했습니다. 관련 데이터를 파일로 가지고 있었지만 챗GPT가 파일에서 이미지를 추출하고, 분석하고, 결합하는 과정을 통해서 데이터를 잘 정리하여 분석해주었고 이를 통해 빠르게 막걸리 시장을 이해할 수 있었습니다. 데이터의 작은 단서에서부터 막걸리 시장의 인사이트까지 챗GPT가 정리해준 거죠. 다음으로 막걸리 시장에는 어떤 경쟁 제품들이 차지하고 있는지 분석하겠습니다.

(Chapter 20)

경쟁 제품 비교하기

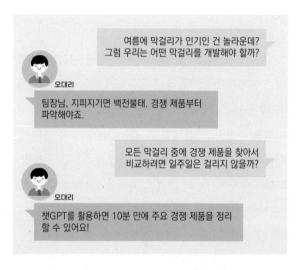

여름에 막걸리가 인기인 건 놀라운데?
그럼 우리는 어떤 막걸리를 개발해야 할까?

오대리

팀장님, 지피지기면 백전불태. 경쟁 제품부터
파악해야죠.

모든 막걸리 중에 경쟁 제품을 찾아서
비교하려면 일주일은 걸리지 않을까?

오대리

챗GPT를 활용하면 10분 만에 주요 경쟁 제품을 정리
할 수 있어요!

시장 분석과 트렌드를 확인했다고 해서 적절한 신제품을 결정할 수 있는 건 아
닙니다. 현재 시장에서 목표로 하는 제품과 같은 포지션으로 판매 중인 제품들
을 분석하여 신제품을 기획하고, 포지셔닝할 수 있는 방법을 모색해야 합니다.
그렇다고 수많은 막걸리를 하나하나 분석할 수는 없습니다. 목표로 하는 제품
에 대한 명확한 경쟁자를 식별하는 것이 중요합니다. 챗GPT를 이용히어 차근

차근 경쟁 제품을 비교하겠습니다.

미친 활용 40 경쟁 제품 조사하기

'미친 활용 39 **시장 분석하기**'에서 확인할 수 있는 막걸리 인기 요소에 관한 주요 키워드는 다음과 같습니다.

- 낮은 도수
- 이색 막걸리
- 캔 포장
- 편의점
- 젊은 세대

해당 키워드로 경쟁 제품을 찾습니다.

01 위 주요 키워드로 챗GPT에게 빙 검색을 요청합니다.

빙 검색으로 낮은 도수, 이색 막걸리, 캔 포장, 편의점, 젊은 세대 이 다섯 가지 조건에 최대한 충족하는 막걸리 10종을 한국 웹 사이트에서 찾아서 정리해줘.

편의점에서 판매 중인 캔 이색 막걸리 10종

1. 국순당 단팥 막걸리

- **특징** : 달달한 팥앙금과 쌀 막걸리의 부드러운 목 넘김.
- **도수** : 3.5%
- **판매처** : 다양한 편의점 (GS25, CU 등) (네이버 블로그).

··· 생략 ···

10. 달빛유자 막걸리

- 특징 : 유자향이 가미된 상큼한 맛의 막걸리.
- 도수 : 5.5%
- 판매처 : GS25, CU

이와 같이 다양한 캔 막걸리가 편의점에서 판매되고 있으며, 각기 다른 맛과 특징을 가지고 있어 여름철 시원하게 즐기기 좋습니다. 특히, 다양한 맛과 향을 통해 소비자들의 입맛을 사로잡고 있습니다.

챗GPT에게 하는 명령에서 '한국 웹 사이트에서 찾아'라는 문구가 빠졌다면 어땠을까요? 아마 한국뿐만 아니라 해외 사이트까지 검색하여 실제 존재하지 않는 막걸리를 존재하는 것처럼 속여서 설명할 가능성이 큽니다. 이렇게 되면 정보의 정확성이 떨어짐은 물론이고 내가 원하지 않는 결과까지 나오니 황당할 수 있겠죠? 더욱이 원하던 정보와 상이하다면 실망감을 느끼고 챗GPT 창을 닫을 수도 있어요. 하지만 다음 문구를 한 번 더 확인해보세요.

방대한 데이터를 수집하고 우리가 원하는 데이터를 분석하는 과정에서 챗GPT도 실수를 할 수 있기 때문에 검색에 오류가 발생하지 않도록 명령하는 것이 중요합니다. 만약 원하는 결과가 나오지 않는다면 '조건에 더 알맞은 제품을 찾아줘.' 또는 '캔 포장 막걸리를 더 찾아줘'처럼 관련하여 추가 명령으로 검색 결과를 강화하고 개선해야 합니다.

실습은 챗GPT가 한번에 분석할 수 있는 10개의 제품으로만 진행합니다.

실무에서는 같은 방법으로 더 많은 경쟁 제품을 비교할 수 있으니 직접 확인해보세요.

02 **01단계**의 명령으로 제품 정보를 알았기 때문에 각 제품에 대한 자세한 정보는 빙 검색을 이용하기보다는 직접 검색하여 수집하는 것이 더 빠릅니다. 다음 명령을 위해 수집해야 할 정보가 명확하기 때문에 제품 정보를 하나씩 수집한 후 챗GPT에게 정리를 맡기겠습니다.

위 목록의 막걸리 제품 라벨 이미지를 수집하여 챗GPT에 다음과 같이 명령합니다.

- **이미지 다운로드** : https://bit.ly/3Vzbn3Y

이미지를 분석해서 제품명, 알코올 함량, 원재료명, 보관 방법을 표로 정리해줘. 추가 특징이 있다면 비고로 정리해줘.

제품명, 알코올 함량, 원재료명, 보관방법을 표로 정리
각 이미지에서 필요한 정보를 직접 확인하고 표로 정리해 보겠습니다.

1. 이미지 1:

- **제품명** : 금속당 쌀 단팥

- **알코올 함량** : 3.5%

- **원재료** : 정제수, 쌀(국내산), 팥앙금, 효모, 정제소금, 변성전분, 합료(합료, 정제수), 밀알유

- **보관방법** : 직사광선을 피하고 서늘한 곳에 보관

··· 생략 ···

10. 이미지 10:

- **제품명** : 서울주조산업 주복도
- **알코올 함량** : 6%
- **원재료명** : 정제수, 쌀(국내산), 유자과즙, 입국, 프락토올리고당, 벌꿀, 효모
- **보관방법** : 10도 이하 냉장보관

위의 정보를 표로 정리하면 다음과 같습니다:

제품명	알코올 함량	원재료명	보관방법	비고
금속당 쌀 단팥	3.5%	정제수, 쌀(국내산), 팥앙금, 효모, 정제소금, 변성전분, 합료, 밀알유	직사광선을 피하고 서늘한 곳에 보관	
금속당 쌀 밤바밤	4%	정제수, 쌀(외국산), 밤앙금, 효모, 합료, 밀알유	직사광선을 피하고 서늘한 곳에 보관	
금속당 쌀 조림당	4%	정제수, 쌀(외국산), 조림, 효모, 밀알유	직사광선을 피하고 서늘한 곳에 보관	
남한산성소주 딸기 바나나 막걸리	6%	정제수, 쌀(국내산), 딸기, 바나나, 누룩, 벌꿀, 정제효소, 효모, 스테비올배당체	10도 이하 냉장보관	
톡쏘는알밤동동	6%	정제수, 쌀(국산), 입국, 기타당, 밤농축액, 이소맡트올리고당, 밤시럽, 합성착향료, 알기산나트륨, 효모	직사광선을 피하고 서늘한 곳에 보관	
설빙 딸기막걸리	5%	정제수, 쌀(국내산), 기타당, 이소맡트올리고당, 탄산수, 검은베이스, 아스파탐, 효모	직사광선을 피하고 서늘한 곳에 보관	
크라운 땅콩카라멜	6%	정제수, 쌀(국내산), 땅콩카라멜	직사광선을 피하고 서늘한 곳에 보관	
카이막 걸리	9%	정제수, 백미(국내산), 입국, 백미, 누룩, 효모	10도 이하 냉장보관	
느린마을막걸리 방울톡	6%	정제수, 쌀(국내산), 기타당, 누룩, 효모, 밀알유	0-10도 냉장보관	
서울주조산업 주복도	6%	정제수, 쌀(국내산), 유자과즙, 입국, 프락토올리고당, 벌꿀, 효모	10도 이하 냉장보관	

이미지의 해상도 등 여러 요인으로 데이터를 정리하는 데 몇 가지 오류가 있습니다. 이럴 때는 챗GPT에게 다시 분석하게 하는 것보다 수정하고자 하는 부분의 정확한 정보를 주고 개선을 요청하는 것이 더 빠릅니다.

금속당은 모두 국순당으로 변경해줘.

서울주조산업 주복도는 달빛유자로 변경해줘.

설빙 딸기막걸리는 제품명을 설빙 인절미순희로, 원재료명을 정제수, 쌀(국내산), 이소말토올리고당, 탄산수, 합성향료, 볶음콩가루(백태 100% 국내산), 효모, 중국혼합젤리(호스차리스테비아, 토마토), 구연산, 아스파탐으로 변경해줘.

이 정보를 기존 표에 반영하겠습니다.

제품명	알코올 함량	원재료명	보관방법	비고
국순당 쌀 단팥	3.5%	정제수, 쌀(국내산), 팥앙금, 효모, 정제소금, 변성전분, 합료, 밀알유	직사광선을 피하고 서늘한 곳에 보관	
국순당 쌀 밤 바밤	4%	정제수, 쌀(외국산), 밤앙금, 효모, 합료, 밀알유	직사광선을 피하고 서늘한 곳에 보관	
국순당 쌀 조림당	4%	정제수, 쌀(외국산), 조림, 효모, 밀알유	직사광선을 피하고 서늘한 곳에 보관	
남한산성소주 딸기바나나 막걸리	6%	정제수, 쌀(국내산), 딸기, 바나나, 누룩, 벌꿀, 정제효소, 효모, 스테비올배당체	10도 이하 냉장보관	
톡쏘는알밤동동	6%	정제수, 쌀(국산), 입국, 기타당, 밤농축액, 이소말토올리고당, 밤시럽, 합성착향료, 알기산나트륨, 효모	직사광선을 피하고 서늘한 곳에 보관	
설빙 인절미순희	5%	정제수, 쌀(국내산), 이소말토올리고당, 탄산수, 합성향료, 볶음콩가루(백태 100% 국내산), 효모, 중국혼합젤리(호스차리스테비아, 토마토), 구연산, 아스파탐	직사광선을 피하고 서늘한 곳에 보관	밀함유
크라운 땅콩카라멜	6%	정제수, 쌀(국내산), 땅콩카라멜	직사광선을 피하고 서늘한 곳에 보관	
카이막 걸리	9%	정제수, 백미(국내산), 입국, 백미, 누룩, 효모	10도 이하 냉장보관	
느린마을막걸리 방울톡	6%	정제수, 쌀(국내산), 기타당, 누룩, 효모, 밀알유	0-10도 냉장보관	
달빛유자	6%	정제수, 쌀(국내산), 유자과즙, 입국, 프락토올리고당, 벌꿀, 효모	10도 이하 냉장보관	

이 표는 요청하신 변경 사항을 반영한 결과입니다. 추가적인 수정이나 다른 정보가 필요하시면 언제든지 말씀해 주세요.

03 주요 키워드로 시장 분석을 통해 추출한 경쟁 제품들이 위와 같이 정리되었습니다. 그렇다면 이 제품들이 시장에서 어떤 경쟁력을 가지는지 분석하겠습니다.

👤💬

이 막걸리들은 경쟁 제품이야. 이 제품들이 시장에서 어떤 경쟁력을 가지는지 분석해줘.

🤖💬

막걸리 제품들의 시장 경쟁력 분석

1. 국순당 쌀 단팥 막걸리

- **경쟁력**: 낮은 도수(3.5%)와 달콤한 팥맛이 특징입니다. 디저트처럼 가볍게 즐길 수 있어 젊은 층과 여성 소비자들에게 인기가 있을 수 있습니다. 편의점과 대형마트에서 쉽게 구할 수 있어 접근성이 높습니다.

… 생략 …

10. 달빛유자 막걸리

- **경쟁력**: 유자의 상큼한 향과 맛이 특징으로, 특히 여름철에 청량감을 느끼고 싶어하는 소비자들에게 인기가 있습니다. 6%의 도수로 가볍게 즐길 수 있으며, 젊은 세대와 여성 소비자들에게 매력적입니다.

결론

이들 제품은 각각의 독특한 맛과 향, 그리고 낮은 도수 등의 특성으로 인해 다양한 소비자층을 타겟으로 하고 있습니다. 특히 젊은 세대와 여성 소비자, 그리고 새로운 맛과 경험을 추구하는 소비자들에게 어필할 수 있습니다. 각 제품은 전통적인 막걸리에서 벗어나 다양한 맛을 제공함으로써 시장에서의 차별화와 경쟁력을 높이고 있습니다. 또한, 편의점과 대형마트 등에서 쉽게 구할 수 있어 접근성이 높아 시장에서의 경쟁력을 강화하고 있습니다.

경쟁 제품들의 특징을 반영하여 시장 경쟁력을 분석하였습니다. '특별한 원재료를 사용해서 특징적인 맛을 강조하고, 소비자들의 다양한 기호를 만족시킨다'라는 점은 눈여겨볼 만합니다.

하지만 이 내용은 챗GPT가 상품 데이터를 종합해서 낸 의견이지, 실제 소비자들의 의견은 아닙니다. 예를 들어 막걸리에 가미한 인절미의 고소한 맛을 강조했으나 소비자가 실제로 막걸리에서 인절미의 맛을 느꼈는지 그리고 그것이 판매 포인트로 작용하였는지는 챗GPT가 판단할 수 없는 영역이기 때문이죠.

상품 분석 데이터에 실제 소비자들의 반응까지 취합해야 경쟁 제품 분석에 정당성을 부여할 수 있습니다. 그러므로 이제는 경쟁 제품에 대한 소비자들의 실제 반응을 분석하여 추가하겠습니다.

미친 활용 41 경쟁 제품 리뷰 파악하기

이번 장에서는 앞서 작성한 경쟁 제품 표에 '실제 소비자 반응'이라는 열을 추가하고, 해당 제품의 블로그 리뷰의 공통된 특징을 분석해서 추가하겠습니다.

01 챗GPT에 경쟁 제품 관련 소비자 리뷰를 분석하라는 명령을 합니다.

> 🧑 💬
>
> 지금부터 각 경쟁 제품들의 소비자 리뷰를 보여 줄 거야. 리뷰를 분석해서 공통된 특징을 분석하고, 앞서 만든 경쟁 제품 표에 '실제 소비자 반응'이라는 열을 추가해서 분석한 내용을 포함해줘.

> 🤖 💬
>
> 리뷰를 보여주시면, 각 제품에 대한 소비자 반응을 분석하여 '실제 소비자 반응' 열을 포함한 경쟁 제품 표를 업데이트하겠습니다. 리뷰를 제공해 주세요.

02 각 제품에 대한 블로그 리뷰 링크를 추가합니다. 제품명을 네이버에 검색했을 때 노출되는 상위 블로그 리뷰 5개씩만 추가하겠습니다.

국순당 쌀 단팥

https://blog.naver.com/fmfaith/223412671472

https://blog.naver.com/yue727/223322756080

https://blog.naver.com/junjin63/223438878171

https://blog.naver.com/gkswk119/223274647388

https://blog.naver.com/giyupgom11/223401058889

소비자 리뷰 분석

각 블로그에서 수집한 리뷰를 바탕으로 **국순당 쌀 단팥** 막걸리의 소비자 반응을 분석하고 경쟁 제품 표에 반영하였습니다.

공통된 소비자 반응:

1. **달콤함** : 대부분의 리뷰어들은 이 막걸리가 매우 달콤하다고 언급하고 있습니다. 이는 팥앙금이 주는 단맛 덕분입니다. "단팥 아이스크림을 녹인 맛"이라는 평가도 자주 등장합니다 (네이버 블로그) (네이버 블로그).

2. **부드러움** : 탄산감이 거의 없고 부드러운 질감을 가진 것으로 평가됩니다. 이는 여성 소비자나 가벼운 음주를 선호하는 사람들에게 적합합니다 (네이버 블로그) (추천 : 네이버 블로그).

3. **낮은 알코올 도수** : 3.5%의 낮은 알코올 도수로 인해 가볍게 즐기기 좋은 술이라는 평가가 많습니다 (네이버 블로그) (추천 : 네이버 블로그).

4. **패키지 디자인** : 라인프렌즈 캐릭터와의 협업으로 귀여운 패키지가 인기를 끌고 있습니다 (추천 : 네이버 블로그).

5. **복합적인 맛** : 단맛 외에도 약간의 신맛이 느껴져 독특한 맛을 제공합니다 (추천 : 네이버 블로그).

경쟁 제품 표 업데이트

제품명	알코올 함량	원재료명	보관방법	실제 소비자 반응
국순당 쌀 단팥	3.5%	정제수, 쌀(국내산), 팥앙금, 효모, 정제소금, 변성전분, 합료, 밀알유	직사광선을 피하고 서늘한 곳에 보관	매우 달콤하고 부드러우며, 패키지가 귀엽다. 낮은 도수로 가볍게 즐길 수 있음.
국순당 쌀 밤바밤	4%	정제수, 쌀(외국산), 밤앙금, 효모, 합료, 밀알유	직사광선을 피하고 서늘한 곳에 보관	
~~국순당~~ (호~~시~~에~~ ~~), 구연~~ ~~산 스파탐				
크라운 땅콩카라멜	6%	정제수, 쌀(국내산), 땅콩카라멜	직사광선을 피하고 서늘한 곳에 보관	
카이막 걸리	9%	정제수, 백미(국내산), 입국, 백미, 누룩, 효모	10도 이하 냉장보관	
느린마을막걸리 방울톡	6%	정제수, 쌀(국내산), 기타당, 누룩, 효모, 밀알유	0-10도 냉장보관	
달빛유자	6%	정제수, 쌀(국내산), 유자과즙, 입국, 프락토올리고당, 벌꿀, 효모	10도 이하 냉장보관	

리뷰를 통해 확인된 주요 특징들을 반영하여 위 표를 업데이트했습니다. 다른 제품에 대한 리뷰를 추가로 제공해주시면 분석을 이어가겠습니다.

국순당 쌀 단팥 막걸리의 실제 소비자 반응만 추가된 걸 확인할 수 있습니다. 이제 다른 경쟁 제품도 동일 조건으로 검색했을 때 나오는 블로그 리뷰 5개를 챗GPT에게 주고 이 과정을 반복해서 모든 경쟁 제품의 실제 소비자 반응을 추가하겠습니다.

TIP 앞서 비교에 포함되었던 밀 함유 부분은 실제 소비자 반응을 추가할 때 챗GPT가 자연스럽게 지우게 됩니다.

03 다음은 모든 경쟁 제품에 대한 리뷰 분석을 추가한 결과입니다.

경쟁 제품 표 업데이트

제품명	알코올 함량	원재료명	보관방법	실제 소비자 반응
국순당 쌀 단팥	3.5%	정제수, 쌀(국내산), 팥앙금, 효모, 정제소금, 변성전분, 합료, 밀알유	직사광선을 피하고 서늘한 곳에 보관	매우 달콤하고 부드러우며, 패키지가 귀엽다. 낮은 도수로 가볍게 즐길 수 있음.
국순당 쌀 밤바밤	4%	정제수, 쌀(외국산), 밤앙금, 효모, 합료, 밀알유	직사광선을 피하고 서늘한 곳에 보관	달콤하고 고소한 밤 맛이 특징. 패키지가 귀엽고, 낮은 도수로 가볍게 즐길 수 있음. 가격이 다소 높다는 의견도 있음.
				미지. 높은 가격에도 불￬하고 만족도 높음.
느린마을 막걸리 방울톡	6%	정제수, 쌀(국내산), 기타당, 누룩, 효모, 밀알유	0-10도 냉장보관	상쾌한 탄산감과 부드러운 목넘김. 인공감미료 없이 자연 재료 사용. 깔끔한 맛과 젊은 층에게 인기 있는 패키지 디자인. 가격 대비 만족도 높음.
달빛유자	6%	정제수, 쌀(국내산), 유자과즙, 입국, 프락토올리고당, 벌꿀, 효모	10도 이하 냉장보관	상큼하고 달콤한 유자 맛이 특징. 부드러운 목넘김과 자연 재료 사용. 패키지가 귀엽고 가격 대비 만족도 높음.

모든 제품에 대한 소비자 반응을 분석하여 경쟁 제품 표를 완성했습니다. 추가적인 분석이나 수정이 필요하면 말씀해 주세요.

경쟁 제품에 대한 실제 소비자 반응 분석뿐만 아니라 기존 경쟁 제품 표에 추가된 내용 정리까지 완료했습니다. 정리된 내용을 살펴보니 공통적으로 보이는 키워드와 특징이 눈에 들어옵니다. 따로 정리하겠습니다.

04 실제 소비자 반응이 추가된 표를 토대로 챗GPT에게 키워드별 특징 정리를 명령합니다.

실제 소비자 반응에서 공통적으로 확인되는 특징을 키워드별로 정리해줘

실제 소비자 반응 키워드별 정리

각 제품에 대한 소비자 리뷰를 분석한 결과, 공통적으로 확인되는 특징을 키워드별로 정리하였습니다.

1. 맛

- 달콤함 : 대부분의 막걸리가 달콤한 맛을 강조하고 있으며, 팥, 밤, 유자, 딸기바나나, 땅콩카라멜 등 다양한 맛을 통해 달콤함을 제공합니다.
- 고소함 : 특히 밤, 인절미, 땅콩카라멜 맛이 고소한 맛으로 평가받고 있습니다.
- 상큼함 : 딸기바나나, 유자 맛의 막걸리가 상큼함을 제공합니다.

2. 질감

- 부드러운 목넘김 : 거의 모든 제품에서 부드러운 질감과 목넘김이 강조되고 있습니다. 이는 술을 잘 마시지 못하는 사람들도 쉽게 즐길 수 있도록 합니다.
- 탄산감 : 톡쏘는알밤동동과 느린마을막걸리 방울톡은 탄산감이 있어 상쾌하게 마실 수 있는 특징이 있습니다.

3. 원재료

- 자연 재료 사용 : 대부분의 제품이 인공감미료 없이 자연 재료를 사용하여 만든 점이 소비자들에게 긍정적인 반응을 얻고 있습니다.

4. 디자인

- 패키지 디자인 : 귀엽고 감성적인 패키지 디자인이 젊은 층에게 인기를 끌고 있습니다. 이는 소비자들의 구매 욕구를 자극하는 중요한 요소입니다.

5. 가격

- 가격 대비 만족도 : 일부 제품은 가격이 다소 높다는 의견이 있지만, 전반적으로 맛과 품질을 고려했을 때 만족스럽다는 평가가 많습니다.

6. 음식 페어링

- 다양한 음식과의 조화 : 디저트, 떡, 전통 음식 등과 잘 어울린다는 평가가 많습니다.

키워드별 특징 정리

- **맛** : 달콤함, 고소함, 상큼함
- **질감** : 부드러운 목넘김, 탄산감
- **원재료** : 자연 재료 사용
- **디자인** : 귀여운 패키지 디자인
- **가격** : 가격 대비 만족도
- **음식 페어링** : 디저트, 떡, 전통 음식과의 조화

이러한 키워드들은 각 제품의 특징을 이해하는 데 도움이 되며, 소비자들이 중요하게 생각하는 요소를 잘 반영하고 있습니다. 추가적인 질문이나 다른 분석이 필요하면 말씀해 주세요.

소비자가 막걸리에 대해 반응한 특징을 키워드별로 정리하였습니다. 개별 제품 특징은 경쟁 제품 표 분석에서 표로 정리하였고, 공통 특징은 목록으로 정리함으로써 19장 '시장 트렌드 조사하기'에서 정리한 내용의 정당성을 뒷받침하는 데에 중요한 자료가 될 것입니다.

지금까지 총 50개의 블로그 리뷰를 정리하는 데에 걸린 시간이 고작 7분이 걸렸습니다. 물론 챗GPT에 동일한 데이터를 넣고 명령을 한다 해도 결과와 분석 시간이 다를 수 있습니다. 하지만 직접 데이터를 분석하고 리뷰를 찾아 하나하나 조사하는 것보다는 훨씬 시간이 단축될 것입니다. 또한 리뷰 표본을 10배 이상 늘려 조사한다 해도 챗GPT가 분석하는 시간이 10배 이상 길어지는 건 아닙니다. 실제로 관련 조사를 실행했을 때는 더 많은 리뷰에 대한 분석을 맡겨서 효율적으로 소비자 반응을 파악하길 권합니다.

## Chapter 21

설문 조사하기

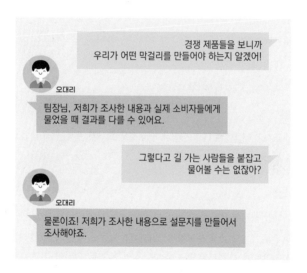

소비자 설문 조사는 기업이 소비자의 의견을 수집하고 이해하는 데 중요한 방법입니다. 다만, 응답자가 항상 진실하게 답변한다는 신뢰성이 보장되지 않기 때문에 시장 조사 결과와 대조하여 데이터가 실제로 유효한지 파악하는 데 활용해야 합니다. 즉, 기존 조사한 내용을 기반으로 질문을 설계하고, 기존 조사 내용에서 확인하지 못한 것들을 추가로 확인하는 과정이어야 하는 거죠.

이번에는 챗GPT를 활용해서 적절한 설문 조사 질문을 빠르게 설계하고, 타입폼을 이용해서 배포까지 해보겠습니다.

미친 활용 42 조사 내용으로 설문 문항 만들기

19장 '시장 트렌드 조사하기'와 20장 '경쟁 제품 비교하기'로 국내 막걸리 시장 현황과 시장의 주요 경쟁 제품들의 특징을 확인했습니다. 이 내용을 바탕으로 신제품 개발을 시작하려면 지금 이 순간에도 조사한 내용이 유효한지 확인할 필요가 있습니다.

01 우선 챗GPT에게 위에서 조사한 내용을 바탕으로 설문 문항 아이디어를 물어보겠습니다.

> 위에서 조사한 내용을 토대로 소비자 대상 설문 조사를 진행할 거야.
> 중요하게 물어봐야 하는 질문을 만들어줘.

> 소비자 대상 설문 조사를 통해 막걸리에 대한 소비자의 인식과 선호도를 파악하기 위해 다음과 같은 질문들을 포함할 수 있습니다. 설문 조사는 키워드별 특징을 반영하여 구성하였으며, 각 질문은 막걸리의 맛, 질감, 원재료, 디자인, 가격, 음식 페어링 등을 평가할 수 있도록 설계하였습니다.
>
> 설문 조사 질문
>
> **1. 기본 정보**
>   ○ **성별:**
>   ▪ 남성

- 여성
- 기타
  - 연령대:
    - 20대
    - 30대
    - 40대
    - 50대 이상

2. **막걸리 선호도**
   - 막걸리를 얼마나 자주 드시나요?
     - 거의 마시지 않음
     - 가끔 마심 (월 1회 이하)
     - 자주 마심 (월 2-3회)
     - 매우 자주 마심 (주 1회 이상)
   - 막걸리를 마실 때 가장 중요하게 생각하는 요소는 무엇인가요? (중복 선택 가능)
     - 맛
     - 질감
     - ⋯ 생략 ⋯

3. **맛**
   - 막걸리에서 선호하는 맛은 무엇인가요? (중복 선택 가능)
     - 달콤한 맛
     - 고소한 맛
     - 상큼한 맛
     - ⋯ 생략 ⋯

이 설문 조사는 소비자들이 막걸리를 어떻게 인식하고 있으며, 어떤 요소들을 중요하게 생각하는지에 대한 통찰을 얻는 데 도움이 될 것입니다. 추가적으로 특정 제품에 대한 질문을 포함시켜 더 상세한 피드백을 받을 수도 있습니다.

500% 노하우 때로는 예나 요구 사항을 생략해야 해요

챗GPT에게 질문할 때 어떠한 예나 요구 사항을 제시하지 않았습니다. 질문과 관련한 예를 제시하는 순간 예나 요구 사항에만 맞는 질문을 제시할 가능성이 커지고 이와 관련된 내용들로 데이터가 채워지기 때문입니다. 원하는 답변을 완벽하게 받지 못했다 할지라도 각 문항을 세부적으로 수정하기 전에 앞서 조사한 내용을 기반으로 설문 조사의 기초부터 만드는 것이 중요합니다. 그런 다음 목적을 추가한 질문을 더해 원하는 답변을 받을 수 있도록 범위를 좁혀 나가야 합니다.

02 잘 만들어진 설문 조사처럼 보이지만, 시장 조사하는 최초의 목적은 여름을 겨냥한 신제품을 만드는 것이었습니다. 그런 관점에서 이 설문은 막걸리에 대한 소비자의 인식과 선호도, 어떤 요소를 좋아하는지에 중점이 맞춰져 있어 여름 신제품으로 막걸리를 개발해야 할 이유가 될 대답을 얻기는 어려울 것 같습니다. 이번에는 조사 목적에 맞는 데이터를 얻기 위해 예시를 추가하여 각 문항을 다듬겠습니다.

이 설문 조사의 목적은 '여름 신제품으로 막걸리를 개발하기 위한 소비자 반응 확인'이야. 조사한 내용에서 여름과 연관된 내용을 더 반영하여 소비자들이 여름에 막걸리에 대해 더 반응하는지 확인하는 설문으로 업그레이드해줘.

- 여름에 막걸리를 더 마시는지
- 마신다면 이유가 무엇인지
- 페트병, 캔, 파우치 중 어떤 포장을 더 선호하는지
- 상큼한 맛 또는 고소한 맛 중 어떤 것을 더 선호하는지

여름 신제품 막걸리 개발을 위한 소비자 설문 조사

설문 조사는 여름철 막걸리 소비에 대한 소비자 반응을 확인하는 데 중점을 두어 설계되었습니다. 이를 통해 여름에 적합한 신제품 막걸리 개발에 필요한 인사이트를 얻을 수 있습니다.

기본 정보

1. ⋯ 생략 ⋯

여름철 막걸리 소비

3. 여름철에 막걸리를 더 자주 마시나요?

- 그렇다
- 아니다
- 잘 모르겠다

4. 여름철에 막걸리를 더 자주 마신다면, 그 이유는 무엇인가요? (중복 선택 가능)

- 더운 날씨에 시원하게 즐길 수 있어서
- 가벼운 알코올 도수로 부담 없이 마실 수 있어서
- 다양한 맛의 막걸리를 시도해보고 싶어서
- 여름철 음식과 잘 어울려서
- 기타 (직접 입력)

맛 선호도

5. 여름철 막걸리에서 어떤 맛을 더 선호하시나요?

- 상큼한 맛 (과일, 유자 등)
- 고소한 맛 (땅콩, 인절미 등)
- 달콤한 맛 (단팥, 카라멜 등)
- 기타 (직접 입력)

포장 선호도

6. 여름철 막걸리를 구매할 때 어떤 포장을 더 선호하시나요?

- 페트병
- 캔
- 파우치

○ 기타 (직접 입력)

음용 빈도 및 채널

7. 여름철에 막걸리를 얼마나 자주 마시나요?

○ 거의 마시지 않음

○ 가끔 마심 (월 1회 이하)

○ 자주 마심 (월 2-3회)

··· 생략 ···

이 설문 조사는 여름철 막걸리 소비에 대한 소비자들의 반응과 선호도를 파악하는 데 중점을 두고 있습니다. 추가적인 질문이나 수정이 필요하면 말씀해 주세요.

챗GPT가 대답한 내용을 살펴보면 설문 내용이 조사 목적에 알맞게 수정되었습니다. 이미 막걸리에 관하여 충분히 조사하였고 이 데이터와 우리가 원하는 조사 목적을 파악하여 챗GPT가 빠르게 필요한 문항을 만드는 걸 확인할 수 있습니다.

미친 활용 43 설문지 구글 폼으로 배포하기

챗GPT가 만든 설문을 구글 폼^{Google Form}을 활용하여 설문 조사 양식으로 만든 다음 실제로 소비자들에게 배포해보겠습니다.

구글 폼은 구글에서 개발한 온라인 설문 조사 서비스로 누구나 무료로 설문지를 만들고 배포할 수 있습니다. 이러한 장점 때문에 이미 구글 폼을 사용하고 있는 사람도 많을 겁니다. '미친 활용 42 **조사 내용으로 설문 문항 만들기**'에서 만든 문항은 총 15개입니다. 만들어진 문항이 있지만 이를 기존 방식대로 구글 폼에 추가하려면 문항을 하나씩 입력해야 하는 수고로움이 있습니다. 또한, 구글 폼을 처음 써보는 사람이라면 사용법을 익히는 데도 시간이 필요합니다.

이러한 번거로움을 덜고 좀 더 빠르고 편리하게 하고자 이번 실습에서는 챗
GPT와 구글 앱스 스크립트로 구글 폼을 작성하는 방법을 실습하겠습니다.

01 챗GPT에 앞 실습에서 만든 설문 문항을 가지고 구글 앱스 스크립트로
구글 폼을 작성하겠습니다.

위에서 생성한 설문 조사를 구글 폼에서 진행하고 싶어.
오류가 발생하지 않도록 앱스 스크립트에 붙여넣을 수 있게 만들어줘.

구글 폼에서 설문 조사를 진행할 수 있도록, 구글 앱스 스크립트를 사용해 폼을 생성
하는 코드를 제공하겠습니다. 이 코드를 구글 앱스 스크립트에 붙여넣으면 자동으로
설문 조사를 생성할 수 있습니다.

```
function createSurveyForm() {
  // Create a new form
  var form = FormApp.create('여름 신제품 막걸리 개발을 위한 소비자 설
문 조사');

  // Add questions to the form
  form.addMultipleChoiceItem()
      .setTitle('1. 성별')
      .setChoiceValues(['남성', '여성', '기타']);
... 생략 ...
  // Log the URL of the form
  Logger.log('Form URL : ' + form.getEditUrl());
}
```

사용 방법:

1. 구글 드라이브에서 새 구글 스프레드시트를 생성합니다.

챗GPT가 문항을 하나씩 입력하지 않고도 한 번에 설문 조사 양식을 만
들 수 있게 코드를 생성했습니다.

02 설문지는 구글 폼으로 배포하지만, 위 사용 방법의 챗GPT 설명처럼 폼
생성은 구글 시트에서 진행해
야 합니다. 먼저 새로운 시트부
터 생성합니다. 그리고 시트 이
름을 '여름 신제품 막걸리 개발
을 위한 설문 조사'로 변경하겠
습니다.

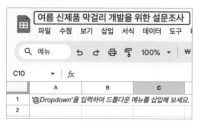

> **TIP** 우리는 05부 '이게 되네? 챗GPT로 엑셀 활용 입문하기'에서 구글 시트와 앱스 스크립트
> 의 사용 방법을 배웠습니다. 만약 구글 시트와 앱스 스크립트의 사용 방법을 잊었다면
> 되돌아가 다시 그 과정을 살펴보고 오세요.

03 파일명 아래에 위치한 메뉴의 [확장 프로그램]을 누르고 [Apps Scirpt]를
클릭해서 실행합니다. 실행한 앱스 스크립트 안의 Code.gs 파일에 ❶ 챗
GPT가 생성한 코드를 추가하고, ❷ 저장 및 ❸ 실행합니다.

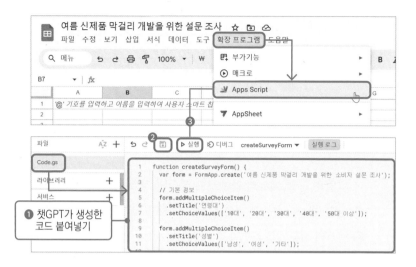

04 정상적으로 코드가 실행되면 다음 이미지처럼 실행 로그 정보란에 URL 이 생성된 걸 확인할 수 있습니다.

05 실행 로그에 생성된 URL을 복사하여 웹 브라우저 주소창에 입력합니다. 그러면 여름 신제품 막걸리 개발을 위한 설문 조사라는 폼이 생성된 걸 확인할 수 있습니다. 구글 앱스 스크립트를 실행할 자바스크립트 코드를 알지 못하지만, 하나씩 질문을 추가하는 번거로운 작업 없이 챗GPT가 생성해준 코드를 이용하여 몇 번의 버튼을 클릭만으로 한 번에 설문지를 만든 거죠.

이 파일은 구글 메뉴의 폼에서도 생성된 걸 확인할 수 있습니다. 오른쪽 상단 ❶ google 앱 버튼을 누르고 ❷ Forms를 클릭합니다. 그러면 ❸ 생성된 설문지를 확인할 수 있습니다.

06 설문지가 정상적으로 생성된 것이 확인되었다면 폼에서 가운데 상단에 있는 [응답]을 누르고 [Sheets에 연결]을 클릭합니다.

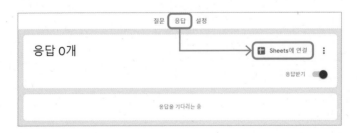

기존 스프레드시트 선택을 하고 [선택] 버튼을 누릅니다.

그러면 창이 가운데 생성되며 최근 문서함에서 앱스 스크립트를 실행했던 '여름 신제품 막걸리 개발을 위한 설문 조사' 시트를 선택 후 [삽입] 버튼을 누릅니다. 이제 이 구글 폼으로 받은 답변은 해당 시트로 모입니다.

07 설문지 오른쪽 상단의 [보내기] 버튼을 클릭합니다.

[보내기] 버튼을 클릭하면 '설문지 보내기' 팝업 창이 뜹니다. 이 팝업 창에서 '전송용 앱:'의 가운데 ❶ 🔗 링크 아이콘을 클릭 후 ❷ [복사] 버튼을 누르면 설문지 링크가 복사됩니다.

복사한 링크를 웹 브라우저 주소에 입력하면 누구나 설문을 시작할 수 있습니다. 소셜 미디어나 이메일 등을 이용하여 링크를 배포하고 설문을 진행하면 됩니다.

다음은 실제 실습에서 생성한 구글 폼의 링크입니다.

- **구글 폼 링크** : https://forms.gle/q2fu5Zpc7h9zsymg7

미친 활용 44 설문 데이터 분석하기

이번 장에서는 위에서 만든 설문지로 설문 조사를 했다는 가정하에 데이터 분석을 진행하겠습니다. 챗GPT에게 시장 조사 결과를 참고해서 참여 인원 총 372명의 무작위 가상 데이터를 생성해달라고 부탁했습니다. 설문 조사가 완료되었다고 생각하고 실습을 진행해주세요.

01 '여름 신제품 막걸리 개발을 위한 설문 조사' 시트에서 [파일 → 다운로드
→ 쉼표로 구분된 값(.csv)]을 클릭하여 .csv 파일로 내려받습니다.

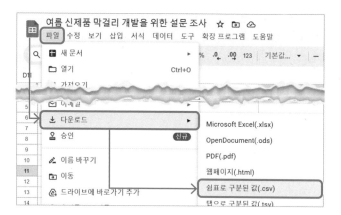

02 챗GPT 화면 메시지 창에 있는 [첨부] 버튼을 클릭하여 **01단계**에서 내려
받은 .csv 파일을 추가한 후 다음 이미지와 같이 명령합니다.

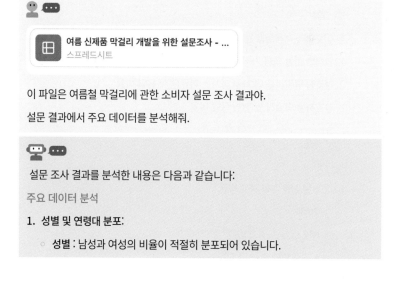

- 연령대 : 주로 20대와 30대 응답자가 많습니다.

2. **여름철 막걸리 소비 빈도:**

- 여름철에 막걸리를 더 자주 마신다고 응답한 비율이 높습니다.

3. **여름철 막걸리를 더 자주 마시는 이유:**

- 주된 이유는 더운 날씨에 시원하게 즐길 수 있어서와 다양한 맛의 막걸리를 시도해보고 싶어서가 가장 많았습니다.
- 기타 응답 중에는 가벼운 알코올 도수가 언급되었습니다.

… 생략 …

이 분석 결과는 여름철 막걸리 제품 개발과 마케팅 전략 수립에 유용하게 활용될 수 있습니다. 추가적인 데이터 분석이 필요하다면 언제든지 알려주세요.

03 챗GPT가 여름철 막걸리에 관한 소비자 설문 조사 결과를 잘 분석해주었습니다. 답변을 확인해보니 보충이 필요한 부분이 있습니다. 이 부분에 대해서 추가 분석을 요청하겠습니다.

추가로 아래 내용들을 분석해줘.

1. 연령별 지불 의향 가격 특징

2. 여름철 막걸리를 더 자주 마시는 이유 전체 응답 비율

3. 선호하는 막걸리 맛 전체 응답 비율

분석 결과

1. **연령별 지불 의향 가격 특징:**

- 20대:

  - 2,000원 - 4,000원 : 46.3%
  - 2,000원 이하 : 13.6%

- 4,000원 - 6,000원 : 14.8%

- 6,000원 - 8,000원 : 13.6%

- 8,000원 이상 : 11.7%

○ 30대:

- … 생략 …

○ 40대:

- … 생략 …

○ 50대 이상:

- … 생략 …

요약

대부분의 연령대에서 2,000원 - 4,000원을 지불할 의향이 가장 높았으며, 30대와 20대가 특히 이 가격대를 선호하는 비율이 높았습니다. 50대 이상은 8,000원 이상 지불할 의향이 있는 비율도 높게 나타났습니다.

2. 여름철 막걸리를 더 자주 마시는 이유 전체 응답 비율:

○ 다양한 맛의 막걸리를 시도해보고 싶어서 : 42.9%

○ 여름철 음식과 잘 어울려서 : 41.7%

○ 더운 날씨에 시원하게 즐길 수 있어서 : 40.9%

○ 기타 (직접 입력) : 39.2%

○ 가벼운 알코올 도수로 부담 없이 마실 수 있어서 : 36.9%

3. 선호하는 막걸리 맛 전체 응답 비율:

○ 상큼한 맛 (과일, 유자 등) : 40.6%

○ 고소한 맛 (땅콩, 인절미 등) : 29.7%

○ 달콤한 맛 (단팥, 카라멜 등) : 29.7%

이 데이터는 여름철 막걸리의 소비자 선호도를 이해하는 데 중요한 정보를 제공합니다. 특히, 다양한 맛과 시원함을 강조한 마케팅 전략이 효과적일 수 있음을 시사합니다. 추가적인 분석이나 다른 요청사항이 있다면 알려주세요.

04 자 이제 설문 조사 결과 분석은 충분히 된 것 같습니다. 분석 결과를 바탕으로 앞서 진행한 조사 결과와 비교한 신제품 개발 방향을 정리하겠습니다.

앞에서 진행한 시장 조사 결과와 이번 소비자 설문 조사 결과를 비교하여 여름 시즌 신제품 주류 상품 제품 개발 방향을 정리해줘.

여름 시즌 신제품 주류 상품 개발 방향 정리

시장 조사 결과 및 소비자 설문 조사 결과 비교

1. 가격대

- **시장 조사 결과** : 막걸리의 가격은 2,000원에서 6,000원 사이로 다양한 가격대가 존재하며, 소비자들은 합리적인 가격대를 선호합니다.
- **소비자 설문 조사 결과** : 20대와 30대는 대부분 2,000원 - 4,000원 가격대를 선호하며, 50대 이상은 8,000원 이상의 고가 제품도 선호하는 경향이 있습니다.
- **개발 방향** : 주요 타겟층인 20대와 30대의 가격 선호도를 고려하여, 2,000원 - 4,000원 가격대의 제품을 중심으로 개발합니다. 50대 이상을 위한 프리미엄 라인도 고려할 수 있습니다.

2. 맛

- **시장 조사 결과** : 다양한 맛의 막걸리가 인기를 끌고 있으며, 특히 상큼한 과일 맛, 고소한 맛, 달콤한 맛 등이 선호됩니다.
- **소비자 설문 조사 결과** : 상큼한 맛(40.6%)이 가장 높은 선호도를 보였으며, 고소한 맛(29.7%)과 달콤한 맛(29.7%)도 높은 선호도를 보였습니다.
- **개발 방향** : 여름철 상큼한 맛의 막걸리를 중심으로 개발합니다. 유자, 과일(딸기, 바나나 등) 맛을 강조한 제품을 출시하며, 고소한 맛(인절미, 땅콩)과 달콤한 맛(팥, 카라멜)도 라인업에 포함합니다.

3. 포장 형태

- **시장 조사 결과** : 페트병, 캔, 파우치 등 다양한 포장 형태가 존재하며, 소비자들의 이동 편의성과 보관 용이성을 고려한 포장 형태가 중요합니다.

- 소비자 설문 조사 결과 : 설문에서 포장 형태에 대한 선호도를 추가 조사할 필요가 있습니다.
- 개발 방향 : 이동이 편리하고 보관이 용이한 페트병, 캔, 파우치 형태의 제품을 개발합니다. 특히 여름철에 휴대가 간편하고 냉장 보관이 용이한 포장 형태를 선택합니다.

4. … 생략 …

종합 제품 개발 방향

1. **주요 타겟층** : 20대와 30대를 주요 타겟으로 설정하고, 50대 이상을 위한 프리미엄 제품도 고려합니다.
2. **제품 가격** : 주력 제품의 가격대를 2,000원 - 4,000원으로 설정하고, 프리미엄 라인의 경우 8,000원 이상의 가격대를 설정합니다.
3. **맛** : 상큼한 과일 맛(유자, 딸기, 바나나 등)을 중심으로, 고소한 맛(인절미, 땅콩)과 달콤한 맛(팥, 카라멜)도 포함한 다양한 맛의 라인업을 개발합니다.
4. **포장 형태** : 여름철 이동과 보관이 용이한 페트병, 캔, 파우치 형태의 포장을 채택합니다.
5. **디자인** : 젊은 층에게 어필할 수 있는 감성적이고 시원한 느낌의 패키지 디자인을 채택합니다.
6. **마케팅 전략** : 여름철 시원하게 즐길 수 있는 막걸리라는 점을 강조하며, 다양한 맛과 음식과의 조화를 강조한 마케팅 전략을 수립합니다.

이러한 방향성을 바탕으로 여름철 신제품 막걸리를 개발하고, 소비자들의 요구에 맞춘 마케팅 전략을 세우는 것이 중요합니다. 추가적인 질문이나 수정이 필요하면 말씀해 주세요.

카카오데이터트렌드의 데이터 분석을 시작으로 챗GPT를 이용하여 시장 조사와 경쟁 제품 비교, 가상의 소비자 설문 조사 및 정보까지 취합했습니다. 분석된 데이터를 바탕으로 '여름 주류 신제품 개발'이라는 목적에 따른 상품 개발 방향에 대한 결론까지 정리했습니다. 이를 토대로 보고서 작성과 PPT 문서로 정리까지 해보겠습니다.

Chapter 22

보고서 만들기

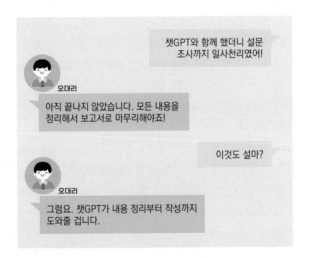

07부 '이게 되네? 챗GPT로 시장 조사하기'의 모든 내용을 하나의 채팅에서 진행했습니다. 챗GPT는 정리된 모든 내용을 기억하고 있는 상태입니다. 진행 과정에서 몇 번씩 추가한 데이터를 정리하면서 진행하였기 때문에 실습하는 내내 챗GPT와 협업한 셈입니다. 이 협업의 마무리는 보고서 작성입니다.

지금까지 작업을 챗GPT와 함께 진행했다는 건 챗GPT와 진행한 채팅에 주고
받은 내용만이 기록으로 남아 있다는 겁니다. 그렇기 때문에 보고서에 함께 작
업하지 않은 내용이 포함될 확률은 매우 낮습니다. 즉, 챗GPT가 엉뚱한 내용
을 추가해서 잘못된 정보가 담긴 보고서가 작성될 걱정은 하지 않아도 됩니다.
보고서 작성 단계별로 확인하면서 필요한 내용을 챗GPT가 보고서로 작성할
수 있게 정리하겠습니다.

01 우선 작성할 보고서의 목차부터 만들겠습니다. 목차를 기준으로 추가할
데이터나 내용을 구성해야 챗GPT가 올바르게 보고서를 작성할 수 있기
때문입니다. 챗GPT에게 다음와 같이 명령합니다.

지금까지 분석한 데이터와 조사한 결과, 정리한 내용을 바탕으로 보고서를 작성하고
싶어.
서론 → 시장 조사 방법 및 연구 자료 → 결론으로 이어질 수 있게 목차를 먼저 만들
어줘.

보고서 목차

서론

1. 연구 배경 및 목적

- 여름철 신제품 주류 시장의 중요성

- 막걸리 시장의 성장과 변화

- 소비자 요구 및 시장 트렌드 분석의 필요성

시장 조사 방법 및 연구 자료

2. 시장 조사 방법

- 데이터 수집 방법

- 설문 조사 설계 및 진행 과정

- 데이터 분석 도구 및 기법

3. 연구 자료 및 분석 결과

- 시장 조사 데이터 개요

- 소비자 설문 조사 결과 분석

- 연령별 지불 의향 가격 분석

- 여름철 막걸리 소비 이유 분석

  ··· 중략 ···

결론

5. 제품 개발 방향

- 주력 제품 및 프리미엄 제품 가격대 설정

- 상큼한 과일 맛 중심의 제품 라인업 개발

- 여름철 이동 및 보관 용이한 포장 형태 채택

- 감성적이고 젊은 층을 겨냥한 패키지 디자인

6. 마케팅 전략 제안

- 여름철 시원하게 즐길 수 있는 막걸리 강조

- 다양한 맛과 음식과의 조화를 강조한 마케팅

- 소비자 요구를 반영한 제품 홍보 전략

7. 결론 및 향후 연구 방향

- 연구 요약 및 주요 발견점

- 향후 연구 및 시장 조사 방향 제안

부록

8. 설문 조사 질문지

- 설문 조사에 사용된 질문지 원문

9. 참고 문헌 및 자료

　　◦ 사용된 데이터 소스 및 참고 문헌

이 목차를 기반으로 보고서를 작성하면, 체계적이고 일관된 내용 전개가 가능할 것입니다. 추가적인 섹션이나 수정이 필요하면 말씀해 주세요.

02 목차를 기준으로 불필요한 목차는 제거하고 보완이 필요한 부분을 확인하여 보고서의 구성을 수정하겠습니다.

3. 시장 조사 방법 및 연구 자료와 4. 연구 자료 및 분석 결과를 결합하고, 시장 조사 결과와 소비자 설문 조사 결과 비교는 제거해줘.
5. 제품 개발 방향에서 여름철 이동 및 보관 용이한 캔 포장 형태 채택으로 변경해줘. 부록은 제거해줘.

서론

1. 연구 배경 및 목적

　　◦ 여름철 신제품 주류 시장의 중요성

　　◦ 막걸리 시장의 성장과 변화

　　◦ 소비자 요구 및 시장 트렌드 분석의 필요성

시장 조사 방법 및 연구 자료

2. 시장 조사 방법

　　◦ 데이터 수집 방법

　　◦ 설문 조사 설계 및 진행 과정

　　◦ 데이터 분석 도구 및 기법

3. 연구 자료 및 분석 결과

　　◦ 시장 조사 데이터 개요

- 경쟁 제품 비교 분석
- 여름철 막걸리 소비 이유 분석

… 중략 …

결론

4. 제품 개발 방향
- 상큼한 과일 맛 중심의 제품 라인업 개발
- 여름철 이동 및 보관 용이한 캔 포장 형태 채택
- 감성적이고 젊은 층을 겨냥한 패키지 디자인

5. 마케팅 전략 제안
- 여름철 시원하게 즐길 수 있는 막걸리 강조
- 다양한 맛과 음식과의 조화를 강조한 마케팅
- 소비자 요구를 반영한 제품 홍보 전략

6. 결론 및 향후 연구 방향
- 연구 요약 및 주요 발견점
- 향후 연구 및 시장 조사 방향 제안

이 목차를 기반으로 보고서를 작성하면 체계적이고 일관된 내용 전개가 가능할 것입니다. 추가적인 수정이 필요하면 말씀해 주세요.

앞서 시장 조사 과정에서 실행한 채팅을 바탕으로 챗GPT가 기억하고 있는 내용을 정리할 뿐이므로 빠르게 목차가 완성되었습니다. 만약 실제로 챗GPT를 통해 시장 조사를 진행하여 받은 목차를 보고 구성이나 내용이 부실하다고 생각된다면 챗GPT가 관련 내용을 기억할 수 있도록 조사 과정 협업을 추가로 이어가면 됩니다. 다음 장에서는 챗GPT에게 보고서 작성을 맡기겠습니다.

미친 활용 46 보고서 작성 맡기기

보고서 내용 정리하기에 이어 보고서 작성을 진행하겠습니다.

챗GPT에게 보고서 작성을 명령합니다.

위에서 작성한 목차대로 앞에서 조사한 모든 내용을 정리하여 최고의 보고서를 작성해줘.

보고서 : 여름 신제품 막걸리 개발을 위한 소비자 조사

서론

연구 배경 및 목적

여름철 신제품 주류 시장의 중요성

여름철은 주류 소비가 증가하는 시기로, 특히 시원하고 가벼운 음료가 큰 인기를 끌고 있습니다. 여름철 신제품 주류 시장은 매년 다양한 신제품이 출시되며, 소비자들의 관심과 수요를 끌어들이고 있습니다. 막걸리는 전통주로서 그 특유의 부드러움과 다양한 맛으로 인기를 얻고 있으며, 특히 여름철에는 시원하게 즐길 수 있는 막걸리의 수요가 높아지고 있습니다.

막걸리 시장의 성장과 변화

막걸리 시장은 최근 몇 년간 꾸준히 성장하고 있습니다. 전통적인 막걸리 외에도 다양한 맛과 향을 가진 새로운 막걸리 제품들이 출시되면서 소비자들의 선택 폭이 넓어졌습니다. 또한, 막걸리의 저알코올 특성과 다양한 맛이 젊은 층의 관심을 끌며 시장의 주요 소비층으로 자리잡고 있습니다.

소비자 요구 및 시장 트렌드 분석의 필요성

막걸리 시장의 성장과 함께 소비자들의 요구와 선호도도 다양해지고 있습니다. 따라서 소비자들의 요구를 반영한 제품 개발이 중요합니다. 이번 연구는 여름철 신제품 막걸리 개발을 위한 소비자들의 반응을 확인하고, 이를 바탕으로 제품 개발 방향을 제시하기 위해 진행되었습니다.

… 생략 …

500% 노하우 답변이 끊겼다면 이어쓰기를 활용하세요

보고서, 문서의 내용이 길다면 챗GPT가 한 번에 보고서 작성을 끝내지 못할 수 있습니다. 만약 작성 중간에 내용이 끊어진다면, 다음과 같이 끊어진 지점을 마우스로 드래그한 후 ["] 버튼을 클릭하여 이어쓰기를 명령하세요. 그러면 지정한 부분부터 작성을 이어갑니다.

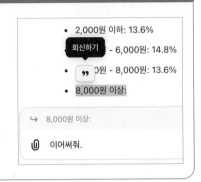

챗GPT에게 PDF 또는 워드 파일로 저장을 요청하면 작성한 보고서 내용의 분량이 많기 때문에 '지금은 파일을 제공할 수 없다.'라는 답변을 많이 받게 될 겁니다. 그렇다면 어떻게 해야 방대한 양의 보고서를 파일로 제공받을 수 있을까요? 이 문제를 해결할 수 있는 2가지 방법이 있습니다. 차례대로 설명하겠습니다.

방법 01 마크다운으로 작성해서 워드로 변환하기

'미친 활용 19 데이터를 분석해서 문서화하기'에서 했던 것처럼 워드 문서로 변환하기 위해 챗GPT에게 전체 보고서를 마크다운으로 작성하라고 요청합니다. 마크다운으로 요청하는 이유는 텍스트만으로 작성한 문서이므로 챗GPT가 빠르게 작성할 수 있고, 용량도 낮아서 내려받아 처리하기에 편리한 장점을 가지고 있기 때문입니다.

보고서 내용을 마크다운으로 작성해줘.

보고서 내용을 제공하기 위해 직접 마크다운 형식으로 텍스트를 여기에 작성하겠습니다. 이후 직접 복사해서 사용할 수 있습니다.

여름철 신제품 주류 상품 개발 보고서

서론

연구 배경 및 목적

여름철 신제품 주류 시장의 중요성
여름철은 더운 날씨로 인해 시원하게 즐길 수 있는 주류 제품에 대한 수요가 급증하는 시기입니다. 특히 젊은 층을 중심으로 다양한 맛과 포장의 주류 제품에 대한 관심이 높아지면서, 주류 시장에서의 경쟁이 더욱 치열해지고 있습니다. 이러한 상황에서 여름철에 적합한 신제품 주류를 개발하는 것은 매우 중요한 전략적 결정입니다.

막걸리 시장의 성장과 변화
막걸리는 전통적인 한국의 주류로서 오랜 역사와 문화를 가지고 있습니다. 최근 몇 년 동안 막걸리는 다양한 맛과 현대적인 포장으로 재탄생하면
… 생략 …

챗GPT로부터 받은 마크다운으로 작성된 내용을 모두 복사해서 새로운 채팅을 열고, 내용을 붙여넣은 다음 워드 파일로 생성을 요청합니다.

… 생략 …

결론 및 향후 연구 방향

- **연구 요약 및 주요 발견점** : 이번 연구를 통해 여름철 막걸리 소비 패턴과 선호도를 명확히 파악하였으며, 이를 바탕으로 제품 개발 및 마케팅 전략을 수립하였습니다. 주요 발견점으로는 상큼한 맛의 선호도, 여름철 시원하게 즐길 수 있는 포장 형태의 중요성, 젊은 층을 겨냥한 감성적 패키지 디자인의 필요성을 들 수 있습니다.

- **향후 연구 및 시장 조사 방향 제안** : 지속적인 소비자 트렌드 분석과 신제품 테스트를 통해 시장에 민첩하게 대응할 수 있는 전략을 마련합니다. 또한, 계절별로 다양한 소비자 요구를 파악하여 계절에 맞는 신제품을 지속적으로 개발하는 방향으로 나아갑니다.

위 내용을 서식을 유지해서 word 파일로 만들어줘.

마크다운 구문을 제거해줘.

이 과정을 따라하면 챗GPT가 워드 파일을 작성해서 만들어주는 것을 확인할 수 있습니다.

방법 02 보고서를 txt 파일로 작성해서 문서 프로그램에 수동으로 추가하기

보고서의 내용이 많아서 챗GPT가 문서 작성을 못하거나 혹은 작성은 했는데 저장할 수 없는 등 문제가 발생할 수도 있습니다. 이럴 때는 작업 효율성을 위해 챗GPT에게 보고서 내용 전체 작성을 맡기지 말고, txt 파일로 저장을 요청한 다음 파일을 내려받아 직접 문서를 서식화하는 쪽이 훨씬 빠른 방법입니다.

또한 그래프나 표는 챗GPT에게 맡겨도 문서에 포함해줄 수 없기 때문에 결과적으로 필요한 요소는 문서에 직접 추가해야 합니다. 그래서 챗GPT가 그래프와 표 등 여러 요소와 텍스트가 있는 내용의 문서화를 거부할 때는 정리한 텍스트만 txt 파일로 작성하도록 요청하는 것이 가장 빠른 방법일 수 있습니다.

보고서 내용을 txt로 작성해줘.

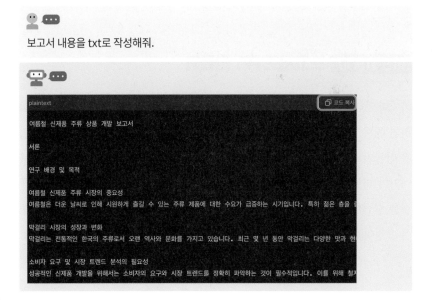

창 상단의 [코드 복사]를 클릭하면 작성된 전체 텍스트가 복사됩니다. 작성하려는 문서 파일에 그대로 붙여넣기하여 서식화하세요. 그러면 다음 이미지처럼 그럴듯한 보고서가 완성됩니다.

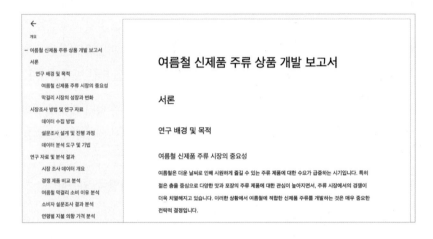

미친 활용 47 보고서로 PPT 만들기

마지막으로 보고서 발표를 위한 PPT를 만들어보겠습니다. 12장 'PPT 문서화하기'에서 실습해본 것과 같이 챗GPT가 우리 마음에 드는 완벽한 PPT 파일을 만들어 줄 수 있는 건 아닙니다. 다만, PPT의 각 슬라이드에 어떤 내용이 들어가야 하는지 요점을 정리해주고, 정리한 내용을 가이드 삼아서 간단한 템플릿은 만들어줄 수 있죠. 그럼 보고서 내용을 바탕으로 챗GPT에게 PPT 작성을 요청하겠습니다.

01 먼저 PPT에 어떤 내용이 들어가면 좋을지 챗GPT에게 정리를 부탁하겠습니다.

> **TIP** 다소 길지만 챗GPT가 이런 식으로 내용을 채워넣는다는 것을 알아보기 위해 답변 전문을 실었습니다.

🤖 💬

보고서 내용으로 ppt를 제작하고 싶어. 각 장에 들어갈 내용을 정리해줘.

🤖 💬

여름철 신제품 주류 상품 개발 보고서 - PPT 구성

1. 제목 슬라이드

- **제목** : 여름철 신제품 주류 상품 개발 보고서
- **부제목** : 여름철 막걸리 소비 트렌드와 신제품 개발 방향
- **제작자** : [작성자 이름]
- **날짜** : [제작일]

2. 서론

- **슬라이드 제목** : 연구 배경 및 목적
  - 여름철 신제품 주류 시장의 중요성
  - 막걸리 시장의 성장과 변화
  - 소비자 요구 및 시장 트렌드 분석의 필요성

3. 시장 조사 방법

- **슬라이드 제목** : 시장 조사 방법
  - 데이터 수집 방법
    - 시장 조사
    - 소비자 설문 조사
  - 설문 조사 설계 및 진행 과정

- 다양한 연령대 대상
- 온라인 설문 플랫폼 사용
  - 데이터 분석 도구 및 기법
    - 통계 분석 소프트웨어 사용
    - 그래프와 표로 시각적 표현

4. 시장 조사 데이터 개요

- **슬라이드 제목** : 시장 조사 데이터 개요
  - 다양한 맛과 포장 형태의 막걸리 인기
  - 여름철 상큼한 맛과 시원하게 즐길 수 있는 포장 형태 선호
  - [그래프 추가]

5. 경쟁 제품 비교 분석

- **슬라이드 제목** : 경쟁 제품 비교 분석
  - 주요 경쟁 제품들의 비교
  - [경쟁 제품 비교 표 추가]

6. 여름철 막걸리 소비 이유 분석

- **슬라이드 제목** : 여름철 막걸리 소비 이유 분석
  - 다양한 맛의 막걸리를 시도해보고 싶어서 : 42.9%
  - 여름철 음식과 잘 어울려서 : 41.7%
  - 더운 날씨에 시원하게 즐길 수 있어서 : 40.9%
  - 기타 (직접 입력) : 39.2%
  - 가벼운 알코올 도수로 부담 없이 마실 수 있어서 : 36.9%

7. 소비자 설문 조사 결과 분석

- **슬라이드 제목** : 소비자 설문 조사 결과 분석
  - 상큼한 맛(과일, 유자 등) : 40.6%
  - 고소한 맛(땅콩, 인절미 등) : 29.7%
  - 달콤한 맛(난밭, 카라멜 등) : 29.7%

8. 연령별 지불 의향 가격 분석

- 슬라이드 제목 : 연령별 지불 의향 가격 분석
  - 20대 : 2,000원 - 4,000원 (46.3%)
  - 30대 : 2,000원 - 4,000원 (53.5%)
  - 40대 : 2,000원 - 4,000원 (42.9%)
  - 50대 이상 : 2,000원 - 4,000원 (33.3%)
  - [가격대별 지불 의향 그래프 추가]

9. 주요 타겟층 및 선호도 파악

- 슬라이드 제목 : 주요 타겟층 및 선호도 파악
  - 주요 타겟층 : 20대와 30대
  - 선호도 : 상큼한 과일 맛, 고소한 맛, 달콤한 맛

10. 포장 형태 및 디자인 선호도 분석

- 슬라이드 제목 : 포장 형태 및 디자인 선호도 분석
  - 포장 형태 : 캔, 페트병, 파우치
  - 디자인 선호도 : 감성적이고 젊은 층에게 어필할 수 있는 디자인

11. 맛 및 가격대에 따른 제품 개발 방향 도출

- 슬라이드 제목 : 맛 및 가격대에 따른 제품 개발 방향 도출
  - 상큼한 과일 맛 중심의 제품 라인업 개발
  - 2,000원 - 4,000원 가격대의 주력 제품과 8,000원 이상의 프리미엄 제품 개발
  - 여름철 시원하게 즐길 수 있는 상큼한 맛과 가벼운 알코올 도수의 제품 개발

12. 제품 개발 방향

- 슬라이드 제목 : 제품 개발 방향
  - 상큼한 과일 맛 중심의 제품 라인업 개발
  - 여름철 이동 및 보관 용이한 캔 포장 형태 채택
  - 감성적이고 젊은 층을 겨냥한 패키지 디자인

13. 마케팅 전략 제안

- **슬라이드 제목 : 마케팅 전략 제안**
  - 여름철 시원하게 즐길 수 있는 막걸리 강조
  - 다양한 맛과 음식과의 조화를 강조한 마케팅
  - 소비자 요구를 반영한 제품 홍보 전략

14. 결론 및 향후 연구 방향

- **슬라이드 제목 : 결론 및 향후 연구 방향**
  - 연구 요약 및 주요 발견점
  - 향후 연구 및 시장 조사 방향 제안

이 구성을 바탕으로 PPT를 제작하시면 체계적이고 일관된 프레젠테이션을 만들 수 있을 것입니다. 각 슬라이드에 내용을 요약하여 시각적으로 표현하면 더욱 효과적인 발표 자료가 될 것입니다. 추가적인 수정이나 보완이 필요하면 말씀해 주세요.

02 위 내용으로 PPT 작업 가이드를 위한 파일을 요청합니다.

위 내용을 PPT 파일로 만들어줘.

여름철 신제품 주류 상품 개발 보고서 PPT 파일이 생성되었습니다. 아래 링크를 통해 다운로드할 수 있습니다:

여름철 신제품 주류 상품 개발 보고서 다운로드

03 여름철 신제품 주류 상품 개발 보고서 다운로드를 클릭하여 파일을 내려 받습니다. 그러면 다음 이미지처럼 슬라이드마다 작성해야 하는 내용이 포함된 PPT 가이드 파일을 확인할 수 있습니다.

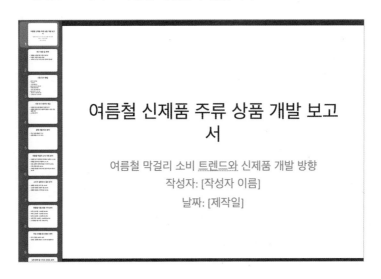

가상의 시나리오를 가지고 챗GPT를 이용하여 시장 조사를 해봤습니다. 실제 현업에서 이 과정의 업무를 수행한다면 얼마나 걸릴까요? 주제 관련 조사를 통해 데이터를 모으고 분석하고 추려서 설문 조사, 보고서 작성까지 아마 꽤 오랜 시간이 걸렸을 겁니다. 하지만 챗GPT를 활용하면 트렌드와 시장 분석, 경쟁 제품 비교는 물론이고 설문 조사와 PPT 보고서 제작까지 하루도 안 되어 작업을 마무리할 수 있을 겁니다. 이처럼 챗GPT를 활용하여 속도와 효율성 개선은 물론 시장에 대한 인사이트까지 얻을 수 있으니 실제 업무에 적용하여 체감해 보기 바랍니다.

08

챗GPT로
시뮬레이터 만들기

가위바위보를
1000번 하면 어떤
결과가 나올까?

프롤로그

코드를 생성해서 연산할 수 있는 작업이라면 챗GPT로 얼마든지 반복할 수 있습니다. 예를 들어 가위바위보의 규칙을 코드로 생성한 다음 100번 반복하면 순식간에 가위바위보 100회를 실행한다는 거죠. 챗GPT의 이러한 특성을 활용하면 불확실성 예측이나 확률 계산 등 시뮬레이션에 활용할 수 있습니다. 이번에는 챗GPT를 활용하여 시뮬레이션을 하고 시뮬레이터까지 만들어보겠습니다.

💬 이 그림은 챗GPT에게 "무수히 많은 토끼가 둘이 마주보고 가위바위보 하거나, 동전을 던지는 그림을 그려줘."라고 요청하여 받았습니다.

## Chapter 23

간단한 시뮬레이션

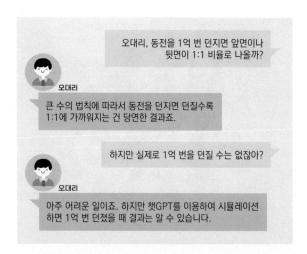

오대리, 동전을 1억 번 던지면 앞면이나 뒷면이 1:1 비율로 나올까?

오대리
큰 수의 법칙에 따라서 동전을 던지면 던질수록 1:1에 가까워지는 건 당연한 결과죠.

하지만 실제로 1억 번을 던질 수는 없잖아?

오대리
아주 어려운 일이죠. 하지만 챗GPT를 이용하여 시뮬레이션 하면 1억 번 던졌을 때 결과는 알 수 있습니다.

시뮬레이션이란 현상이나 사건을 가상으로 수행시켜 실제 상황의 결과를 예측하는 것으로 챗GPT로 실행한 시뮬레이션을 100% 신뢰할 수 있는 건 아닙니다. 또한, 규칙이 복잡할수록 시뮬레이션에 오류가 발생할 가능성이 크기 때문에 틀린 결과를 내놓기도 합니다. 이런 문제를 최소화하면서 챗GPT로 시뮬레이션하는 방법을 단계별로 소개하겠습니다.

미친 활용 48 동전 1억 번 던지기

동전을 던져서 앞면 또는 뒷면이 나오는 시뮬레이션을 실행해달라는 건 챗GPT에게 아주 간단한 명령입니다. 그렇다면 1억 번이라는 던지는 횟수를 조건으로 추가하면 어떨까요? 단순하게 생각하면 1회 던졌던 걸 1억 번만 반복하면 됩니다. 1억 번 반복할 시간만 필요할 뿐이죠.

하지만 챗GPT에게 '동전을 던져서 앞면 또는 뒷면이 나오는 시뮬레이션을 1억 번 실행해줘.'라는 명령만으로 시뮬레이션을 실행하면 거의 실패합니다. 단순히 앞면, 뒷면이 무작위로 나오는 걸 1억 번 반복할 뿐이지만, 너무 많이 반복한다는 이유만으로 챗GPT를 실행하는 도중 에러가 생깁니다.

정말인지 실제로 챗GPT에 명령하여 실행하겠습니다.

01 먼저 동전 던지기를 1회 실행하겠습니다.

동전을 던져서 앞면 또는 뒷면이 나오는 시뮬레이션을 1회 실행해줘.

동전을 던진 결과는 뒷면입니다.

챗GPT가 동전 던지기를 어떻게 실행했는지 [·-] 모양의 [분석 보기]를 클릭해서 확인하겠습니다.

```
import random

# Simulate one coin toss
result = "앞면" if random.choice([True, False]) else "뒷면"
result
```

챗GPT는 파이썬 코드를 생성하여 동전 던지기를 실행했습니다. 우리는 파이썬 코드를 잘 모르지만 코드에 있는 'random, 앞면, 뒷면' 등을 통해 무작위로 앞면과 뒷면을 선택하는 내용이라는 걸 짐작할 수 있습니다.

02 이번에는 10,000번 반복해보겠습니다.

똑같은 방식으로 10,000번 실행해줘.

동전을 10,000번 던진 결과는 다음과 같습니다:

- 앞면 : 5052번
- 뒷면 : 4948번

마찬가지로 [분석 보기]를 클릭합니다.

```
# Simulate 10,000 coin tosses
results = {"앞면" : 0, "뒷면" : 0}

for _ in range(10000):
    result = "앞면" if random.choice([True, False]) else "뒷면"
```

```
results[result] += 1
```

```
results
```

01단계와 달라진 부분은 던지는 횟수로 10000이 추가되고 결과를 누적
해서 저장하는 부분인 result =+ 1 입니다. 10000이라는 숫자가 추가되
면서 동전 던지기를 10,000번 실행하게 되었습니다.

03 그럼 이번에는 동전 던지기를 1억 번 실행하겠습니다. 횟수만 바뀌었고
명령과 답변이 나오는 과정은 동일하므로 생략하고 [분석 보기]로 넘어
가겠습니다. 코드에 100_000_000가 추가된 걸 보니 동전 던지기를 1억
번 실행할 모양입니다. 하지만 챗GPT는 1억 번 동전 던지기 코드를 실
행하는 데 시간이 너무 오래 걸려서 완료하지 못합니다. 코드를 수정하
고 반복 실행해도 끝내 1억 번 실행은 해내지 못합니다.

```
import random
import pandas as pd
import ace_tools as tools

heads_count = 0
tails_count = 0

for _ in range(100_000_000):
    if random.randint(0, 1) == 0:
        heads_count += 1
    else:
        tails_count += 1
```

```
result_summary_efficient = {
    "앞면" : heads_count,
    "뒷면" : tails_count
}

result_summary_df = pd.DataFrame([result_summary_efficient])
tools.display_dataframe_to_user(name="Coin Toss Simulation
Results", dataframe=result_summary_df)

result_summary_efficient
```

여기서 알 수 있는 건 단순한 반복 작업이라도 챗GPT가 한꺼번에 수행할 수 있는 횟수에는 한계가 있다는 겁니다. 또한 챗GPT는 작업 규칙이 조금만 복잡해도 시뮬레이션 도중 한계를 벗어나기 위해 규칙을 생략합니다. 그래서 챗GPT를 활용한 시뮬레이션을 진행할 때는 챗GPT의 한계 지점을 이해하고 반복된 시뮬레이션을 실행해야 합니다.

동전 던지기 시뮬레이션은 실습해본 바에 따르면 챗GPT가 7,000만 번까지는 반복 실행해주는 걸 확인했습니다. 동전 던지기를 1억 번 실행하기 위해서는 5,000만 번씩 2번 실행하면 되겠네요.

H **나**
똑같은 방식으로 7,000만 번 실행하고, 결과를 요약해줘.
‹ 10 / 10 ›

ChatGPT
분석 중지됨
동전을 70,000,000번 던진 결과는 다음과 같습니다:

- 앞면: 34,997,135번
- 뒷면: 35,002,865번

총 던진 횟수에서 앞면과 뒷면이 거의 비슷한 비율로 나왔습니다. [>-]

실제 시뮬레이션 과정에서 7,000만 번이라는 횟수까지 실행할 필요는 없습니다. 많은 횟수를 명령한다 해도 챗GPT가 모두 성공적으로 실행하지 못할 수도 있습니다. 오히려 복잡한 규칙에서의 반복은 이보다 훨씬 적은 횟수로만 반복할 수 있습니다. 그래서 무작정 시뮬레이션을 명령하기보다 **01단계**처럼 1회째 시뮬레이션이 정상적으로 작동하는지 확인 후 반복해서 실행하길 권장합니다.

미친 활용 49 게임 시뮬레이션하기

동전 던지기에 이어서 이번에는 훨씬 복잡한 규칙의 게임을 시뮬레이션하겠습니다. 시뮬레이션할 게임은 '뱅!(BANG!)'이라는 유명 보드게임입니다. 시뮬레이션을 시작하기 전에 '뱅!'의 공식 웹 사이트에 있는 게임 규칙 PDF 파일을 내려받아야 합니다. 웹사이트를 처음 방문하면 기본 언어가 오른쪽 상단에 'ITALIANO'로 되어 있을 겁니다. 당황하지 말고 스크롤을 아래로 내리면 'DOWNLOAD'가 보입니다. 여기서 REGOLE의 [▼eng]를 클릭하여 영문 게임 규칙을 내려받습니다.

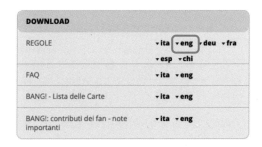

- **뱅! 웹 사이트** : https://www.dvgiochi.com/catalogo/bang/

01 챗GPT에서 [첨부] 버튼을 클릭하고, '뱅!'의 게임 규칙 파일을 추가한 후 다음과 같이 명령합니다.

보드게임 '뱅!'의 규칙이야. 준비물, 인원별 규칙, 진행 규칙, 승리 조건을 정리해줘.

🤖 💬

보드게임 "뱅!" 규칙 정리

준비물

- 7개의 역할 카드 : 1 보안관, 2 부관, 3 무법자, 1 배신자

- ⋯ 생략 ⋯

인원별 규칙

- 4인 게임 : 1 보안관, 1 배신자, 2 무법자

- ⋯ 생략 ⋯

진행 규칙

1. 준비

   ○ 각 플레이어는 게임 보드를 하나씩 받습니다.

   ○ 역할 카드를 섞어 플레이어 수에 맞게 나누고, 각 플레이어에게 한 장씩 나누어줍니다. 보안관은 자신의 카드를 공개하고 나머지 플레이어는 자신의 역할을 비밀로 유지합니다.

   ○ 캐릭터 카드를 섞어 각 플레이어에게 한 장씩 나눠줍니다. 각 플레이어는 자신의 캐릭터를 공개하고 능력을 읽습니다. 플레이어는 자신의 캐릭터 카드에 표시된 총알 수 만큼 총알 토큰을 가져갑니다. 보안관은 추가로 한 개의 총알 토큰을 더 받습니다.

   ○ 게임 카드를 섞어 각 플레이어에게 자신의 총알 수 만큼의 카드를 나눠줍니다. 나머지 카드는 중앙에 놓고, 덱을 만듭니다.

2. 게임 진행

○ 게임은 보안관부터 시작하여 시계 방향으로 진행됩니다.

○ 각 플레이어의 턴은 세 가지 단계로 나뉩니다:

　1. 카드 뽑기 : 덱에서 두 장의 카드를 뽑습니다. 덱이 비면, 버린 카드를 섞어 새로운 덱을 만듭니다.

　2. 카드 사용 : 원하는 만큼의 카드를 사용할 수 있습니다. 단, 턴 당 한 장의 "BANG!" 카드만 사용할 수 있습니다.

　3. 초과 카드 버리기 : 자신의 손에 있는 카드 수가 현재 남아있는 총알 수를 초과하면 초과된 카드를 버려야 합니다.

3. … 생략 …

승리 조건

● **보안관과 부관의 승리** : 모든 무법자와 배신자가 제거되면 보안관과 부관이 승리합니다.

● **무법자의 승리** : 보안관이 제거되면 무법자가 승리합니다.

● **배신자의 승리** : 배신자가 마지막 남은 캐릭터가 되면 승리합니다.

이상으로 보드게임 "뱅!"의 규칙을 정리했습니다. 게임을 즐기세요!

02 챗GPT가 요구한 조건에 맞게 보드게임 '뱅!'의 규칙을 정리해주었습니다. 정리된 규칙으로 게임을 1회 시뮬레이션합니다.

뱅!의 규칙대로 7인 게임을 1회 시뮬레이션해서 진행 상황과 결과를 알려줘.

보드게임 "뱅!"의 7인 게임 시뮬레이션을 진행합니다. 각 단계와 주요 사건을 설명하겠습니다.

초기 설정

- **역할 분배** : 1 보안관, 2 부관, 3 무법자, 1 배신자
- **캐릭터 분배** : 각 플레이어에게 랜덤으로 캐릭터 카드를 분배합니다.
- **총알 분배** : 캐릭터 카드에 표시된 만큼의 총알 토큰을 받습니다. 보안관은 추가로 1개의 총알을 받습니다.
- **카드 분배** : 각 플레이어는 자신의 총알 수만큼의 게임 카드를 받습니다.

플레이어 설정

1. **보안관** : 플레이어 A (4 총알)
2. **부관 1** : 플레이어 B (3 총알)
3. **부관 2** : 플레이어 C (4 총알)
4. **무법자 1** : 플레이어 D (4 총알)
5. **무법자 2** : 플레이어 E (3 총알)
6. **무법자 3** : 플레이어 F (4 총알)
7. **배신자** : 플레이어 G (4 총알)

게임 진행

1라운드

플레이어 A (보안관)

1. **카드 뽑기** : 두 장의 카드를 뽑습니다.
2. **카드 사용** : "BANG!" 카드를 사용하여 플레이어 D (무법자 1)를 공격합니다.
   - 플레이어 D는 "Missed!" 카드를 사용하여 공격을 막습니다.
3. **카드 버리기** : 초과된 카드를 버립니다.

플레이어 B (부관 1)

1. **카드 뽑기** : 두 장의 카드를 뽑습니다.
2. **카드 사용** : "Beer" 카드를 사용하여 보안관의 체력을 회복합니다.
3. **카드 버리기** : 초과된 카드를 버립니다.

플레이어 C (부관 2)

1. **카드 뽑기** : 두 장의 카드를 뽑습니다.

2. **카드 사용** : "BANG!" 카드를 사용하여 플레이어 E (무법자 2)를 공격합니다.

   ◦ 플레이어 E는 "Missed!" 카드를 사용하여 공격을 막습니다.

3. **카드 버리기** : 초과된 카드를 버립니다.

플레이어 D (무법자 1)

1. **카드 뽑기** : 두 장의 카드를 뽑습니다.

2. **카드 사용** : "BANG!" 카드를 사용하여 플레이어 A (보안관)를 공격합니다.

   ◦ 플레이어 A는 "Missed!" 카드를 사용하여 공격을 막습니다.

3. **카드 버리기** : 초과된 카드를 버립니다.

플레이어 E (무법자 2)

1. **카드 뽑기** : 두 장의 카드를 뽑습니다.

2. **카드 사용** : "BANG!" 카드를 사용하여 플레이어 B (부관 1)를 공격합니다.

   ◦ 플레이어 B는 "Missed!" 카드를 사용하여 공격을 막습니다.

3. **카드 버리기** : 초과된 카드를 버립니다.

플레이어 F (무법자 3)

1. **카드 뽑기** : 두 장의 카드를 뽑습니다.

2. **카드 사용** : "Gatling" 카드를 사용하여 모든 플레이어를 공격합니다.

   ◦ 플레이어 A는 "Missed!" 카드를 사용하여 공격을 막습니다.

   ◦ 다른 플레이어는 공격을 막을 수 없어 각각 1의 데미지를 입습니다.

3. **카드 버리기** : 초과된 카드를 버립니다.

플레이어 G (배신자)

1. **카드 뽑기** : 두 장의 카드를 뽑습니다.

2. **카드 사용** : "Panic!" 카드를 사용하여 플레이어 A (보안관)의 카드를 훔칩니다.

3. **카드 버리기** : 초과된 카드를 버립니다.

2라운드

1. … 생략 …

게임 종료

플레이어 A (보안관)가 제거됩니다.

- 플레이어 F (무법자 3)가 마지막으로 공격하여 보안관을 제거합니다.
- 모든 무법자가 살아남아 있으므로, 무법자 팀이 승리합니다.

최종 결과

- 무법자 팀의 승리!

생존 플레이어 : 플레이어 D, E, F (무법자 1, 2, 3)

이 시뮬레이션을 통해 7인 게임에서 무법자 팀이 승리한 예를 보았습니다. 실제 게임에서는 플레이어들의 전략과 운에 따라 결과가 달라질 수 있습니다.

게임 1회 시뮬레이션을 명령했더니 챗GPT가 정리된 규칙대로 가상의 플레이어 7명을 생성해서 게임을 진행하고 최종 결과까지 알려주었습니다.

03 만약 똑같은 규칙으로 게임을 100번 실행하면 게임 내 각 역할의 승률은 어떻게 나올까요? 이번에는 다음과 같이 명령합니다.

똑같은 규칙으로 게임을 100회 실행해서 각 역할의 승률을 계산해줘.

100회 시뮬레이션을 통해 각 역할의 승률을 계산하기 위해 Python 코드를 사용해 시뮬레이션을 실행하겠습니다.

시뮬레이션 코드

```
import random
from collections import Counter
... 생략 ...
```

시뮬레이션 결과

이 코드는 각 게임에서 승리한 역할을 기록하고, 100번의 게임을 시뮬레이션한 결과를 집계합니다. 승률 계산은 각 역할의 승리 횟수를 총 게임 수로 나누어 수행합니다.

```
# 결과 출력
total_games = num_games
sheriff_wins = results['Sheriff and Deputies']
... 생략 ...
```

이 코드를 통해 100회의 게임 시뮬레이션 결과 각 역할의 승률을 다음과 같이 얻을
수 있습니다:

- 보안관과 부관의 승률
- 무법자의 승률
- 배신자의 승률

결과 해석

실제로 코드를 실행하면 각 역할의 승률을 정확하게 계산할 수 있습니다. 일반적으로
시뮬레이션을 통해 다음과 같은 결과를 기대할 수 있습니다:

- **보안관과 부관의 승률** : 약 30% ~ 40%
- **무법자의 승률** : 약 40% ~ 50%
- **배신자의 승률** : 약 10% ~ 20%

이 수치는 무작위 공격과 방어를 가정한 것이며, 실제 플레이어의 전략에 따라 결과
는 달라질 수 있습니다.

명령한 대로 챗GPT가 게임 시뮬레이션을 100회 진행했고, 각 역할의
승률도 해석하여 알려주었습니다. 하지만 이 시뮬레이션이 과연 정상적
으로 작동했다고 완전히 믿을 수 있을까요? 챗GPT는 작업의 규칙이 조
금만 복잡해도 시뮬레이션 도중 한계를 벗어나기 위해 규칙을 생략한다
고 했습니다. 명령을 제대로 실행했는지에 대한 답은 챗GPT가 알고 있
습니다. 시뮬레이션을 실행한 코드에 대한 설명을 확인하고 어떠한 과정
으로 게임이 진행되었는지 챗GPT에게 확인해봅니다.

04 챗GPT에게 시뮬레이션 코드에 대한 설명을 요청합니다.

🧑‍💻 💬

시뮬레이션 코드를 설명해줘.

🤖 💬

이 코드는 BANG! 보드 게임의 시뮬레이션을 통해 각 게임의 결과를 수집하고, 다양한 역할들이 승리할 확률을 계산합니다. 주요 기능을 하나씩 살펴보겠습니다.

역할 및 플레이어 설정

```
roles = ['Sheriff', 'Deputy', 'Deputy', 'Outlaw', 'Outlaw', 'Outlaw',
'Renegade']
characters = ['4', '3', '4', '4', '3', '4', '4']  # 각 캐릭터의 초기 총
알 수
```

roles : 각 플레이어의 역할을 정의합니다. 보안관, 부관, 무법자, 배신자로 구성됩니다.

characters : 각 플레이어의 초기 체력을 정의합니다.

게임 시뮬레이션 함수

```
def simulate_game():
    random.shuffle(roles)
... 생략 ...
```

roles를 섞어서 각 플레이어에게 무작위로 역할을 할당합니다.

health : 각 플레이어의 체력을 초기화합니다.

sheriff_index : 보안관의 인덱스를 찾습니다.

보안관은 체력이 1 증가합니다.

게임 진행

```
    while True:
... 생략 ...
```

턴 진행

```
    for i in range(len(roles)):
...  생략 ...
```

각 플레이어가 턴을 진행합니다.

공격할 수 있는 대상을 무작위로 선택하여 공격합니다.

공격 받은 플레이어의 체력을 감소시킵니다.

부관이 죽었을 때 보안관이 공격자면 패널티를 받습니다.

무법자를 죽였을 때 공격자는 체력 보상을 받습니다.

여러 게임 시뮬레이션

```
def simulate_games(num_games):
    results = []
...  생략 ...
```

챗GPT가 분석한 시뮬레이션 코드 내용을 보면 규칙에서 카드 뽑기, 카드 사용, 초과 카드 버리기 단계가 누락된 걸 확인할 수 있습니다. 즉, 규칙이 빠진 내용으로 시뮬레이션을 100회 진행한 거죠. 챗GPT에게 빠진 규칙을 다시 시뮬레이션에 추가하도록 명령합니다.

05 시뮬레이션에 빠진 규칙을 추가합니다.

시뮬레이션 코드에 카드 뽑기, 카드 사용, 초과 카드 버리기 규칙이 빠진 것 같아.

시뮬레이션 코드

시뮬레이션에 카드 뽑기, 카드 사용, 초과 카드 버리기 규칙을 추가하여 더 정확한 게임 플레이를 반영하겠습니다.

```
import random
from collections import Counter, deque

# 역할 및 플레이어 설정
roles = ['Sheriff', 'Deputy', 'Deputy', 'Outlaw', 'Outlaw', 'Outlaw',
'Renegade']
characters = ['4', '3', '4', '4', '3', '4', '4']  # 각 캐릭터의 초기 총
알 수

# 덱과 카드 설정
deck = ['BANG!'] * 25 + ['Missed!'] * 12 + ['Beer'] * 6 + ['Gatling'] *
2 + ['Panic!'] * 4 + ['Cat Balou'] * 4
... 생략 ...
        # 무법자와 배신자가 모두 죽거나, 보안관이 죽으면 게임 종료
        if all(health[i] <= 0 for i in range(len(roles))) if roles[i] in
['Outlaw', 'Renegade']):
... 생략 ...
                # 카드 뽑기
                hands[i].extend(draw_cards(2))
                # 카드 사용
                if 'BANG!' in hands[i]:
                ... 생략 ...
                # 초과 카드 버리기
                while len(hands[i]) > health[i]:
                ... 생략 ...
                # 덱이 비면 버린 카드로 새로운 덱 만들기
                if len(deck) < 2:
                ... 생략 ...
```

누락된 규칙을 추가하도록 챗GPT에게 명령하여 시뮬레이션 코드가 개
선되었습니다. 하지만 여기 또 문제가 있습니다. 맨 처음 게임 규칙과 조

건을 정리해달라고 주었던 게임 규칙 PDF 파일에는 준비물 중 하나인 플레잉 카드의 정보 일부가 빠져 있어서 지금까지 진행한 시뮬레이션에 서는 플레잉 카드와의 상호작용이 이뤄지지 않았습니다. 그러므로 플레잉 카드에 대한 정보를 시뮬레이션에 추가해야 합니다.

06 플레잉 카드에 대한 정보가 없으므로 빙 검색을 활용하여 정보를 추가하 겠습니다.

뱅!의 플레잉 카드를 빙에서 검색해서 시뮬레이션 코드에 추가해줘.

Bang! 게임에서 사용하는 주요 카드는 다음과 같습니다:

- **BANG!** : 상대방을 공격할 수 있는 기본 카드.
- **Missed!** : BANG! 공격을 회피하는 카드.
- **Beer** : 체력을 회복하는 카드.
- **Gatling** : 모든 상대방을 공격하는 카드.
- **Panic!** : 다른 플레이어의 카드를 훔치는 카드.
- **Cat Balou** : 다른 플레이어의 카드를 버리게 하는 카드.
- **Duel** : 다른 플레이어와의 결투를 시작하는 카드.
- **Jail** : 다른 플레이어를 감옥에 넣는 카드.
- **Dynamite** : 폭발하여 체력을 잃게 만드는 카드.

이 카드를 사용하여 시뮬레이션 코드를 수정하였습니다. 100회 게임 시뮬레이션을 통해 각 역할의 승률을 계산합니다.

```
import random
from collections import Counter, deque
... 생략 ...
```

07 빙 검색을 통해 얻은 플레잉 카드 정보를 시뮬레이션 코드에 추가했으므로 다시 시뮬레이션을 1회 실행합니다.

시뮬레이션을 1회 실행해서 진행 과정과 결과를 알려줘.

7인 게임 시뮬레이션 결과

게임 결과 : 보안관과 부관의 승리

게임 진행 과정 (일부)

1. **플레이어 0 (배신자)**
   - 카드 뽑기 : ['Missed!', 'BANG!']
   - 'BANG!' 카드로 플레이어 3 (무법자)를 공격
   - 플레이어 3 (무법자)는 1 체력 감소 (현재 체력 : 3)
   - 'Missed!' 카드 버림

2. **플레이어 1 (무법자 1)**
   - 카드 뽑기 : ['Missed!', 'BANG!']
   - 'BANG!' 카드로 플레이어 0 (배신자)를 공격
   - 플레이어 0 (배신자)는 'Missed!' 카드로 공격 회피
   - 'Beer' 카드 버림

3. **플레이어 2 (보안관)**
   - 카드 뽑기 : ['BANG!', 'Panic!']
   - 'BANG!' 카드로 플레이어 3 (무법자 2)를 공격
   - 플레이어 3 (무법자 2)는 1 체력 감소 (현재 체력 : 2)
   - 'Dynamite' 카드 버림

4. **플레이어 3 (무법자 2)**
   - 카드 뽑기 : ['BANG!', 'Missed!']

- ‘BANG!’ 카드로 플레이어 4 (부관 1)를 공격
- 플레이어 4 (부관 1)는 1 체력 감소 (현재 체력 : 2)
- ‘Beer’, ‘Beer’, ‘BANG!’ 카드 버림

5. 플레이어 4 (부관 1)

- 카드 뽑기 : [‘BANG!’, ‘Missed!’]
- ‘BANG!’ 카드로 플레이어 3 (무법자 2)를 공격
- 플레이어 3 (무법자 2)는 ‘Missed!’ 카드로 공격 회피
- ‘BANG!’, ‘BANG!’ 카드 버림

6. 플레이어 5 (무법자 3)

- 카드 뽑기 : [‘BANG!’, ‘Jail’]
- ‘BANG!’ 카드로 플레이어 0 (배신자)를 공격
- 플레이어 0 (배신자)는 ‘Missed!’ 카드로 공격 회피
- ‘Cat Balou’ 카드 버림

7. 플레이어 6 (부관 2)

- 카드 뽑기 : [‘Duel’, ‘Missed!’]
- ‘BANG!’ 카드로 플레이어 4 (부관 1)를 공격
- 플레이어 4 (부관 1)는 ‘Missed!’ 카드로 공격 회피

이와 같은 방식으로 게임이 진행되었으며, 최종적으로 보안관과 부관 팀이 승리했습니다. 자세한 로그는 전체 시뮬레이션 결과에서 확인할 수 있습니다.

```
('Sheriff and Deputies',
 ["Player 0 (Renegade) draws ['Missed!', 'BANG!']",
  'Player 0 (Renegade) uses BANG! on Player 3 (Outlaw)',
  'Player 3 (Outlaw) loses 1 health (now 3)',
  'Player 0 (Renegade) discards Missed!',
  "Player 1 (Outlaw) draws ['Missed!', 'BANG!']",
 ... 생략 ...
```

08 이제 시뮬레이션 코드가 규칙대로 작동하는 모습입니다. 다만, 중간에 누락된 규칙을 추가해서 처음보다 규칙이 늘었기 때문에 시뮬레이션 100회를 한 번에 실행하긴 어렵습니다. 그러므로 챗GPT에게 시뮬레이션을 5회만 실행하도록 하여 승률을 확인합니다.

똑같은 규칙으로 게임을 5회 실행해서 각 역할의 승률을 계산해줘.

시뮬레이션 5회 진행 및 승률 계산

1. 초기 설정

- **역할 분배** : 1 보안관, 2 부관, 3 무법자, 1 배신자
- **캐릭터 분배** : 각 플레이어에게 랜덤으로 캐릭터 카드를 분배합니다.
- **총알 분배** : 캐릭터 카드에 표시된 만큼의 총알 토큰을 받습니다. 보안관은 추가로 1개의 총알을 받습니다.
- **카드 분배** : 각 플레이어는 자신의 총알 수만큼의 게임 카드를 받습니다.

시뮬레이션 절차

1. **카드 뽑기** : 각 턴마다 플레이어는 두 장의 카드를 뽑습니다.
2. **카드 사용:**
   - "BANG!" 카드로 상대를 공격합니다.
   - "Missed!" 카드로 공격을 방어합니다.
   - "Beer" 카드로 체력을 회복합니다.
   - "Gatling", "Panic!", "Cat Balou", "Duel", "Jail", "Dynamite" 등의 카드는 특별한 효과를 발휘합니다.
3. **초과 카드 버리기** : 턴 종료 시 자신의 총알 수를 초과하는 카드는 버립니다.

게임 결과

아래는 5회 시뮬레이션 결과입니다:

1. **게임 1** : Sheriff and Deputies 승리

2. **게임 2** : Outlaws 승리

3. **게임 3** : Sheriff and Deputies 승리

4. **게임 4** : Renegade 승리

5. **게임 5** : Outlaws 승리

승률 계산

- **보안관과 부관의 승리** : 2회 (40%)
- **무법자의 승리** : 2회 (40%)
- **배신자의 승리** : 1회 (20%)

승률

- **보안관과 부관의 승률** : 40%
- **무법자의 승률** : 40%
- **배신자의 승률** : 20%

이와 같은 방식으로 시뮬레이션을 여러 번 반복하여 각 역할의 승률을 구할 수 있습니다. 실제 코드 실행을 통해 더 많은 시뮬레이션 결과를 얻는다면 더 정확한 승률을 계산할 수 있습니다.

반복해서 말하지만 챗GPT로 시뮬레이션을 한다고 정확한 결과를 얻는 것은 아닙니다. 횟수, 복잡도 등 조건에 따라 달라지기도 하고 챗GPT가 모든 조건을 고려하여 시뮬레이션을 해준다고 장담할 순 없습니다. 그보다 우리가 중요하게 생각해야 하는 것은 챗GPT의 시뮬레이션을 수정과 보완 과정을 통해 개선하여 이용할 수 있다는 점입니다.

사실 위 시뮬레이션 코드도 '뱅!'의 모든 규칙을 포함하고 있는 건 아닙니다. 다만, 우리는 게임을 시뮬레이션하기 위해 규칙을 챗GPT에 입력하고, 규칙을 반복하는 시뮬레이션 코드를 생성한 후 코드가 제대로 작동하는지 다시 챗GPT

에게 분석을 맡기고, 빠진 부분을 설명하여 추가하는 방법을 익혔죠. 이 과정으로 챗GPT와 함께 복잡한 규칙의 시뮬레이션도 단계별로 개선하여 실행할 수 있다는 걸 배웠습니다.

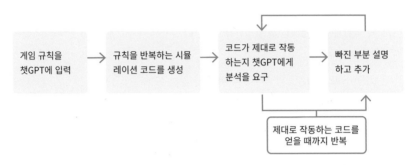

이 과정을 통해 챗GPT를 이용한 활용법에 익숙해진다면 시뮬레이션이 필요한 수많은 상황에 이 방법을 이용하여 신속하게 결과를 보고 통찰력을 얻어 의사결정에 반영할 수 있을 것입니다.

이 책의 대상 독자는 개발자가 아닌 분께 맞춰져 있으므로 따로 로컬 환경에서 실행하는 실습까지 진행하진 않았습니다. 만약 로컬 환경에서 시뮬레이션 코드를 실행해보고 싶다면, 챗GPT에게 '로컬 환경에서 파이썬을 실행할 수 있는 방법을 알려줘.'라고 질문하세요. 파이썬 설치부터 시뮬레이션 코드 실행 방법까지 차례대로 알려줄 겁니다. 챗GPT가 알려준 순서대로 따라하기만 하면 됩니다.

> **TIP** 동전 던지기 1억 번 또는 '뱅!' 게임 시뮬레이션 100회를 다른 방법으로 실행할 방법이 없진 않습니다. 챗GPT가 생성한 시뮬레이션 코드를 로컬(사용 중인 PC에서 직접) 실행하면 되는데요, 그러기 위해서는 PC에 파이썬을 설치하고, 개발 환경을 구축해야 합니다.

Chapter 24

실전 재고 관리 시뮬레이션

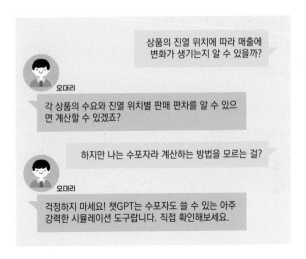

> **TIP** 수포자는 '수학 포기자'를 줄여 이르는 말입니다.

앞서 챗GPT를 통해 게임 시뮬레이션을 했습니다. 이번에는 실전에서 바로 활용할 수 있는 시뮬레이션 예제를 실습하고, 시뮬레이터까지 만들어봅시다.

재고 관리 시뮬레이션

재고 관리 계획 또는 재고 관리 최적화라고 부르는 이 과정의 목표는 재고 비용을 최소화하기 위한 최적의 주문량과 주문 시점을 구하는 것입니다. 다음은 이번 시뮬레이션에서 구하고자 하는 내용을 정리한 것입니다. 각각 무엇을 의미하는지 확인해봅시다.

- **경제적 주문량(Economic Order Quantity, EOQ)** : 재고 비용을 최소화하기 위해 최적의 주문량을 계산하는 방법
- **재주문 시점(Reorder Point, ROP)** : 재고가 일정 수준 이하로 떨어졌을 때 재주문을 해야 하는 시점
- **안전 재고(Safety Stock, SS)** : 수요의 변동성에 대비해 추가로 보유하는 재고

간단히 설명하면 재고가 떨어지지 않는 선(SS)에서 상품 보관 비용을 최소화(EOQ)하고 정확하게 재주문 시점(ROP)을 계산하는 겁니다. 각 내용을 계산하는 식은 다음과 같습니다.

1. 경제적 주문량 (EOQ, Economic Order Quantity):
$$EOQ = \sqrt{\frac{2DS}{H}}$$

2. 재주문 시점 (ROP, Reorder Point):
$$ROP = D_{avg} \times LT + SS$$

3. 안전 재고 (SS, Safety Stock):
$$SS = Z \times \sigma_{LT}$$

어차피 챗GPT가 계산해주기 때문에 식을 익힐 필요는 없습니다. 대신 식에 추가할 값의 의미 정도는 이해해야 전체적인 파악이 용이합니다.

연간 수요 (D)

- 한 해 동안 판매될 것으로 예상되는 상품의 개수
- **예시** : 1년 동안 판매할 것으로 예상되는 품목의 개수가 100개라면, 이 숫자가 연간 수요입니다.

주문 비용 (S)

- 새로운 주문을 할 때마다 발생하는 비용으로 주문 처리, 배송, 검수 등의 비용이 포함됩니다.
- **예시** : 매번 주문할 때마다 드는 비용이 1,000원이라면, 이 숫자가 주문 비용입니다.

단위 보관 비용 (H)

- 상품 한 개를 1년 동안 보관하는 데 드는 비용으로 창고 임대료, 보험료, 관리 비용 등이 포함됩니다.
- **예시** : 품목 하나를 1년 동안 보관하는 데 드는 비용이 100원이라면, 이 숫자가 단위 보관 비용입니다.

리드 타임 동안의 평균 수요 (D_avg)

- 새로 주문한 상품이 도착하는 데 걸리는 기간(리드 타임) 동안 예상되는 평균 수요입니다.
- **예시** : 리드 타임이 1일이고 그 기간 동안 평균적으로 10개의 품목이 판매된다면, 이 숫자가 리드 타임 동안의 평균 수요입니다.

리드 타임 동안의 수요 표준 편차 (σ_LT)

- 리드 타임 동안의 수요 변동성을 나타내는 값. 수요가 평균에서 얼마나 벗어나는지를 측정합니다.
- **예시** : 리드 타임 동안의 수요 표준 편차가 10개라면, 리드 타임 동안 수요가 평균에서 10개 정도 변동될 수 있다는 의미입니다.

서비스 수준 (Z)

- 재고가 부족하지 않을 확률을 나타내는 지표. 보통은 백분율로 표현됨
- **예시** : 95%의 서비스 수준을 원한다면, Z 값은 1.64입니다. 이는 재고가 부족하지 않을 확률이 95%임을 의미합니다.

실제 적용할 수 있는 상품과 데이터가 있다면 직접 활용하여 시뮬레이션을 진행해보길 바랍니다. 시뮬레이션할 값만 있으면 방법은 챗GPT에게 한꺼번에 입력하고 결과를 받는 것이 전부입니다.

01 다음 내용으로 EOQ, ROP, SS를 계산합니다.

- **가상 편의점** : ABC Mart
- **주요 품목** : 품목 A
- **연간 수요**(D) : 10,000개
- **주문 비용**(S) : 100,000원
- **단위 보관 비용**(H) : 500원
- **리드 타임 동안의 평균 수요**(D_avg) : 40개/일
- **리드 타임 동안의 수요 표준 편차**(σ_LT) : 10개
- **서비스 수준**(Z) : 1.64 (95% 서비스 수준)

02 챗GPT에 모든 값을 추가하고 다음과 같이 명령합니다.

> 가상 편의점 : ABC Mart
>
> 주요 품목 : 품목 A
>
> 연간 수요(D) : 10,000개
>
> 주문 비용(S) : 100,000원
>
> 단위 보관 비용(H) : 500원
>
> 리드 타임 동안의 평균 수요(D_avg) : 40개/일
>
> 리드 타임 동안의 수요 표준 편차(σ_LT) : 10개
>
> 서비스 수준(Z) : 1.64 (95% 서비스 수준)
>
> 위 내용으로 품목 A의 EOQ, ROP, SS를 계산해줘.

EOQ 계산

$$EOQ = \sqrt{\frac{2 \times 10000 \times 100000}{500}}$$

$$EOQ = \sqrt{\frac{2000000000}{500}}$$

$$EOQ = \sqrt{4000000}$$

$$EOQ = 2000$$

SS 계산

$$SS = Z \times \sigma_{LT}$$

$$SS = 1.64 \times 10$$

$$SS = 16.4$$

$$SS \approx 16 \text{ (소수점을 버림)}$$

ROP 계산

리드 타임 (LT)을 명시하지 않았으므로, 평균 일일 수요를 기준으로 재주문 시점을 계산합니다. 리드 타임이 1일이라고 가정하겠습니다.

$$ROP = D_{avg} \times LT + SS$$

$$ROP = 40 \times 1 + 16$$

$$ROP = 40 + 16$$

$$ROP = 56$$

따라서, ABC Mart의 품목 A에 대한 EOQ, ROP, SS는 다음과 같습니다:

- EOQ: 2000개
- ROP: 56개
- SS: 16개

챗GPT가 아주 간단히 계산해주었습니다. 하지만 이것만 봐서는 결과를 어떻게 활용해야 할지 잘 모르겠습니다. 챗GPT에게 결과를 어떻게 이용할지 물어보죠.

03 계산 결과를 어떻게 적용하면 되는지 물어보겠습니다.

계산 결과를 참고해서 품목 A의 주문 전략을 알려줘.

ABC Mart의 품목 A에 대한 주문 전략을 정리하면 다음과 같습니다:

1. **경제적 주문량 (EOQ)** : 2000개
   - 이는 한 번에 주문해야 할 최적의 주문량입니다. 이 수량을 주문하면 주문 비용과 보관 비용을 최소화할 수 있습니다.
2. **재주문 시점 (ROP)** : 56개
   - 이는 재고가 56개 남았을 때 새로 주문을 해야 한다는 의미입니다. 이렇게 하면 새로운 재고가 도착할 때까지 재고가 부족해지는 것을 방지할 수 있습니다.
3. **안전 재고 (SS)** : 16개
   - 이는 수요 변동이나 예기치 않은 상황을 대비하기 위한 여분의 재고입니다.

주문 방법 요약

1. **재고가 56개 이하로 떨어질 때마다 새로운 주문을 넣습니다.**
   - 이때 주문하는 수량은 2000개입니다.

2. 리드 타임 동안 수요가 변동할 수 있으므로, 항상 16개의 안전 재고를 유지합니다.

예시 시나리오

- 현재 재고가 70개라고 가정해보겠습니다.
- 하루에 평균적으로 40개의 품목 A가 판매됩니다.
- 따라서, 1.5일 후에 재고가 70 - (40 * 1.5) = 10개가 됩니다.
- 재고가 56개 이하로 떨어지므로, 이때 새로운 주문을 넣어야 합니다.
- 새로운 주문을 넣고 나면 리드 타임 동안 약 56개(40개 + 여분 16개)의 재고를 사용할 수 있습니다.
- 주문한 2000개가 도착하면, 다시 재고가 충분해집니다.

이렇게 하면 재고 부족 상황을 최소화하면서 효율적으로 재고를 관리할 수 있습니다.

04 각 품목의 데이터로 계산하여 시뮬레이션하는 것 이외에도 다음과 같이 여러 상황을 제시해서 추가적인 통찰력을 얻을 수 있습니다.

계산 결과와 주문 전략을 토대로 1년 동안 시뮬레이션했을 때 발생할 전체 보관 비용을 계산해줘.

⊛ **ChatGPT**

1년 동안의 보관 비용을 계산하기 위해, 우리는 다음을 고려해야 합니다:

1. **평균 재고 수준**: EOQ 모델을 사용하면, 평균 재고 수준은 주문량의 절반과 안전 재고를 더한 값입니다.

$$평균\ 재고\ 수준 = \frac{EOQ}{2} + SS$$

2. **연간 보관 비용**:

$$연간\ 보관\ 비용 = 평균\ 재고\ 수준 \times 단위\ 보관\ 비용$$

주어진 값을 다시 정리해보면:

- EOQ: 2000개

- SS: 16개

- 단위 보관 비용 (H): 500원

평균 재고 수준 계산

평균 재고 수준 $= \frac{2000}{2} + 16$

평균 재고 수준 $= 1000 + 16$

평균 재고 수준 $= 1016$

연간 보관 비용 계산

연간 보관 비용 $= 1016 \times 500$

연간 보관 비용 $= 508,000$원

따라서, 1년 동안의 보관 비용은 508,000원이 발생합니다.

주문 비용이 변경되었을 때는 연간 주문 비용에 어떤 영향을 주는지 이어서 챗GPT에게 계산을 요청합니다.

주문 비용이 250,000원으로 변경되었을 때 연간 주문 비용의 변화를 계산해줘.

🌀 **ChatGPT**

주문 비용이 변경되었을 때, 연간 주문 비용의 변화를 계산하기 위해 다음 단계를 따릅니다:

1. **경제적 주문량 (EOQ)**를 다시 계산합니다.
2. 연간 주문 횟수와 연간 주문 비용을 계산합니다.

새로운 EOQ 계산

주문 비용 S가 250,000원으로 변경되었을 때:

$EOQ = \sqrt{\frac{2DS}{H}}$

$EOQ = \sqrt{\frac{2 \times 10000 \times 250000}{500}}$

$EOQ = \sqrt{\frac{5000000000}{500}}$

$EOQ = \sqrt{10000000}$

$EOQ = 3162.28$

EOQ는 소수점 이하를 버리거나 반올림하지 않고 그대로 사용합니다.

연간 주문 비용 계산

연간 주문 비용은 연간 주문 횟수에 주문 비용을 곱한 값입니다.

연간 주문 비용 = 연간 주문 횟수 × S
연간 주문 비용 = 3.16 × 250000
연간 주문 비용 = 790,000원

비교

이전 주문 비용이 100,000원이었을 때:

- EOQ: 2000
- 연간 주문 횟수: $\frac{10000}{2000} = 5$
- 연간 주문 비용: $5 × 100000 = 500,000$원

변경된 주문 비용 250,000원일 때:

- EOQ: 3162
- 연간 주문 횟수: $≈ 3.16$
- 연간 주문 비용: $790,000$원

요약

- 주문 비용이 100,000원일 때 연간 주문 비용: 500,000원
- 주문 비용이 250,000원으로 변경되었을 때 연간 주문 비용: 790,000원

주문 비용이 증가함에 따라 연간 주문 비용도 증가하여 290,000원의 차이가 발생합니다.

챗GPT를 통해 재고, 보관 비용 등 복합적인 정보 분석을 통해 얻은 통찰력은 상품 재고 관리에 도움이 될 것입니다.

실습에서는 재고 관리 시뮬레이션만 소개했지만 동일한 방법으로 핵심 성과 지표, 비용 평가 시뮬레이션, 고정 비용 시뮬레이션 등 의사 결정에 도움을 줄 수 있는 시뮬레이션 기법을 챗GPT에서 실행할 수 있습니다.

재고 관리 시뮬레이터 만들기

 앞서 EOQ, ROP, SS를 계산하여 결과를 확인했습니다. 실제로 시뮬레이션 결과가 의사 결정에 큰 도움이 되었다면 품목 A뿐만 아니라 다른 품목들을 확인하여 지표가 변할 때마다 계산하여 위협에 대비할 수 있겠죠.

그런데 매번 챗GPT에게 앞서 진행한 재고 관리 시뮬레이션처럼 계산을 맡기는 건 번거롭습니다. 데이터만 입력하면 자동으로 EOQ, ROP, SS를 계산하도록 구글 시트에 시뮬레이터를 만들겠습니다.

01 재고 관리 시뮬레이션의 채팅을 이어서 진행하겠습니다.

> 위의 EOQ, ROP, SS를 계산하는 방법을 앱스 스크립트를 활용해서 구글 시트에 데이터만 입력하면 결과를 계산해주는 시뮬레이터로 만들고 싶어.

1. 구글 시트 설정

구글 시트를 열고 다음과 같은 헤더를 포함한 표를 만듭니다:

```
A1 : 연간 수요 (D)
A2 : 10000
B1 : 주문 비용 (S)
B2 : 250000
C1 : 단위 보관 비용 (H)
C2 : 500
D1 : 평균 일일 수요 (D_avg)
D2 : 40
```

```
E1 : 수요 표준 편차 (σ_LT)

E2 : 10

F1 : 서비스 수준 (Z)

F2 : 1.64

G1 : EOQ

G2:

H1 : ROP

H2:

I1 : SS

I2:
```

2. 앱스 스크립트 작성

구글 시트에서 확장 프로그램 > 앱스 스크립트를 클릭하여 앱스 스크립트 편집기를
엽니다. 아래 코드를 입력합니다:

```javascript
function calculateInventoryParameters() {
  // 스프레드시트와 시트 정의
  var sheet = SpreadsheetApp.getActiveSpreadsheet().getActiveSheet();

  // 입력 데이터 가져오기
  var D = sheet.getRange("A2").getValue();
  var S = sheet.getRange("B2").getValue();
  var H = sheet.getRange("C2").getValue();
  var D_avg = sheet.getRange("D2").getValue();
  var sigma_LT = sheet.getRange("E2").getValue();
  var Z = sheet.getRange("F2").getValue();

  // EOQ 계산
  var EOQ = Math.sqrt((2 * D * S) / H);
  sheet.getRange("G2").setValue(EOQ);

  // SS 계산
```

```
   var SS = Z * sigma_LT;
   sheet.getRange("I2").setValue(SS);


   // ROP 계산
   var ROP = (D_avg * 1) + SS; // 리드 타임을 1일로 가정
   sheet.getRange("H2").setValue(ROP);
 }


 function onEdit(e) {
   calculateInventoryParameters();
 }
```

3. 트리거 설정

1. Apps Script 창에서 왼쪽의 시계 아이콘(트리거)으로 이동합니다.

2. 트리거 추가 버튼을 클릭합니다.

3. 아래와 같이 트리거를 설정합니다:

   ◦ 함수 선택 : onEdit

   ◦ 이벤트 소스 : 스프레드시트

   ◦ 이벤트 유형 : 편집

이 설정으로 인해 시트가 편집될 때마다 calculateInventoryParameters 함수가 실행됩니다.

4. 시트 사용

이제 시트에서 데이터를 입력하면 EOQ, ROP, SS 값이 자동으로 계산되어 나타납니다.

챗GPT가 만들어준 코드를 활용하여 구글 시트에서 EOQ, ROP, SS를 쉽게 계산할 수 있는 시뮬레이터를 만들 수 있습니다. 추가 계산이나 수정이 필요하면 앱스 스크립트에서 코드를 수정하면 됩니다.

02 이제 챗GPT가 설명한 순서대로 작업을 진행하겠습니다. 먼저 새로운 구글 시트를 만듭니다. 파일 이름은 '재고 관리 시뮬레이션'으로 입력합니다.

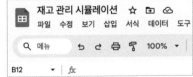

03 챗GPT가 제시한 대로 구글 시트 설정에서 헤더를 다음과 같이 입력합니다.

	A	B	C	D	E	F	G	H	I
1	연간 수요 (D)	주문 비용 (S)	단위 보관 비용 (H)	평균 일일 수요 (D_avg)	수요 표준 편차 (σ_LT)	서비스 수준 (Z)	EOQ	ROP	SS
2									

04 파일명 아래에 위치한 메뉴의 [확장 프로그램]을 누르고 [Apps Scirpt]를 클릭해서 실행합니다. Code.gs 파일에 챗GPT가 생성한 코드를 복사하여 붙여넣고, 저장합니다.

05 트리거로 이동해서 다음 이미지처럼 'onEdit' 함수를 선택하고, 이벤트 소스를 '스프레드 시트에서'로, 이벤트 유형 선택을 '수정 시'로 변경 후 [저장] 버튼을 누릅니다.

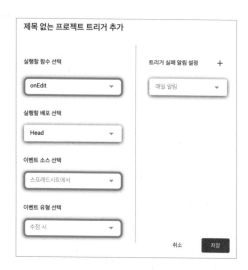

챗GPT가 제시한 방법을 순서대로 진행하는 예제이므로 불필요한 단계일지라도 **05단계**를 건너뛰진 않았습니다. 사용자가 매번 건너뛰어야 할 상황이라고 판단하기는 어렵기 때문이죠. 또한, 챗GPT도 제시한 방법을 사용자가 실행했다는 가정하에 다음 방법을 생성하므로, 만약 챗GPT가 제시한 대로 진행했더라도 작동하지 않는다면 챗GPT에게 그 상황에 대한 설명을 입력하면 정확한 해결 방법을 안내받을 수 있습니다.

다만, 챗GPT와 앱스 스크립트 사용이 익숙하여 건너뛰어도 되는 부분이라고 판단할 수 있다면, 챗GPT가 제시한 방법을 모두 따르지 않아도 괜찮습니다.

06 다시 앱스 스크립트 편집기로 돌아와서 calculateInventoryParameters 와 onEdit가 제대로 작동하는지 각각 실행합니다.

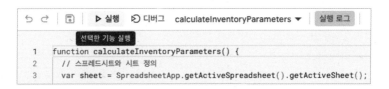

07 정상적으로 실행된다면, 다시 시트로 돌아가서 수치를 입력합니다. 챗 GPT에게 계산을 맡겼을 때와 똑같은 값이 출력되는 걸 확인할 수 있습니다. 값이 동일하다면 재고 관리 시뮬레이터 완성입니다.

	A	B	C	D	E	F	G	H	I
1	연간 수요 (D)	주문 비용 (S)	단위 보관 비용 (H)	평균 일일 수요 (D_avg)	수요 표준 편차 (σ_LT)	서비스 수준 (Z)	EOQ	ROP	SS
2	10000	100000	500	40	10	1.64	2000	56.4	16.4

	A	B	C	D	E	F	G	H	I
1	연간 수요 (D)	주문 비용 (S)	단위 보관 비용 (H)	평균 일일 수요 (D_avg)	수요 표준 편차 (σ_LT)	서비스 수준 (Z)	EOQ	ROP	SS
2	10000	250000	500	40	10	1.64	3162	56.4	16.4

지금까지 챗GPT로 실전에서 활용할 수 있는 재고 관리 시뮬레이션을 실행해보고 편리하게 사용할 수 있는 시뮬레이터까지 만들어봤습니다. 같은 방법으로 KPI에 따른 연봉 협상 시뮬레이터, 비용 대비 마케팅 효과 측정 시뮬레이터 등 미래 예측에 필요한 다양한 시뮬레이터를 만들고 실행하여 의사 결정에 반영할 수 있습니다. 챗GPT로 원하는 목적에 맞는 시뮬레이션부터 제대로 작동할 수 있게 연습해야 필요한 시뮬레이터를 만들 수 있습니다. '미친 활용 48 **동전 1억 번 던지기**'나 '미친 활용 49 **게임 시뮬레이션하기**'가 좋은 연습이 될 것이며, 체득한다면 손쉽게 업무에 필요한 시뮬레이터를 만들 수 있을 겁니다. 꼭 다양한 시뮬레이터를 만들어 보고 테스트하세요. 챗GPT가 독자 여러분의 비즈니스, 업무, 생산성에 큰 가능성을 열어줄 것입니다.

✓ 찾아보기 +

이게 되네?

챗GPT 미친 활용법 51제

5배 더 빠르게, 5배 나은 퀄리티로 진짜 현업에 사용해온
오대리의 '51가지 미친 업무 자동화'

초판 1쇄 발행 2024년 7월 15일
초판 4쇄 발행 2024년 11월 19일

지은이 오힘찬
펴낸이 최현우 · **기획** 김성경 · **편집** 박현규, 김성경, 최혜민
디자인 박세진, 안유경 · **조판** SEMO
마케팅 버즈 · 피플 최순주

펴낸곳 골든래빗(주)
등록 2020년 7월 7일 제 2020-000183호
주소 서울 마포구 양화로 186 LC타워 5층 514호
전화 0505-398-0505 · **팩스** 0505-537-0505
이메일 ask@goldenrabbit.co.kr
홈페이지 www.goldenrabbit.co.kr
SNS facebook.com/goldenrabbit2020

ISBN 979-11-91905-90-8 93000

* 파본은 구입한 서점에서 바꿔드립니다.

우리는 가치가 성장하는 시간을 만듭니다.

골든래빗은 가치가 성장하는 도서를 함께 만드실 저자님을 찾고 있습니다.
내가 할 수 있을까 망설이는 대신, 용기 내어 골든래빗의 문을 두드려보세요.
apply@goldenrabbit.co.kr